新工科×新商科·电子商务系列教材

# 跨境电子商务实操教程
## ——基于亚马逊平台

主　编　舒晓惠　余树贵　杨　军
副主编　宋金奇　周奇新　刘诗永

电子工业出版社
Publishing House of Electronics Industry
北京·BEIJING

## 内 容 简 介

本书以亚马逊（Amazon）跨境电子商务（简称跨境电商）平台为例，从互联网思维、跨境电商概念入手，详细介绍了跨境电商行业亚马逊平台的运营方法及实操技巧。全书共分为 11 章，第一章至第二章介绍运营思维；第三章介绍全球主要的跨境电商平台；第四章至第六章介绍在亚马逊平台注册开店的方法；第七章至第十一章介绍亚马逊平台运营实操技巧。本书配有视频课程，读者可用手机扫描书中二维码进行观看；另外，本书提供配套 PPT 课件，读者可登录华信教育资源网（www.hxedu.com.cn）下载。

本书可作为应用型本科院校的跨境电子商务、电子商务、国际经济与贸易、国际商务及商务英语等专业的实操教材，同时也可作为高职院校、职业培训的实训教材。另外，本书也适合作为亚马逊运营实操职场人士的学习资料。

未经许可，不得以任何方式复制或抄袭本书之部分或全部内容。
版权所有，侵权必究。

图书在版编目（CIP）数据

跨境电子商务实操教程：基于亚马逊平台／舒晓惠，余树贵，杨军主编．— 北京：电子工业出版社，2021.12（2025.8 重印）
ISBN 978-7-121-42731-2

Ⅰ.①跨… Ⅱ.①舒… ②余… ③杨… Ⅲ.①电子商务–商业企业管理–美国–高等职业教育–教材 Ⅳ.①F737.124.6

中国版本图书馆 CIP 数据核字（2022）第 014835 号

责任编辑：王二华
特约编辑：角志磐
印　　刷：中煤（北京）印务有限公司
装　　订：中煤（北京）印务有限公司
出版发行：电子工业出版社
　　　　　北京市海淀区万寿路 173 信箱　邮编：100036
开　　本：787×1092　1/16　印张：15.25　字数：390.4 千字
版　　次：2021 年 12 月第 1 版
印　　次：2025 年 8 月第 3 次印刷
定　　价：49.00 元

凡所购买电子工业出版社图书有缺损问题，请向购买书店调换。若书店售缺，请与本社发行部联系，联系及邮购电话：（010）88254888，88258888。
质量投诉请发邮件至 zlts@phei.com.cn，盗版侵权举报请发邮件至 dbqq@phei.com.cn。
本书咨询联系方式：（010）88254532。

# 作者简介

舒晓惠，暨南大学经济学博士，三级教授，硕士生导师，现为怀化学院商学院院长，国家社科基金鉴定专家、湖南省学科带头人、湖南省"121"工程人才、湖南省青年骨干教师，英国安德鲁斯金大学（2013.7—2013.8）、美国伯米吉州立大学（2017.8—2018.8）访问学者。受聘中国服务贸易协会专家委员会专家，深圳市伍壹叁跨境电商特聘教授，广州领到雇佣跨境电商特聘导师。主要从事经济统计与计量模型、地方经济与跨境电商发展研究。近年主持国家社科基金1项，省级课题4项；参与国家级课题4项，省部级课题10余项；主持"基于跨境电商核心能力的国际经济与贸易专业人才培养改革研究"等省级教改项目4项；获省部级科研奖励2项，省教学成果奖三等奖1项；出版图书3本，在《统计研究》等期刊发表论文60余篇，其中CSSCI 19篇、EI 1篇、人大复印2篇；获计算机软件著作权1项，实用新型发明专利1项，有5项研究成果被地市级政府部门采纳；指导大学生创新型项目获国家级立项1项、省级3项；指导学生学科竞赛获国家级一等奖2项、二等奖6项、三等奖15项。

余树贵，毕业于清华大学EMBA专业，现为深圳市伍壹叁教育集团有限公司董事长，深圳市蚂蚁创业投资有限公司创始人，深圳网络信息促进会副会长，前海跨境电商联合会副会长。

杨军，广东女子职业技术学院经贸学院电子商务专业带头人，教授，高级电子商务师，全国电子商务职业教育教学指导委员会重点培养骨干专家，广东省高等教育教学名师，广东省名教师工作室主持人，学校教学工作指导委员会委员。

宋金奇，经济学博士，副教授，现任江西师范大学科学技术学院商学院院长，主要从事经济统计与计量模型、跨境电商发展研究。近年主持省级课题3项，参与国家社科项目等4项，获省部级科研奖励1项。在《统计研究》和《财经研究》等期刊发表论文20余篇，其中CSSCI期刊12篇。

周奇新，1996年2月就职深圳大学继续教育学院，先后履职学院党政办公室、招生办、培训部，长期从事教学管理和职业培训工作，现任深圳大学高校教师岗前培训项目负责人。获有高级经营师、高级企业咨询师、企业培训师、广东省职业技能鉴定督导资格。

刘诗永，副教授，硕士研究生，现任四川旅游学院外国语学院院长，主要从事行政管理、英语教学和研究工作，积极推动外语专业教学改革，培养"外语＋新外贸（跨境电商）"应用型人才。曾任全国外经贸职业教育指导委员会跨境电商专业教学指导委员会委员，全国跨境电商产教联盟理事，四川省、陕西省"互联网＋国际贸易"大赛评委，四川外语专业产教联盟发起人等。多次深入义乌、深圳、成都跨境电商企业考察调研，熟悉跨境电商产业，撰写发表论文10余篇，承担教育部产教融合协同育人项目1项，以及多个厅级以上项目。

# 前　言

"互联网+"是当前社会各行各业都纷纷引入互联网信息技术从而提高效率增加产能的一种思维，是当前一种新的经济形态。近几年，传统的国际贸易行业借助互联网的巨大优势而不断网络化、信息化和电子商务化，跨境电子商务，一个崭新的新兴行业应运而生。商务部电子商务和信息化司发布的《中国电子商务报告2019》显示，近年来跨境电子商务产业发展呈现增长趋势，2019年全国跨境电商通过海关跨境电子商务管理平台零售进出口商品交易总额达1862.1亿元，同比增长38.3%。其中，出口总额944亿元，年均增速60.5%；进口总额918.1亿元，年均增速27.4%。中国跨境电子商务人才缺口据统计已接近450万，并以每年30%的增速扩大。据2020年6月底统计，教育部公布的全国高等学校共计3005所（未包含港澳台地区高等学校），即使平均每所高校每年有100名跨境电子商务人才毕业，每年也只能解决近30万人才缺口，加上外语、电子商务、国贸、市场营销等相关专业的潜在培养学生大约也不超过100万。2019年10月，教育部继2019年6月修订增补了包括跨境电子商务专业在内的46个中职专业目录后，又公布了修订增补包括跨境电子商务专业在内的高职教育9个专业目录。2019年本科院校开始设立跨境电子商务专业。2020年2月，教育部发布的《普通高等学校本科专业目录（2020年版）》中将跨境电子商务正式作为特设专业列入专业目录。

本书作为高等院校经济管理、电子商务类本科专业的教材，适合我国应用型本科院校的跨境电子商务、电子商务、国际经济与贸易、国际商务及商务英语等专业的学生，同时也可以作为其他类型本科院校、大专院校、职业培训的教学用书。另外，本书亦适合作为亚马逊运营实操职场人士的学习资料。

本书作为跨境电子商务实操教材，主要有如下特点。

第一，注重实操，系统全面。本书重点阐述以亚马逊平台为主的跨境电子商务平台运营的思路，全面、系统地深入了解亚马逊的操作技巧，让读者能够清晰地理解亚马逊的操作流程。

第二，校企合作，实操性强。本书为高校与深圳伍壹叁教育集团校企合作教材，前期讲义已经在深圳伍壹叁电商学院进行多轮实操培训，以企业真实平台为基础进行操作演示，帮助学员迅速掌握跨境电子商务平台操作技巧。

第三，实例教学，线上辅导。本书各章对跨境电子商务内容的介绍紧紧围绕企业真实案例来展开，启发读者思考；章节之中贯穿案例，拓展读者思维。

本书得到湖南省普通高校"十三五"专业综合改革试点项目基金、湖南省双一流专业建设项目基金的资助，是国家教育部产学合作协同育人项目（编号：202002145046）、湖南省教育厅改革项目"基于跨境电商核心能力的国际经济与贸易专业人才培养改革研究"（课题批准号：湘教通［2017］452号413）的阶段性成果之一。

在编写本书的过程中，为了让大家快速掌握亚马逊（Amazon）的新政策，我们参考了大量的关于跨境电子商务（正文中简称跨镜电商）的专业书籍、文献和行业资讯。但是，跨境电子商务的发展速度是非常快的，所以本书内容仅以截稿日的平台规则、行业信息为准。同时，为充分尊重个人知识产权，对本书有帮助和借鉴作用的文献我们尽可能在参考文献中详细列出，但也难免会由于疏忽致使个别被引用的内容没有列在参考文献中。若存在以上情况，我们在此对原作者或版权所有者表示诚挚的歉意，并希望获得谅解。限于时间和水平，书中难免存在不足或错误之处，敬请广大读者提出改进意见（请发邮件至55048337@qq.com），以便我们在修订时完善。

本书中涉及许多英制单位，现将涉及的英制单位与公制单位的换算公式列出，方便读者阅读。

1 英寸≈2.54 厘米

1 立方英尺≈28316.85 立方厘米

1 盎司≈28.35 克

1 磅≈453.59 克

编者<br>2021 年 12 月 16 日

# 目 录

第一章　互联网思维 …………… 1
　第一节　用户思维 ………………… 1
　第二节　简约思维 ………………… 2
　第三节　极致思维 ………………… 3
　第四节　迭代思维 ………………… 4
　第五节　流量思维 ………………… 4
　第六节　社会化思维 ……………… 5
　第七节　大数据思维 ……………… 5
　第八节　全球化思维 ……………… 6

第二章　初识跨境电商 …………… 8
　第一节　跨境电商的定义及类型 … 8
　第二节　跨境电商的特征 ………… 8
　第三节　跨境电商的意义 ………… 9
　第四节　跨境电商的现状 ………… 10

第三章　全球主要跨境电商平台介绍 … 13
　第一节　速卖通：国际版淘宝 …… 13
　第二节　eBay：线上拍卖及购物网站 … 14
　第三节　Wish：唯一的移动端平台 … 15
　第四节　亚马逊：最以客户为中心 … 16
　第五节　主流跨境电商平台的区别 … 17
　第六节　其他跨境电商平台 ……… 18

第四章　走进亚马逊 ……………… 20
　第一节　亚马逊发展中的三次重大
　　　　　定位转变 ………………… 20
　第二节　亚马逊的平台特色 ……… 21
　第三节　亚马逊六大撒手锏之FBA … 22
　第四节　亚马逊六大撒手锏之Prime
　　　　　会员 ……………………… 33
　第五节　亚马逊六大撒手锏之黄金
　　　　　购物车 …………………… 36

　第六节　亚马逊六大撒手锏之跟卖 … 38
　第七节　亚马逊六大撒手锏之Review … 43
　第八节　亚马逊六大撒手锏之秒杀 … 46

第五章　亚马逊后台详解 ………… 49
　第一节　亚马逊后台操作界面 …… 50
　第二节　亚马逊专业名词 ………… 69

第六章　亚马逊全球开店 ………… 76
　第一节　亚马逊账号分类 ………… 76
　第二节　全球开店 ………………… 77
　第三节　主账号与子账号 ………… 79
　第四节　店铺绩效指标 …………… 79
　第五节　亚马逊卖家账号安全 …… 85
　第六节　关联 ……………………… 88

第七章　亚马逊——商品为王 …… 90
　第一节　商品的选择 ……………… 90
　第二节　商品的市场容量和趋势 … 92

第八章　亚马逊的评论体系 ……… 97
　第一节　Review …………………… 97
　第二节　Feedback ………………… 100
　第三节　Review和Feedback的区别 … 102

第九章　玩转亚马逊Listing ……… 104
　第一节　关键词的获取途径 ……… 104
　第二节　Listing标题 ……………… 109
　第三节　编写好五点描述 ………… 111
　第四节　编写一个好的长描述 …… 115
　第五节　如何撰写亚马逊的关键词 … 118
　第六节　图片文案 ………………… 119
　第七节　A+页面 …………………… 126

第十章　Listing上传实操讲解 …… 136
　第一节　Listing的单一上传 ……… 136

第二节　分类审核 …………… 141
　　第三节　Listing 的批量上传 …………… 142
　　第四节　合并拆分 Listing …………… 148
第十一章　亚马逊推广促销 …………… 156
　　第一节　A9 算法（搜索规则） …………… 156
　　第二节　亚马逊站内广告 …………… 162
　　第三节　Promotion（促销） …………… 173
　　第四节　Coupons（优惠券） …………… 187
　　第五节　EDM（邮件营销） …………… 191
　　第六节　品牌推广 …………… 199
　　第七节　新品推广 …………… 215
　　第八节　站外引流 …………… 218
**参考文献** …………… 232
**中国跨境电子商务大事记** …………… 233

# 第一章 互联网思维

中国电子商务发展始于1997年。在1997年至1998年期间，中国电子商务的主体是一些IT厂商和媒体，它们以各种方式进行电子商务的"启蒙教育"，激发和引导人们对电子商务的认识、兴趣和需求。在2000年左右，中国电子商务从互联网介入并开始兴起。经过20多年的发展，互联网已经成为人们日常生活不可或缺的一部分，电子商务乃至跨境电商则成为经济发展中的新业态。显然，电子商务是基于互联网而存在的，那么跨境电商亦是如此。本章通过逐一阐述互联网的八大思维来帮助读者初步了解跨境电商，从而让大家在未来的跨境电商运营中能够拥有一套自己的运营思维，并且能够熟练掌握运营技能。因为本书主要为了帮助读者熟知并实操跨境电商亚马逊交易平台，所以本章仅帮助读者初步了解跨境电商的发展史，最终仍会回归到亚马逊这一跨境电商平台。

## 第一节 用户思维

### 一、"草根经济"

古有《孟子·离娄上》"得民心者得天下"之说，今有"得草根者得天下"。为何本书要这样比作，因为这是一个人人自称"草根"而骨子里认为自己是"高富帅"和"白富美"的时代。如果你的商品不能让客户成为商品的一部分或不能和他们连接在一起，那么你的商品必然是失败的。所以事业要想做大，就必须抓住草根人群！例如，2018年7月26日晚，拼多多正式登陆纳斯达克成功上市，其后招致不少的质疑声。事实上，通过仔细分析不难发现，拼多多能够成功上市还是有其内在原因的。客户经常在朋友圈或微信群里收到亲朋好友分享一些拼多多商品砍价或拼单的链接，很多客户会为亲情、友情帮忙砍价，或者链接分享的商品也正是其最近想要购买的，而且价格合适，这就完美地促成了新的一单，并且无形之中客户在分享的同时也给拼多多打了广告。

对于商品经济中一个关键词"价格合适"，其实在商业规则中，"薄利多销"和"厚利寡销"，都是一种市场销售策略，本身没有高低贵贱之分。因此，在拼多多或其他平台购买廉价商品的客户可能都抱着这样的立场：当本人对商品质量并没有太高要求的时候，特别是廉价商品能够满足需求的时候，为什么要买更贵的那个呢？如果仅仅是商品购买价格的下降而不是生活质量的下降，那么是否可以将这种情况定义为消费降级？可是当购买的廉价商品满足某一类需求的同时，还能节省出一部分费用购买其他商品以满足客户其他需求，这样整体的生活质量反而提高了，所以这不算是消费降级。同理，在从事跨境电商相关业务时也可以借鉴拼多多这一点，可以考虑一下"草根经济"，但一定要保证商品质量。比如，商家在跨境电商亚马逊这一平台上售卖商品，在保证商品质量的前提下，要让售卖的商品在各个方面足够"接地气"，其中也包含价格方面，毕竟价格是衡量转化率高低的一个重要因素。

## 二、客户体验至上

无论我们做线下实体店销售还是在线销售，都应该始终如一地遵循"客户体验至上"的原则，好的客户体验应该从细节开始，并贯穿于每一个细节。好的客户体验能够让客户有所感知，并且这种感知要超出客户预期，给客户带来惊喜，贯穿品牌与客户沟通的整个链条，也就是说，能够让客户一直满意。尤其是我们在跨境电商平台的运营中，面对的客户群体是各个国家的消费者，受国家风俗习惯等各种因素的影响，这些客户中有一部分较为固执死板，这就更需要作为卖家的我们始终如一地遵循"客户体验至上"的原则。亚马逊平台把"客户第一"看得最为重要，该平台把很多精力专注在建立客户的信任上，甚至对客户的专注和执着要高于对竞争对手的研判。

客户第一的理念是驱使亚马逊运营的根本，这也是亚马逊快速成长的原因。就是因为对客户的执着，使得亚马逊成为全球第一大跨境电商平台，也是最值得信赖的平台。基本上亚马逊平台上的卖家要做到完美无瑕，哪怕一点小小的失误都会受到惩罚，这也使得亚马逊平台上的卖家之间的竞争尤为激烈。如果你可以做到接近完美，那么也就意味着有更多的客户会选择你。如果你不幸收到了买家的投诉或差评，你的销量也会随之急剧下降。亚马逊客户第一的理念，基本可以盖过任何理论。不论卖家对错，只要买家对你不满意，亚马逊就会把这次的卖家服务计入考核中。经营者对此可能会有点惶恐，其实大可不必担心，无论哪个平台，只要经营者在运营中不过度强调卖家这个身份，而是站在买家的立场上考虑问题，那么就可以把客户体验做到极致。

## 第二节 简约思维

### 一、少即是多

专注，少即是多。大道至简，越简单的东西越容易传播，但也越难做到。只有专注才有力量，才能做到极致。尤其在创业时期，做不到专注，就很难生存下去。例如，日本的HTC这一手机品牌正在没落，这是个毋庸置疑的事实。究其原因，是HTC在商品定位和商品规划上出了问题。HTC One x、Butterfly、One都是旗舰手机，但都淹没于手机海洋之中。与此相反，新兴的一加（OnePlus）手机这个品牌，一年只出一部手机，致力于打造更高品质的手机，从而受到越来越多的追捧。回归到跨境电商平台的运营，店铺不必上架太多的商品，将其做成"杂货铺"的铺货模式只会分散经营者的精力，导致销量很难提上去，店铺永远不温不火、难有起色。因此，我们要做的是把专注力集中在几个商品上面。经营者如果要走品牌化路线，那么从精品路线发展到品牌化路线才是未来运营店铺的必然之路。

### 二、简约美感

简约即美，就是外在部分要足够简洁，内在部分（操作流程）要足够简化。简约意味着人性化，是人性最基本的东西。人都是懒的，你能让我更方便，我就更愿意用这个商品。众所周知，微信摇一摇是微信推出的一个随机交友应用，通过摇手机或单击按钮模拟摇一摇，可以匹配到同一时段触发该应用的微信用户，从而增加用户间的互动和微信黏度。事实上在推出之前，微信摇一摇的版本经过多轮次修改，最终还是选择了没有任何字体只有一只手抓握手机做出摇一摇动作的这个版本。

微信摇一摇应用的设计者张小龙针对摇一摇这个版本的设计曾在知乎上回复网友说："自然往往和人的本性相关。微信的摇一摇是个以'自然'为目标的设计。'抓握'和'摇晃'是人在远古时代没有工具时必须具备的本能。手机提供了激发人类这项远古本能的条件。在设计'摇一摇'时，目标是将其和人的'自然'或'本能'动作体验做到一致。"

因此这也给了我们启示，在这个快节奏的网络时代，经营者在跨境电商平台上售卖的商品不要过于复杂，否则人们很容易失去耐心。比如，在亚马逊平台上售卖的蓝牙体重秤就很容易引来客户的投诉。因为这个商品不仅需要连接蓝牙，而且还要下载指定的App，有时候可能因为设备兼容性的问题或App评分过低且广告太多使得客户厌烦，从而给网店卖家招致差评。所以，卖家应该巧妙地避开复杂性商品，或者进一步地完善、简化商品的使用，提升商品的简约美感。

## 第三节　极致思维

### 一、极致商品

无论涉足哪个行业，都应该一直秉承打造让客户尖叫的极致商品的理念，这样才能在这个行业长久生存下去。在未来的跨境电商平台运营中，经营者需要全方位考虑商品的痛点、痒点和兴奋点（卖点）。所谓痛点就是客户需求必须是刚需，是客户急需解决的问题；痒点就是客户不一定非买不可，但是促使客户心中"想要"，让他一看到、一听说你这样的商品就心里痒痒的、特别感兴趣，痒点就是满足客户的欲望；兴奋点（卖点）就是给客户带来"Wow"效应的刺激，让客户眼前一亮，产生兴奋点。只有这样，客户才能和我们最终打造出来的商品形成高强度的黏性，客户才愿意一直光顾我们的店铺购买商品。

### 二、口碑营销

对于愿意涉足跨境电商这个行业并且愿意成为行业"大麦"的经营者来说，一方面应该好好地打造商品，另一方面则需要迅速提高商品的转化率。有人可能会认为应该通过广告、促销等一些推广手段来提高转化率，当然这是毋庸置疑的。但是，我们也不要忽略另外一个重要的营销手段——口碑营销。那么如何做到口碑营销呢？举个简单的例子，大学门口的小吃摊，我们会发现一个很明显的现象：受消费者认可的小吃摊前永远水泄不通，不好吃的小摊前的人则寥寥无几，其实这在某种意义上也算是口碑营销。只有消费者认可的商品，他们才会口口相传，这将形成一个长期稳定的消费群体。

除此之外，打造令客户满意的服务也是重要的营销手段之一，这就是所谓服务即营销。因此，我们要想做好口碑营销，除要打造让客户尖叫的商品外，还要把服务做到极致，这样转化率就自然而然提高了，这对线上线下的经营都是很好的宝典。

## 第四节　迭代思维

迭代思维体现在两个层面，一个是"微"，从小处着眼，微创新；另一个是"快"，互联网经济时代，时间就是金钱，速度就是效率。传统企业需要一种迭代思维，即实时地把握客户需求。

在跨境电商平台运营中，你的商品可能不是完美的，但只要能"击中"客户心里最甜的那个点，就能四两拨千斤，这种单点突破称为"微创新"。众多的"微创新"可以引起质变，形成变革式的创新。例如，有一家店铺 A 在亚马逊跨境电商平台上卖过内窥镜（本书在这里对内窥镜这个商品就不做解释，如果有兴趣的话可以自己去亚马逊平台上了解）这一商品，但是后来随着更多卖家的入驻，竞品卖家也越来越多。这就使得店铺 A 的卖家不得不对本店的商品做进一步的改进。于是，卖家在商品的摄像头的位置增添了一个吸附项链、耳环的钩子，这样这款内窥镜不仅可以用于修车，还可以帮助一些把耳环、项链掉进下水道或其他手无法直接触摸到的地方的客户。所以在经过微创新之后，客户可以花费同样的价格享受更丰富的功能，这样商品的转化率就自然而然提高了。

其实，商品的微创新也是商品快速迭代的一个点。所以，在跨境电商平台的运营中，尤其是在贸易型公司中，迭代思维是非常重要的。

## 第五节　流量思维

无论是线上还是线下的平台的运营，流量一直都是避免不了也无法忽视的。只要涉及互联网或互联网周边的商品，必须先让客户端没有成本，这样在商品上才会不断产生创新，然后再来建立其他的商业模式。这才是互联网和移动互联网的法则，其实本质意义上就是所谓的"免费其实是为了更好地收费"。例如，我国著名软件公司 360，最开始做杀毒软件的时候采用了免费模式，这对整个杀毒软件市场产生了巨大的冲击，360 公司迅速提升了在该领域的市场份额。而当 360 公司在积聚了大量的客户后拓展了浏览器的市场，通过其浏览器增值服务实现了赢利。

除此之外，流量思维还表现为"从 0 到 1"、从坚持到质变的临界点。互联网企业最美妙的事情就是当客户数量达到一定的规模之后，突如其来的"质变"。以腾讯公司为例，QQ 从最初的一个聊天工具逐渐演变成了一个社交平台；但是，微信却从一个"交友"工具变成了一个"互联网入口"，不仅仅局限于社交，而且包含打车、买票、理财等各种功能，2020 年新冠肺炎疫情后则增加了企业会议和网上直播教学等功能，成就了现在的"腾讯帝国"。

回归到跨境电商平台的运营中，本书提到的流量思维除要具备以上提到的内容外，我们在运营推广一个商品的时候，前期最主要的是有曝光量和流量，只有当买家看到你的商品并且愿意进来浏览时，我们才有做转化的机会，如目前非常流行的抖音，其成功之处就源于此。那么这时候可能有人会问如何在运营中引流？以亚马逊平台为例，我们可以通过站内推广的广告、促销、优惠券、秒杀、站外折扣网站等手段来引流。

## 第六节　社会化思维

在社会化商业时代，客户以网的形式存在。利用社会化媒体，可以重塑企业和客户之间的沟通关系。利用社会化网络，可以重塑组织管理和商业运作模式。

在网红经济时代，社会化媒体的重要特征是人基于价值观、兴趣和社会关系连接在一起。企业面对的客户是以网状结构的社群形式存在的。社会化媒体的本质就是"人人都是自媒体"。也就是说，在网红经济时代，我们总是避免不了这些。比如，我们会发现国内一些微博的网红博主或一些短视频平台的网红，他们除火了之后被更多人熟知外，自身也具备了一定的带货能力，中国内地美食短视频创作者李子柒就是非常有力的例证。那么换成我们的跨境电商平台模式，国外同样也有这样的一群人存在。那么我们应该如何更好地去利用这些资源呢？首先，我们可以利用 Facebook 来进行发帖，引入一些站外的流量到站内；除此之外，还可以在一些红人网站上找一些国外的网红，让他们帮忙发帖。当然，这肯定是收费的，而且大部分国外的网红都是明码标价的，并且他们也有自己专注的品类，如有些网红是做户外运动类的，有些网红是做美妆类的。所以，我们可以根据自己的商品找一些特定的网红来进行引流。

## 第七节　大数据思维

大数据的价值不在于大，而在于挖掘和预测的能力。大数据思维的核心是理解数据的价值，并通过数据处理创造商业价值。数据资产成为核心竞争力，小企业也要有大数据。

客户在网络上一般会产生信息、行为、关系三个层面的数据，这些数据的沉淀有助于企业进行预测和决策。在大数据时代，数据已经成为企业的重要资产，甚至是核心资产。我国阿里巴巴集团旗下淘宝网从 2004 年便开始统计日志，每位客户在淘宝上的浏览、购买、支付等任意行为都会被日志系统记录下来。基于客户的浏览和购买信息，淘宝得到了客户偏好的精确信息，做出了强大的精确广告系统，这就是所谓淘宝的"千人千面"。

那么，我们在跨境电商平台的运营中如何利用大数据思维呢？其实，利用好大数据思维的前提是收集、积累数据，在此基础上再进一步进行数据分析，从而得出想要的结果。在亚马逊平台上，运营者可以在打广告的时候记录一些数据，如我们今天新添加了哪些关键词、删除了哪些关键词、又给哪些关键词加了竞价等，只有这样才能知道我们所打广告的效果如何。除此之外，还可以每天利用数据记录来跟踪、监测竞争对手的销量等一些数据。在大数据时代，企业战略将从"业务驱动"转向"数据驱动"。海量的客户访问行为数据信息看似零散，但背后隐藏着必然的消费行为逻辑。大数据分析能获悉商品在各区域、各时间段、各消费群的库存和预售情况，进而进行市场判断，并以此为依据进行商品和运营的调整。所以，大数据思维也是我们在未来的跨境电商平台运营中必不可少的一种思维。

# 第八节　全球化思维

"Last But Not Least",这是本书提出的全球化思维。为什么要提到全球化思维呢？因为这也是从事跨境电商行业必不可少的一种思维。从事跨境电商行业和从事国内电子商务行业不一样，最重要的一点是面对的客户群体不一样。所以，无论是在平台的选品还是运营中我们都需要具备全球化思维，这样才能打造良好的商品，提供极致的卖家服务，给买家带来良好的购物体验。

首先，我们通过分析全球的部分区域来具体阐述全球化思维。以澳大利亚为例，就网购而言，年龄较大的澳大利亚消费者并不喜欢移动设备。只有9%的35～44岁和55岁以上的消费者使用移动设备进行网上购物，相比之下，使用台式计算机或笔记本电脑的这两个年龄段的消费者占比63%。55岁以上的消费者尤其喜爱线下购物，31%的人表示专门在线下购物。虽然这一比重在其他年龄段没有那么高，但是在18～24岁人群中占17%、25～34岁中占10%、35～44岁中占9%、45～54岁中占21%的人都表示他们专门在线下购物。移动端购物在25～34岁的消费者中最受欢迎，约有67%的时间会选择该渠道。澳大利亚年轻群体的购物商品类别比其他亚太地区国家更多样。对于18～24岁的人来说，比重最大的在线支出类别是媒体和游戏，这些占其在线支出份额的11%，随后是女装（10%）、美容商品（9%）。而其他年龄段的消费者的消费喜好则更符合整个亚太地区传统的流行类别，其中女装、杂货家居及旅游服务在其他年龄段中排名前列。媒体和游戏在澳大利亚35～44岁的消费者中也非常受欢迎，支出占比排名第二，约9%。所以，从以上数据可以看出，我们未来在跨境电商平台上应该去售卖什么品类的商品才能迎合澳大利亚人民的喜好，以赚取更多的利润[①]。

其次，再来分析一下美国。美国大部分地区面积大，人口密度相对较低，线下购物相对不方便，这给电商带来了很大的机会。在美国，不同的族裔、不同的细分人群和细分需求，都得到了充分的重视，也就可能有潜在的大市场。在商品设计上，如果能面向不同族裔、人群、需求做一些改良或功能开发，或许就能开辟一片新天地。最简单的例子，如果你的商品卖到加州的占比较高，如果说明书上增加西班牙语的板块，或许还能卖得再好一点！北美洲是世界上经济最发达的大洲之一，其人均GDP超越了欧洲，北美洲最主要的两个国家——美国和加拿大均为发达国家，其人类发展指数较高，经济一体化水平也很高。资金充足、购买欲望强烈的北美市场被跨境电商卖家视为最重要的销售阵地。研究机构PayPal&Ipsos的报告显示：目前，美国和加拿大分别拥有着高达4380万和1070万的海淘消费者，其中美国海淘族最喜欢的跨境购物目的地前三名分别为中国、英国、加拿大；加拿大海淘族最喜欢的跨境购物目的地前三名分别为美国、中国、英国。无论是美国还是加拿大，中国都稳居两国海淘族最喜爱的跨境购物目的地前三名。

专业人士分析，中国制造之所以被北美市场认可，在于中国制造拥有核心竞争力，如有竞争力的售价、低廉的运费及多样化的商品。调查显示，美国海淘族倾向于中国商品优惠的

---

①资料来源：雨果网。

价格、商品的新奇性及合理的运费;加拿大海淘族更倾向于优惠的价格、合理的运费及商品的多样化。作为邻近的两国,美国和加拿大的海淘族在海淘品类的选择上也有着惊人的相似度。美国海淘族最喜欢的海淘品类依次为服装鞋履、玩具和爱好、线下娱乐和教育、珠宝钟表、在线娱乐和教育;加拿大海淘族最喜欢的海淘品依次为服装鞋履、在线娱乐和教育、旅游与交通商品、线下娱乐和教育、玩具和爱好。与以往相比,服饰鞋履再度拔得头筹,而娱乐教育类商品则异军突起,进入两国人民海淘品类的前五强[1]。所以,当具备了全球化思维之后,你发现自己在跨境电商平台运营中会更加游刃有余。

其实,互联网思维可能不止本书提到的这些,这里不再一一阐述,希望我们以上提到的互联网的八大思维能给读者在跨境电商平台运营中或其他行业中带来帮助。

---

[1] 资料来源:雨果网。

# 第二章 初识跨境电商

跨境电商正在快速发展，已经成为外贸领域的新业态。在传统外贸年均增长日益疲软的情况下，跨境电商却保持着令人瞩目的增速。随着阿里巴巴速卖通、京东全球购的快速国际化，它们逐渐与亚马逊、eBay 这些国际跨境电商平台并驾齐驱，电商全球化已成为全世界人民的共识。"互联网＋外贸"成为不可逆转的趋势，越来越多的人开始加入跨境电商的队伍。

## 第一节 跨境电商的定义及类型

跨境电商是跨境贸易电子商务的简称，是电子商务发展过程中一种较为高级的形态，是指不同国家或地区的交易主体（生产企业、贸易企业、个人等），通过互联网及电子商务平台完成商品交易活动，通过线上支付媒介实现支付结算并由跨境物流妥投商品的一种国际性商业活动。跨境电商一般包括海外市场开拓、进出口通关、国际货币结算、国际货运代理、货物保险索赔等内容。

跨境电商分为进口跨境电商和出口跨境电商两种类型。

进口跨境电商又称为入境电商，是指将境外的商品通过电子商务平台达成交易，并通过跨境物流输入境内市场进行销售的一种国际商业活动，如考拉海购、洋码头、天猫国际、京东国际（原海囤全球）等就是从事进口跨境电商业务的平台。

出口跨境电商又称为出境电商，是指将境内生产或加工的商品通过电子商务平台达成交易，并通过跨境物流输往境外市场进行销售的一种国际商业活动，如亚马逊、速卖通、Wish、eBay 等就是从事出口跨境电商业务的平台。

## 第二节 跨境电商的特征

目前，我国跨境电商活跃的区域以美国、英国、德国、法国等成熟市场为主，正在向俄罗斯、巴西、印度等消费需求旺盛的新兴市场推进，东南亚、拉丁美洲、中东和非洲等地区也有一些中国的跨境电商在进行布局。跨境电商具有如下五个方面的特征。

### 一、具有巨大的市场潜力

跨境电商是互联网时代的产物。与传统的出口贸易相比，跨境电商使商家通过互联网直接面对全世界 200 多个国家和地区的商家和消费者，市场潜力巨大，想象空间广阔。

## 二、具有复杂的环节与较大风险

与境内电商相比，跨境电商更为复杂，它将面对全球不同地域、不同文化的消费者，涉及的环节较复杂，完成交易的时间较长，还蕴藏着不可控的风险。这更需要企业负责人及跨境电商的相关从业者提高自身技能，预防和避免不必要的损失。

## 三、具有灵活的商业模式

跨境电商的商业模式主要有商家对商家（B2B）、商家对个人（B2C）、个人对个人（C2C）、生产厂家对个人（M2C）等。由此可见，跨境电商的商业模式更加灵活多样，更加适合多批次、小批量、多层次、差异化、个性化的新型外贸订单。

## 四、具有明显的成长性

在跨境电商刚刚兴起的时候，其主要参与者为微小企业、个体商户及网商。再之后，随着国内电子商务的迅速发展与推动，很多外贸公司、传统工厂和品牌商也参与了进来，跨境电商逐渐走上专业化、规模化的道路。

## 五、具有鲜明的时代性

跨境电商是互联网经济发展的产物。近年来，在经济全球化与国家"一带一路"倡议背景下，相关的政策性红利也不断释放，跨境电商有望形成一条巨大的经济生态链，带动国内的制造业、外贸业、运输业等产业一同转型升级。

# 第三节　跨境电商的意义

对于传统的外贸型企业而言，原有的商业模式面临着诸多问题，如市场订单不足、价值链低端、买卖双方信息不畅、订单完成周期长、双方沟通成本高等，这些问题制约了企业做大做强，而跨境电商在一定程度上可以帮助企业解决这些问题。跨境电商不但具有压缩中间环节、重塑贸易方式、提高企业利润、防止企业产能过剩、为企业发展提供帮助等优点，而且还能帮助中国的企业提高国际竞争力、打造国际性品牌、提高国际话语权。具体来说，跨境电商拥有以下四方面的重要意义。

## 一、重塑贸易方式，提高企业利润

跨境电商是对传统大型贸易模式和零售模式的颠覆，它将打破传统外贸模式下出口商、进口商、批发商、分销商，甚至是零售商的垄断地位，使出口贸易的供应链更加扁平化。这可以有效减少国际贸易的中间环节，降低相应的商品流通成本，实现从工厂发货到消费者收货的最短路径，提高企业利润。

## 二、助力中小型企业，参与全球贸易

跨境电商降低了中小型企业进入国际市场的门槛，对中小型企业的成长有很大帮助，尤其是专注于"小而美"的企业。中小型企业可以借助跨境电商平台与大型企业同台竞技，将商品以在线零售或小额批发的方式卖给海外的客户。

因此，对于中小型企业而言，出口跨境电商是"互联网+"趋势下不能错过的风口和机遇。只是这里的"互联网+"不是一种简单的"加"，也不是一种盲目的"加"，而是对整个产业的再造、对整个行业的深挖，需要有拿得出手的商品，才能有漂亮的业绩。

## 三、维持业绩增长，推动外贸转型

跨境电商可以让传统企业与终端消费者建立密切的联系，保持信息的畅通，有效推动传统企业的转型升级，在及时掌握市场趋势的情况下，走上自主研发、主观设计、自主销售、自主品牌建设的道路，增加商品附加值，增强商品竞争力，从而实现企业的可持续发展。

另外商家必须意识到，对于跨境电商，"电"只是渠道，"商"才是核心，只有把好海外市场的"脉"，找到目标客户群的核心痛点，做到有的放矢，开发出有针对性的商品，才能转型成功。花拳绣腿中看不中用，将内功修炼好了才是王道。

## 四、变革贸易格局，实现跨越发展

跨境电商有可能让中国诞生一批被世界认可的国际化品牌，实现我国对外贸易的跨越式发展，变革国际贸易的固有格局，让中国企业在国际市场上拥有更多的话语权和定价权，从而引领国际贸易，主导对外合作。

跨境电商是未来的方向，也是大势所趋。在这种趋势下，更多的资本和企业的必然涌入，使跨境电商的竞争更加白热化。谁能尽早地进入跨境电商，谁能更好地布局跨境电商，谁能更多地抢占高地，谁就能在这场竞赛中获得更多的优势。

# 第四节　跨境电商的现状

## 一、跨境电商市场规模

近年来，在传统贸易增长缓慢，甚至出现下滑的背景下，跨境电商行业快速发展，保持高速增长态势。艾媒咨询《2020 Q1中国跨境电商行业趋势研究报告》显示，2019年中国跨境电商交易规模为10.8万亿元，同比增长18.7%；2020年第一季度新冠肺炎疫情全球突发，跨境电商交易规模预计受到影响，如图2.1所示。

图 2.1

## 二、跨境电商进出口结构

我国在跨境电商交易进出口结构上,一方面,由于我国制造业在成本及规模上具有较大优势,同时受到"一带一路"倡议及资本市场推动,我国目前跨境电商主要以出口为主,出口仍占主导地位;另一方面,由于国内高端消费市场快速发展,国内消费者对海外优质商品需求增长强劲,在政策保持利好的情况下,带动跨境电商进口规模的增长,进口占比从2015年的16.7%上升至2019年的23.5%,国内跨境电商进口市场发展动力相对强劲,进口电商的比例正逐步扩大,如图2.2所示(数据来源:中国电子商务研究中心前瞻产业研究院《中国跨境电商行业发展前景预测与投资战略规划分析报告》)。

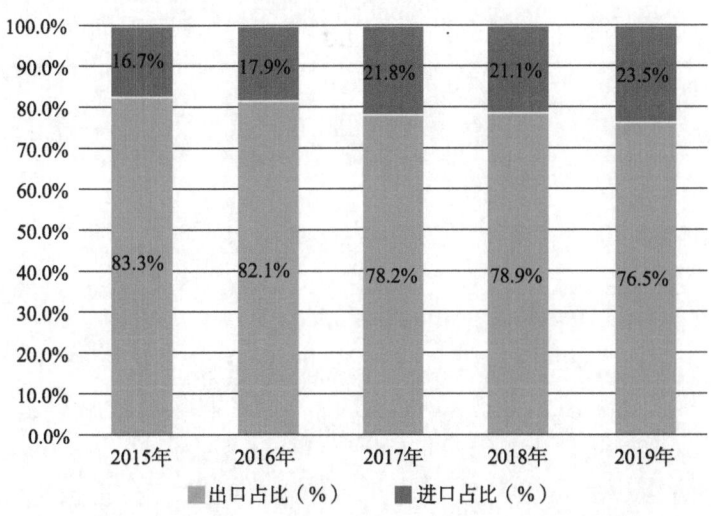

图 2.2

## 三、跨境电商 B2B 和 B2C 结构

中国电子商务研究中心监测数据显示,2019 年中国 B2B 跨境电商交易占比 80.50%,B2C 占比 19.50%,如图 2.3 所示。

B2B 模式依然占据跨境电商的主导地位。该模式产业链条长、服务需求多,包括营销、支付、供应链金融、关检税汇、物流仓储、法律法规等服务。从我国国家及地方的跨境电商政策来看，B2B 模式受到政府的重点关注和扶持，也是未来跨境电商发展的重要商业模式。

B2C 模式虽占比不大但近年来发展迅猛，国内消费升级和海外新兴市场崛起引发零售跨境电商热潮。

总体来看，B2B 模式和 B2C 模式的发展不是彼此孤立的，而是相互影响、相互促进的。B2B 模式的发展为 B2C 模式创造条件，而 B2C 模式的发展反过来又促进 B2B 模式进一步深入发展。

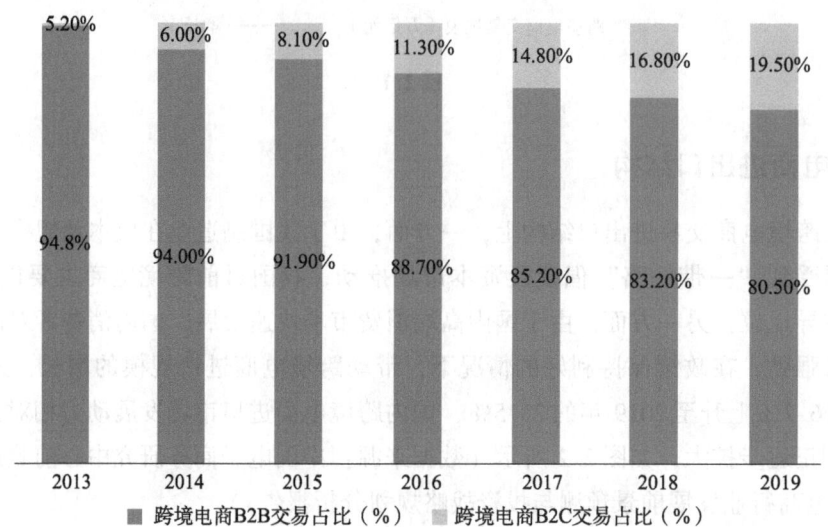

图 2.3

# 第三章 全球主要跨境电商平台介绍

随着国际贸易不断网络化、信息化，跨境电商迎来了巨大发展，全球涌现出了大量包含贸易询盘、下单、付款、物流配送全过程的跨境电商平台。其中，全球知名的四大跨境电商平台分别是速卖通（AliExpress）、eBay、Wish、亚马逊，其他还有 Lazada、Souq、Rakuten、Shopee、Newegg、Otto、Zalando 等跨境电商平台。

## 第一节 速卖通：国际版淘宝

速卖通（AliExpress）于 2010 年 4 月正式上线，是阿里巴巴旗下唯一面向全球市场打造的在线交易平台，被广大卖家称为"国际版淘宝"，图 3.1 是速卖通平台界面。速卖通面向海外买家，通过支付宝国际账户进行担保交易，并使用国际快递发货，是全球第三大英文在线购物网站。

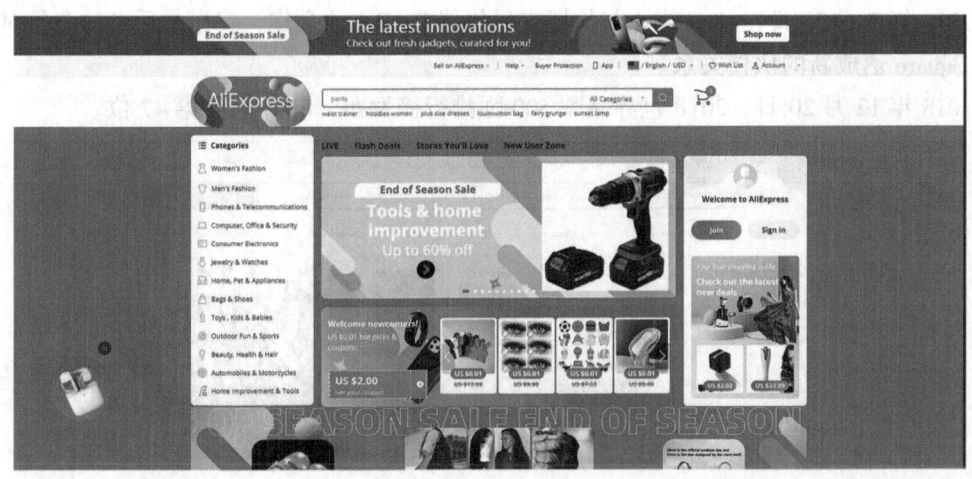

图 3.1

速卖通是阿里巴巴帮助中小型企业接触终端批发零售商、小批量多批次快速销售、拓展利润空间而全力打造的融合订单、支付、物流于一体的外贸在线交易平台。

成立时间：2010 年 4 月（2010 年 3 月开放免费注册，2010 年 4 月正式上线）。

主要市场：巴西、俄罗斯等潜力市场。

平台画像：大型集市。

平台语言：英语，简体中文，繁体中文。

PC 端和移动端：皆有。

卖家数量：20 多万。

买家数量：1亿左右。
热销品类：服装，3C，汽配，美容和健康，家居，假发。
平台宗旨：以买家为中心，平衡卖家和买家的关系。
平台特色：(1) 入驻门槛低。
　　　　　(2) 必须有品牌商标。
　　　　　(3) 无关税支出。
　　　　　(4) 交易流程手续简便。
　　　　　(5) 平台页面操作简单。
　　　　　(6) 主营廉价小商品。

# 第二节　eBay：线上拍卖及购物网站

eBay（电子湾、亿贝、易贝）是一个可以让全球民众上网买卖物品的线上拍卖及购物网站。eBay于1995年9月4日由Pierre Omidyar以Auctionweb的名称创立于加利福尼亚州圣荷西。人们可以在eBay上通过网络出售商品。图3.2为eBay平台界面图。

2014年2月20日，eBay宣布收购3D虚拟试衣公司PhiSix。

2017年6月6日，《2017年BrandZ最具价值全球品牌100强》公布，eBay名列第86位。

2018年7月25日，eBay终止与长期支付伙伴PayPal的合作，宣布与后者的竞争对手苹果和Square达成新的伙伴关系。

2018年12月20日，2018世界品牌500强排行榜发布，eBay名列第47位。

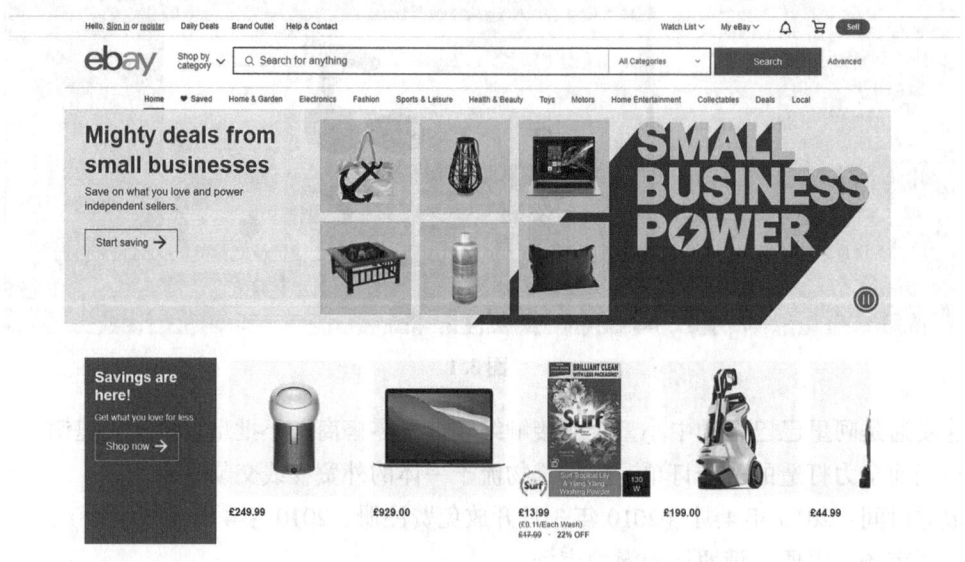

图3.2

成立时间：1995年9月。
主要市场：欧美国家。
平台画像：街边店铺。

平台语言：英语、中文。

PC 端和移动端：皆有。

卖家数量：2500 多万。

买家数量：3.8 亿左右。

热销品类：消费电子、汽配、时尚、园艺家居、收藏等。

平台宗旨：不违法、不侵权的商品皆可上架，政策上以买家优先。

平台特色：(1) 成熟欧美购物网站，品类广泛，平台流量稳定，客户群体广。

(2) 审核周期长，只能拍卖。

(3) 平台分为店铺卖家和非店铺卖家。

(4) 入驻门槛低，启动资金不高，注册免费，但需要的材料较多。

(5) 商品数量有起始限制，需要积累信誉才能越卖越多，出单周期长，需要时间积累。

(6) 严苛的卖家标准，买家保护政策强势。

## 第三节　Wish：唯一的移动端平台

Wish 是一款欧美的购物软件，拥有超过 10 万的用户。在 Wish 你能够买到很多有趣的东西，并且还能从你喜欢的商家和品牌拿到特别的优惠和礼物。Wish 是一个纯粹的在线市场，卖家自己负责发货。图 3.3 为 Wish 移动端界面图。

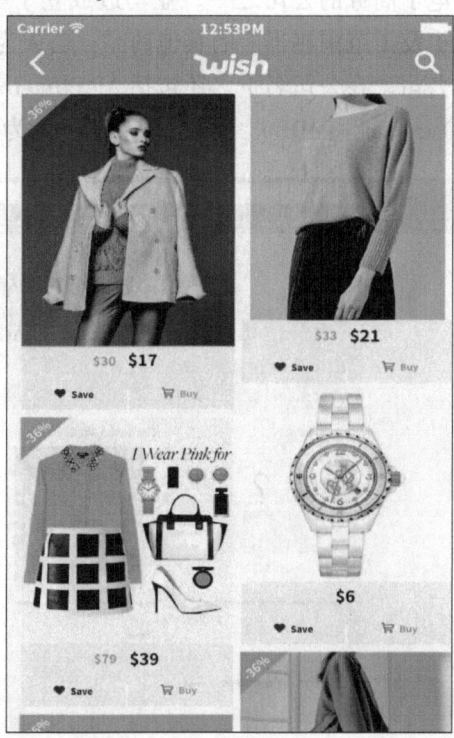

图 3.3

成立时间：1995年9月。
主要市场：美国、英国、澳大利亚、德国为主的成熟市场。
平台语言：英语。
PC端和移动端：移动端。
卖家数量：6万。
买家数量：3亿左右。
热销品类：服装、饰品、美妆等。
平台宗旨：以买家为中心。
平台特色：（1）瀑布流式推送，人群与商品精准匹配，转化率高。
（2）轻搜索，淡店铺，商品为王。
（3）无限刊登与上传，用户黏度大。
（4）开店免费，仅在交易中收取佣金。
（5）无须广告、引流。
（6）更偏向于买家的平台政策。

## 第四节　亚马逊：最以客户为中心

亚马逊是美国最大的一家网络电子商务公司，位于华盛顿州的西雅图，是网络上最早开始经营电子商务的公司之一。亚马逊成立于1995年，一开始只经营网络的书籍销售业务，现在则扩及了范围相当广的其他商品，已成为全球商品品种最多的网上零售商和全球第二大互联网公司。在公司名下，还包括AlexaInternet、A9、Lab126和互联网电影数据库（Internet Movie Database，IMDB）等子公司。图3.4为亚马逊平台界面图。

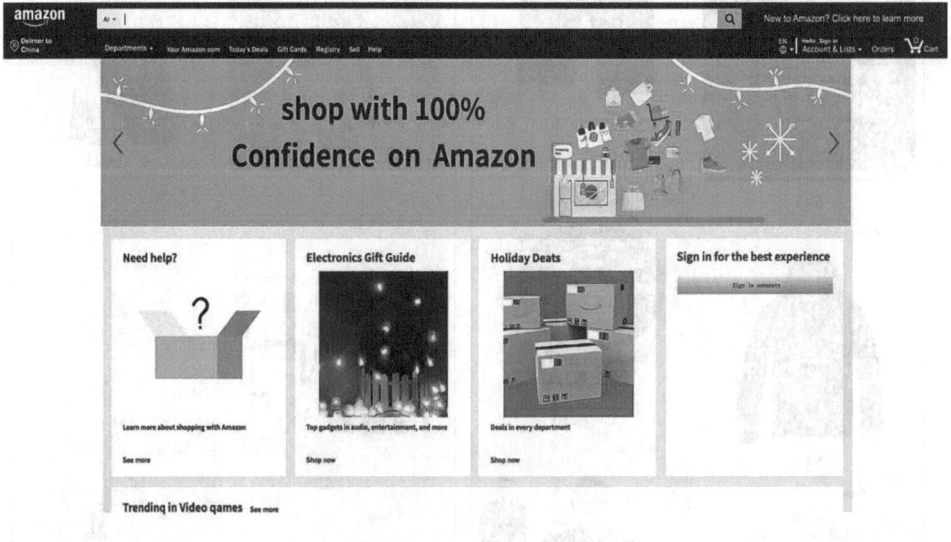

图3.4

亚马逊及其他销售商为客户提供数百万种独特的全新、翻新及二手商品，如图书、影视、音乐和游戏、数码下载、电子和电脑、家居园艺用品、玩具、婴幼儿用品、食品、服饰、鞋类和珠宝、健康和个人护理用品、体育及户外用品、玩具、汽车及工业商品等。

成立时间：1995 年 7 月。

主要市场：美国、日本、印度、澳大利亚、欧洲。

平台画像：中高端专卖商场。

平台语言：英语，简体中文。

PC 端和移动端：皆有。

卖家数量：300 多万。

买家数量：3 亿左右。

热销品类：3C 电子类、服装类、家居。

平台宗旨：以客户为中心、重商品、轻店铺，为客户提供最好的服务。

平台特色：（1）独特的算法优势。

（2）有自己的仓储物流服务体系。

（3）重推荐，轻广告。

（4）重商品详情，轻客服咨询。

（5）重商品，轻店铺。

（6）重视客户反馈。

## 第五节　主流跨境电商平台的区别

从全球范围内的消费者人数与交易额来看，速卖通、eBay、Wish、亚马逊作为主流跨境电商平台，它们各有特点。各主流跨境电商平台的特点如表 3.1 所示。

（视频课程）

表 3.1　各主流跨境电商平台特点一览表

| | 速卖通 | eBay | Wish | 亚马逊 |
|---|---|---|---|---|
| 开店资料 | 企业资料 | 个人资料 + 企业资料 | 个人资料 + 企业资料 | 个人资料 + 企业资料 |
| 平台费用 | 速卖通是免费的，佣金 5% | 免费，但是收取刊登费，0.03$ ~2$不等 | Wish 是免费的，上架商品不收费用，佣金 15% | 专业：$39.99/月<br>个人：0.99/件<br>佣金：8% ~15% |
| 对售卖商品的限制 | 一般没有要求 | 稍微严一点 | 比较宽松 | 非常严格 |
| 店铺安全性 | 有第三方客户沟通 | Paypal 很严格，经常要审核，店铺也很容易被封掉 | 比较偏向买家 | 查得很严 |
| 收款渠道 | 国际支付宝和中国的银行账号 | eBay 有自己的收款通道 Paypal | P 卡、易联支付等 | P 卡、WF 卡、Pingpong 等 |
| 针对市场 | 巴西、俄罗斯等 | 欧美国家 | 北美移动端 | 北美、欧洲、日本等 |
| 平台运行路线 | 需要铺一些货 | 需要铺一些货 | 需要铺一些货 | 精品路线 |

# 第六节　其他跨境电商平台

## 一、Lazada

Lazada（来赞达），东南亚地区最大的在线购物网站之一，获得德国创业孵化器 Rocket Internet（由 Samwer Brothers 创立）的支持。Lazada 的目标客户主要是印尼、马来西亚、菲律宾、新加坡、越南及泰国客户，Lazada 占据了这些销售目的地国家电商的半壁江山。随着东南亚市场逐渐适应互联网的速度，其网络销售市场潜力巨大。

在所有的销售目的地国家来看，越南之所以成为 Lazada 重点发展的地区，主要是因为越南人口年轻化，人口增长速度较快，且国家正处于"创新开放"政策的稳定阶段，对于电商平台的发展有非常大的利好之处。

Lazada 也为入驻的商家提供了一定的保障，即只有在商品说明不符、少邮寄、邮寄失误、破损等情况下，平台才能接受消费者的退货、退款。此外，入驻商家得到的商品订单都是经过平台严格检测的订单，这些订单可直接发货。商家在发货时，如果消费者已经在 Lazada 平台上完成支付，就可以有效地降低商家面临的资金风险。

## 二、Souq

Souq 是中东最成功的电商平台，被称为"中东亚马逊"。该平台由叙利亚人 Ronaldo Mouchawar 创建于 2006 年，总部设立在阿拉伯联合酋长国。目前，亚马逊和 eBay 在中东的部署较弱，Souq 正好填补了这一空白。其创始人是土生土长的中东人，深谙阿拉伯文化和消费者习性，将西方的电商模式嫁接到中东并进行了本地化改造。

现在，亚马逊和 Souq 共同推出中东站（Amazon.ae），中东消费者可以通过访问 App 或登录全新网站（Amazon.ae）进行购物，这是阿联酋消费者全新的本地购物体验的开始。亚马逊拥有来自本地和国际企业的 3000 多万种商品，包括以前在 Souq 上销售的商品和来自美国亚马逊的 500 多万种商品。在中东站购物的消费者将享受与 Souq 一样的优惠价格，以及亚马逊快速可靠的配送服务。

## 三、Rakuten

乐天市场（Rakuten）是乐天株式会社旗下的 B2C 购物平台，是日本最大的电子商店街。其所属的乐天株式会社（JASDAQ）是上市公司，创立于 1997 年，是日本经济团体联合会会员。乐天市场通过一系列积极并购，目前旗下产业包含乐天银行、证券公司、职业棒球队、旅游网站等。

乐天市场是一个拥有 4.4 万卖家、1.05 亿用户的全球性电商平台，自成立起，出店店铺数超过 4 万，在日本电商市场的市场占有率为 27.8%，包含各种品类的商品，其全球总交易额高达 1000 亿美元。

乐天市场在日本电子商务领域有着很大的优势，同时品牌效应也很强，商家入驻的话大致可以有如下几点优势。

第一，乐天市场占有 25% 的日本 B2C 市场份额，且在服装、食品、家具类垂直领域内市场份额占比超过30%。

第二，乐天市场会为入驻商家配备专业的电商顾问，同时会根据乐天市场的大数据推送最新的市场趋势信息和营销战略推荐。

第三，品牌效应大。虽然乐天市场是日本最大的电商平台，但其本身并不销售商品，因此商家不用担心乐天市场自营商品的竞争。

## 四、Shopee

Shopee（虾皮）是针对东南亚及中国台湾地区的电商平台，2015年于新加坡成立并设立总部，随后拓展至马来西亚、泰国、中国台湾地区、印度尼西亚、越南及菲律宾，共七大市场。Shopee拥有的商品种类包括电子消费品、家居、美容保健、母婴、服饰及健身器材等。

Shopee社群媒体粉丝数量超过3000万，拥有700万活跃卖家，员工超过8000人，遍布东南亚及中国，是东南亚发展最快的电商平台，也是国货出口东南亚的首选平台。

成立至今，Shopee的跨境业务一直是其实现飞速成长的引擎和平台核心竞争力。Shopee对跨境业务具有强大信心，并不断加大对跨境业务的战略资源投入。目前，Shopee的七大市场均对中国跨境卖家开放。

# 第四章 走进亚马逊

亚马逊公司（简称亚马逊）是美国最大的网络电子商务公司，位于华盛顿州的西雅图，是网络上最早开始经营电子商务的公司之一。亚马逊成立于1995年，一开始只经营网络的书籍销售业务，现在则扩及了范围相当广的其他商品，已成为全球商品品类最多的网上零售商和全球第二大互联网企业。

就像淘宝在国内电商行业稳坐第一的宝座，亚马逊在全球同样扮演着领军者的角色。目前，亚马逊在全球的站点包括：北美站（美国、加拿大、墨西哥三站通用）、欧洲站（英国、德国、法国、意大利、西班牙、荷兰）、亚洲站（中国、日本、印度、新加坡）、南美站（巴西）、澳洲站（澳大利亚）、中东站（阿联酋、土耳其）。

## 第一节 亚马逊发展中的三次重大定位转变

在亚马逊的历史发展过程中，总共有三次重大的定位转变。

### 一、成为"地球上最大的书店"（1994—1997年）

1994年夏天，从金融服务公司D. E. Shaw辞职的贝佐斯决定创立一家网上书店，他认为书籍是最常见的商品，标准化程度高，而且美国书籍市场规模大，十分适合创业。经过大约一年的准备，亚马逊网站于1995年7月正式上线。为了和线下图书巨头Barnes&Noble、Borders竞争，贝佐斯把亚马逊定位成"地球上最大的书店"。为实现此目标，亚马逊采取了大规模扩张策略，以巨额亏损换取营业规模。经过"快跑"，亚马逊从网站上线到公司上市仅用了不到两年时间。1997年5月Barnes&Noble开展线上购物时，亚马逊已经在图书网络零售上建立了巨大优势。此后，亚马逊和Barnes&Noble经过几次交锋，亚马逊最终完全确立了自己是最大书店的地位。

### 二、成为"最大的综合网络零售商"（1997—2001年）

贝佐斯认为和实体店相比，网络零售很重要的一个优势在于能给消费者提供更为丰富的商品选择。因此，扩充网站品类、打造综合电商以形成规模效益成为亚马逊的战略构想。亚马逊网站于1997年5月上线，尚未完全在图书网络零售市场中树立绝对优势地位时就开始布局商品品类扩张。经过前期的供应和市场宣传，亚马逊的音乐商店于1998年6月正式上线。仅一个季度亚马逊音乐商店的销售额就已经超过了CD now，成为最大的网上音乐商品零售商。此后，亚马逊通过品类扩张和国际扩张，到2000年的时候亚马逊的宣传口号已经改为"最大的网络零售商"。

### 三、成为"最以客户为中心的企业"（2001年至今）

从2001年开始，除宣传自己是最大的网络零售商外，亚马逊同时把"最以客户为中心的企业"确立为努力的目标。此后,打造以客户为中心的服务型企业成为亚马逊的发展方向。为此,亚马逊从 2001 年开始大规模推广第三方开放平台(Marketplace),2002 年推出网络服务(AWS),2005 年推出 Prime 服务,2007 年开始向第三方卖家提供外包物流服务 Fulfillment By Amazon(FBA),2010 年推出 KDP 的前身自助数字出版平台 Digital Text Platform(DTP)。亚马逊逐步推出这些服务,使其超越网络零售商的范畴,成为一家综合服务提供商。

除了以上的这些,亚马逊是全球第二的互联网公司,也是全球第七的大数据公司,具有关联数据、预测性物流等专利技术。对于新卖家来说,一定要利用亚马逊后台提供的商品、店铺、库存预警等数据支撑,为运营销售和备货提供依据。另外,在选品环节,新卖家还可以借助 Google、Keyword Tool 等商品关键词或数据挖掘工具进行针对性选品。

## 第二节 亚马逊的平台特色

知己知彼,百战不殆。了解平台特色对运营来说至关重要,因为这关系到后期的运营策略和运营方法。因此,本节介绍亚马逊的平台特色。

(视频课程)

### 一、重推荐,轻广告

亚马逊的大数据计算能力非常强大,也非常重视客户体验,基于后台数据的关联推荐和排行版流量是亚马逊运营推广较为有效的方式。大数据会记录每个客户在亚马逊平台上的任何行为,然后再实现客户利益最大化的效果。给卖家的启示是要重视商品品质及买家反馈,如果是好商品,又有好口碑,那么亚马逊就会推荐你的商品,销量自然不会差。

### 二、重展示,轻客服

亚马逊鼓励客户自助购物,且对于中国卖家来说,运营者跟销售目的地国家的消费者存在一定的时差,甚至是完全相反的时差,故不设置在线客服。买卖双方设有即时在线沟通方式,一般以邮件沟通(24 小时之内回复)。而商品详情页就是卖家传递商品信息给买家的最重要的窗口,好的商品详情页应该是什么样的?本书总结为以下六个方面:一是标题要突出商品核心卖点且具备可读性;二是五点描述,需要尽可能体现商品核心卖点;三是商品的图片要清晰、突出细节、彰显商品品质;四是详细有效的商品描述有助于客户了解你的商品;五是合理有效地利用 Q&A;六是想办法提升 Review 的质量。

### 三、重商品,轻店铺

亚马逊要求商品统一陈列,拒绝特色。在亚马逊平台随处可见的是商品,但是体现店铺的按钮和链接却很少。这给我们的启示是要把主要的运营资源放在商品或 Listing 上,那么影响 Listing 每一个相关的因素,都需要运营者精心打磨。对于初级卖家来说,初期少做商品、精做商品是更有效率的运营手段。

### 四、重客户,轻卖家

亚马逊认为客户是一切的核心,所以特别重视客户反馈。亚马逊有两套评论体系。第一套评论体系是商品评论,会呈现在商品详情页,直接影响转化率。客户对商品的质量产生不满并留下差评对商品评论的星级会产生一定的影响,这一因素会对其他潜在客户的购买欲产生不利的影响,从而使得转化率可能会降低。第二套评论系统是客户反馈,主要是客户对卖家提供的服务质量进行评级,会显示在卖家详情页。这个评级会影响卖家绩效,如果负面反馈过多,可能影响商品的正常销售,甚至会影响店铺的正常运作。对于卖家的意义在于一定要重视客户的购物体验,以最宽的尺度来保证客户的购物体验。

基于对亚马逊有了一定认知后,让我们来进一步剖析平台上更为独特且需要为卖家所把控的部分,合理运用好这些撒手锏,离商品大卖必定不远。

## 第三节 亚马逊六大撒手锏之 FBA

FBA 是亚马逊自有的一个独特的仓储物流体系,全称是 Fulfillment By Amazon,中文名称为亚马逊物流。FBA 是亚马逊提供的代发货业务(如图 4.1 所示),即卖家先将商品发往亚马逊 FBA 仓库,再由亚马逊提供仓储、拣货打包、配送、收款、客服、退货处理一条龙物流服务,同时亚马逊会收取一定的费用。那么选择 FBA,有何利弊?

(视频课程)

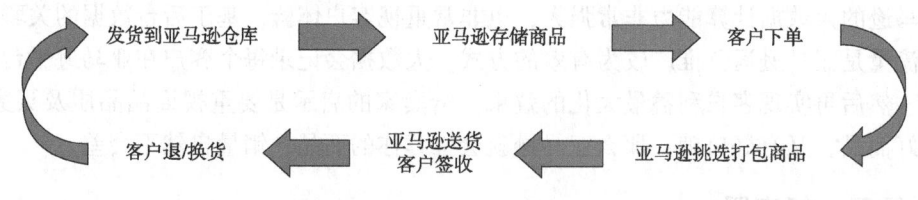

图 4.1

### 一、FBA 的优势

使用亚马逊 FBA,可将繁杂的物流和后勤工作交给亚马逊,为商家节省大量的人力、物力和财力,全力拓展全球销售业务。FBA 主要有如下优势。

第一,亚马逊 FBA,可以提高 Listing 的排名从而帮助商家成为高质量卖家以获得更多流量,并且 FBA 服务还能够提高客户的信任度以获得客户的关注和收藏。

第二,选择 FBA 发货的卖家虽然需要给亚马逊支付服务费,但是可以享受亚马逊的仓储服务和一流的运送服务。

第三,当客户在亚马逊平台上购买了卖家的商品时,亚马逊服务人员会根据订单信息为客户挑选货物,包装并发送给客户。

第四,FBA 物流配送费用,即卖家使用 FBA 发货时亚马逊收取的费用,一般是按件收取;每件收多少费用又跟商品的重量、尺寸有关,而且这个物流配送费用不同时期会有调整,类似于国内的快递,但是卖家还需要承担亚马逊短期或长期的储存费用。

第五,FBA 发货很快,因为 FBA 的仓库范围很广,所以能够第一时间发货,但 FBA 并不代办清关等业务。FBA 发货快能使客户满意度大大提高,还能够促成多次交易。物流讲究的就是一个快字。

## 二、FBA 的劣势

FBA 的劣势也较为明显，主要集中在如下七点。

第一，与客户的沟通问题是所有海外仓的共同短板，其他第三方海外仓还有专门的中文客服来处理一些问题，但 FBA 却只能用英文和客户沟通，而且用邮件沟通不会像第三方海外仓的客服那么及时。

第二，如果前期工作没做好，标签扫描出问题会影响货物入库，甚至入不了库。

第三，退货地址只支持美国（如果您是做美国站点的 FBA）。

第四，客户想退货就可以退货，不需要跟 FBA 有太多的沟通（退货太随意，给卖家带来不少困扰）。

第五，FBA 仓库不会为卖家的头程发货提供清关服务。

第六，费用比国内发货偏高（特别是非亚马逊平台的 FBA 发货），但是也要根据商品重量来定夺。

第七，采用 FBA 发货的卖家，资金永远是最大的牵挂，而一旦进行大批量备货，资金被占用不说，运营的风险也被成倍放大了（例如，当你的大批货物在 FBA 仓库中时，如果账号受限了，该怎么办？如果 Listing 收到差评导致销量下降了，该怎么办？如果遭遇了恶意竞争对手，被对方跟卖，甚至篡改了你的 Listing，又该怎么办？）。

## 三、FBA 的费用

FBA 的费用是卖家很关心的一个问题。亚马逊的 FBA 费用是按件收取的，具体费用取决于商品的尺寸和重量。

### （一）确定商品分类（服装或非服装类）和商品尺寸分段（标准尺寸或大件）

了解商品的分类和尺寸分段后，可计算发货重量，并使用表 4.1 中的数据确定需要支付的费用。

表 4.1 标准尺寸商品分段

| | 非服装类商品（标准尺寸）的亚马逊物流费用 | | | | | | |
|---|---|---|---|---|---|---|---|
| | 小号标准尺寸（不超过 10 盎司） | 小号标准尺寸 [10 至 16 盎司（不含 10 盎司）] | 大号标准尺寸（不超过 10 盎司） | 大号标准尺寸 [10 至 16 盎司（不含 10 盎司）] | 大号标准尺寸 [1 至 2 磅（不含 1 磅）] | 大号标准尺寸 [2 至 3 磅（不含 2 磅）] | 大号标准尺寸 [3 至 21 磅（不含 3 磅）] |
| 配送费用 | $2.50 | $2.63 | $3.31 | $3.48 | $4.90 | $5.42 | $5.42 + $0.38/磅（超出首重 3 磅的部分） |
| | 服装类商品（标准尺寸）的亚马逊物流费用 | | | | | | |
| | 小号标准尺寸（不超过 10 盎司） | 小号标准尺寸 [10 至 16 盎司（不含 10 盎司）] | 大号标准尺寸（不超过 10 盎司） | 大号标准尺寸 [10 至 16 盎司（不含 10 盎司）] | 大号标准尺寸 [1 至 2 磅（不含 1 磅）] | 大号标准尺寸 [2 至 3 磅（不含 2 磅）] | 大号标准尺寸 [3 至 21 磅（不含 3 磅）] |
| 配送费用 | $2.92 | $3.11 | $3.70 | $3.81 | $5.35 | $5.95 | $5.95 + $0.38/磅（超出首重 3 磅的部分） |

有一个需要注意的事项是：如果商品是锂电池，以及包含锂电池或与锂电池一同销售的商品，每件商品需要额外支付 $0.11 的配送费用。

大件商品配送费用如表 4.2 所示。

表 4.2　亚马逊物流配送费用（大件，包括服装和非服装类商品）

| | 小号大件不超过 71 磅 | 中号大件不超过 151 磅 | 大号大件不超过 151 磅 | 特殊大件 |
| --- | --- | --- | --- | --- |
| 配送费用 | $8.26 + $0.38/磅（超出首重 2 磅的部分） | $11.37 + $0.39/磅（超出首重 2 磅的部分） | $75.78 + $0.79/磅（超出首重 90 磅的部分） | $137.32 + $0.91/磅（超出首重 90 磅的部分） |

大件商品如果是锂电池，以及包含锂电池或与锂电池一同销售的商品，同样也是每件商品需要额外支付 $0.11 的配送费用。除此之外，对于等离子电视和屏幕不小于 42 英寸的大屏幕背投电视，亚马逊将收取 $40 的特殊处理费。对于屏幕较小的电视，由于其重量和易损坏程度等其他因素，也可能需要收取特殊处理费。

**（二）危险品的配送费用**

通过亚马逊物流危险品计划销售的商品需要进行特殊处理和危险品存储。表 4.3、表 4.4、表 4.5 显示了通过该计划所销售危险品的配送费用。您可以在亚马逊后台查看您 ASIN（见第五章第二节详解）的分类状态，以及您是否需要加入亚马逊物流危险品计划才能销售相应商品。

表 4.3　危险品（标准尺寸，非服装类商品）的亚马逊物流配送费用

| | 小号标准尺寸（不超过 10 盎司） | 小号标准尺寸[10 至 16 盎司（不含 10 盎司）] | 大号标准尺寸（不超过 10 盎司） | 大号标准尺寸[10 至 16 盎司（不含 10 盎司）] | 大号标准尺寸（1 至 2 磅） | 大号标准尺寸（2 至 3 磅） | 大号标准尺寸（3 至 21 磅） |
| --- | --- | --- | --- | --- | --- | --- | --- |
| 配送费用 | $3.43 | $3.64 | $4.06 | $4.23 | $5.47 | $5.86 | $5.86 + $0.38/磅（超出首重 3 磅的部分） |

表 4.4　危险品（标准尺寸，服装）的亚马逊物流配送费用

| | 小号标准尺寸（不超过 10 盎司） | 小号标准尺寸[10 至 16 盎司（不含 10 盎司）] | 大号标准尺寸（不超过 10 盎司） | 大号标准尺寸[10 至 16 盎司（不含 10 盎司）] | 大号标准尺寸[1 至 2 磅（不含 1 磅）] | 大号标准尺寸[2 至 3 磅（不含 2 磅）] | 大号标准尺寸[3 至 21 磅（不含 3 磅）] |
| --- | --- | --- | --- | --- | --- | --- | --- |
| 配送费用 | $3.85 | $4.12 | $4.45 | $4.56 | $5.92 | $6.39 | $6.39 + $0.38/磅（超出首重 3 磅的部分） |

表 4.5　危险品（大件商品，包括服装和非服装类商品）的亚马逊物流配送费用

| | 小号大件不超过 71 磅 | 中号大件不超过 151 磅 | 大号大件不超过 151 磅 | 特殊大件 |
| --- | --- | --- | --- | --- |
| 配送费用 | $8.98 + $0.38/磅（超出首重 2 磅） | $11.22 + $0.39/磅（超出首重 2 磅） | $87.14 + $0.79/磅（超出首重 90 磅） | $157.12 + $0.91/磅（超出首重 90 磅） |

## （三）如何计算发货重量

标准尺寸大件货物和特殊大件货物的发货重量计算如下所述。

每件商品的发货重量按包装重量加上单件重量进行计算。尺寸为小号标准尺寸和大号标准尺寸分段且重量不足 1 磅的货物的发货重量将向上取整到最接近的整数盎司。对于其余尺寸分段的货物，其发货重量（请参见以下详情）将向上取整到最接近的整数磅数。

如果重量是超过 1 磅的大号标准尺寸商品、小号大件、中号大件和大号大件商品，每件商品的发货重量按包装重量加上单件重量或体积重量（取两者中的较大值）进行计算。体积重量等于商品体积（长×宽×高）除以 139。大件商品体积重量对应的最小宽度和高度为 2 英寸。每件商品的总发货重量将向上取整到最接近的整数磅数。

表 4.6 中提及的单件重量是指单件商品的重量，包装重量是指包装箱和包装材料的重量。亚马逊使用这些标准化重量值计算发货重量。对于重量超过 1 磅的大号标准尺寸商品和所有小号大件、中号大件和大号大件商品，当体积重量大于单件重量时，亚马逊将使用体积重量。然后根据前面提及的费率，使用发货重量来计算配送费用。

表 4.6 商品尺寸与发货重量表

| 尺寸分段 | 包装重量 | 发货重量（向上取整到最接近的整数磅数） |
| --- | --- | --- |
| 标准尺寸（不超过 1 磅） | 4 盎司 | 单件重量 + 包装重量 |
| 标准尺寸（超过 1 磅） | 4 盎司 | 单件重量或体积重量中的较大值 + 包装重量 |
| 大件 | 1 磅 | 单件重量或体积重量中的较大值 + 包装重量 |
| 特殊大件 | 1 磅 | 单件重量 + 包装重量 |

## （四）多渠道配送费

除以上提到的配送费外，如果客户订单是将亚马逊仓库内的库存配送到其他平台，将有可能产生多渠道配送费。多渠道配送（MCF）是物流 FBA 的一项计划。借助多渠道配送，亚马逊可将卖家的库存储存在运营中心。当卖家在亚马逊、卖家的独立站或其他电子商务网站上销售商品时，亚马逊将对商品进行分拣、打包并将其配送给买家。卖家可以使用卖家账户中的工具创建发往亚马逊的多渠道配送货件、提交订单以便亚马逊配送，以及管理针对这些订单的客户服务。借助多渠道配送，您可以扩大业务规模，并妥善应对销售旺季订单剧增的情况。您还可以为买家提供次日达和隔日达服务。借助多渠道配送，您可以选择让买家将货退给您自己，或者退至亚马逊运营中心并退回到您的库存中。您随时可以请求将库存商品退还给您。您可以使用多渠道配送自动配送您的 FBA 库存。如果您有专业销售账户，则可以发布尚未在亚马逊上销售的多渠道配送库存。多渠道配送费的费用明细在表 4.7、表 4.8、表 4.9 中详细列出（按件收取）。

表 4.7　3~5 个工作日标准配送

| 尺寸分段 | 包含 1 件商品的订单 | 包含 2 件商品的订单 | 包含 3 件商品的订单 | 包含 4 件商品的订单 | 包含 5 件以上商品的订单 |
|---|---|---|---|---|---|
| 小号标准尺寸：不超过 4 盎司 | $3.95 | $2.75 | $2.39 | $1.89 | $1.79 |
| 小号标准尺寸：4 至 10 盎司 | $4.95 | $3.45 | $2.95 | $2.29 | $1.99 |
| 小号标准尺寸：10 至 16 盎司 | $5.79 | $4.05 | $3.45 | $2.89 | $2.59 |
| 大号标准尺寸：不超过 10 盎司 | $5.49 | $3.85 | $3.29 | $2.69 | $2.39 |
| 大号标准尺寸：10 至 16 盎司 | $5.79 | $3.90 | $3.40 | $2.89 | $2.59 |
| 大号标准尺寸：1 至 2 磅 | $5.95 | $3.95 | $3.45 | $3.35 | $2.95 |
| 大号标准尺寸：2 至 21 磅 | $5.95 + $0.38/磅（超出首重 2 磅的部分） | $3.95 + $0.38/磅（超出首重 2 磅的部分） | $3.45 + $0.38/磅（超出首重 2 磅的部分） | $3.35 + $0.38/磅（超出首重 2 磅的部分） | $2.95 + $0.38/磅（超出首重 2 磅的部分） |
| 小号大件 | $10.99 + $0.38/磅（超出首重 2 磅的部分） | $6.80 + $0.38/磅（超出首重 2 磅的部分） | $5.80 + $0.38/磅（超出首重 2 磅的部分） | $4.80 + $0.38/磅（超出首重 2 磅的部分） | $3.80 + $0.38/磅（超出首重 2 磅的部分） |
| 中号大件 | $15.30 + $0.39/磅（超出首重 2 磅的部分） | | | | |
| 大号大件 | $78.30 + $0.80/磅（超出首重 90 磅的部分） | | | | |
| 特殊大件 | $143.30 + $0.92/磅（超出首重 90 磅的部分） | | | | |

表 4.8　加急配送隔日达

| 尺寸分段 | 包含 1 件商品的订单 | 包含 2 件商品的订单 | 包含 3 件商品的订单 | 包含 4 件商品的订单 | 包含 5 件以上商品的订单 |
|---|---|---|---|---|---|
| 小号标准尺寸：不超过 10 盎司 | $5.69 | $3.99 | $3.29 | $2.89 | $2.49 |
| 小号标准尺寸：10 至 16 盎司 | $5.89 | $4.19 | $3.49 | $3.09 | $2.69 |
| 大号标准尺寸：不超过 10 盎司 | $5.79 | $4.09 | $3.39 | $2.99 | $2.59 |
| 大号标准尺寸：10 至 16 盎司 | $6.29 | $4.59 | $3.89 | $3.49 | $3.09 |
| 大号标准尺寸：1 至 2 磅 | $6.99 | $4.99 | $4.19 | $3.69 | $3.29 |

续表

| 尺寸分段 | 包含1件商品的订单 | 包含2件商品的订单 | 包含3件商品的订单 | 包含4件商品的订单 | 包含5件以上商品的订单 |
|---|---|---|---|---|---|
| 大号标准尺寸：2至21磅 | $6.99 + $0.38/磅（超出首重2磅的部分） | $4.99 + $0.38/磅（超出首重2磅的部分） | $4.19 + $0.38/磅（超出首重2磅的部分） | $3.69 + $0.38/磅（超出首重2磅的部分） | $3.29 + $0.38/磅（超出首重2磅的部分） |
| 小号大件 | $11.99 + $0.38/磅（超出首重2磅的部分） | $7.80 + $0.38/磅（超出首重2磅的部分） | $7.30 + $0.38/磅（超出首重2磅的部分） | $7.15 + $0.38/磅（超出首重2磅的部分） | $6.85 + $0.38/磅（超出首重2磅的部分） |
| 中号大件 | $16.80 + $0.39/磅（超出首重2磅的部分） | | | | |
| 大号大件 | $78.30 + $0.80/磅（超出首重90磅的部分） | | | | |
| 特殊大件 | $143.30 + $0.92/磅（超出首重90磅的部分） | | | | |

表4.9 优先配送次日达

| 尺寸分段 | 包含1件商品的订单 | 包含2件商品的订单 | 包含3件商品的订单 | 包含4件商品的订单 | 包含5件以上商品的订单 |
|---|---|---|---|---|---|
| 小号标准尺寸：不超过16盎司 | $12.80 | $7.30 | $6.30 | $5.80 | $4.30 |
| 大号标准尺寸：不超过16盎司 | $13.80 | $7.80 | $6.80 | $5.90 | $4.80 |
| 大号标准尺寸：1至2磅 | $13.85 | $7.85 | $6.85 | $5.95 | $4.85 |
| 大号标准尺寸：2至21磅 | $13.85 + $0.39/磅（超出首重2磅的部分） | $7.85 + $0.39/磅（超出首重2磅的部分） | $6.85 + $0.39/磅（超出首重2磅的部分） | $5.95 + $0.39/磅（超出首重2磅的部分） | $4.85 + $0.39/磅（超出首重2磅的部分） |
| 小号大件 | $20.80 + $0.39/磅（超出首重2磅的部分） | $11.30 + $0.39/磅（超出首重2磅的部分） | $8.20 + $0.39/磅（超出首重2磅的部分） | $7.70 + $0.39/磅（超出首重2磅的部分） | $7.30 + $0.39/磅（超出首重2磅的部分） |
| 中号大件 | $31.30 + $0.39/磅（超出首重2磅的部分） | | | | |
| 大号大件 | $78.30 + $0.80/磅（超出首重90磅的部分） | | | | |
| 特殊大件 | $143.30 + $0.92/磅（超出首重90磅的部分） | | | | |

### （五）仓储费

除此之外，卖家将货物放置在亚马逊仓库就会涉及仓储费。亚马逊的仓储费分为两种，一种叫月度仓储费，另一种叫长期仓储费。其中，月度仓储费按照每种商品所占的体积来收费。亚马逊一般会在每月的7～15日之间收取上个月的月度仓储费。费用因商品尺寸分段和一年中的不同时间而异。虽然标准尺寸商品小于大件商品，但其在储存时需要经过更复杂且成本更高的装架、装柜和装箱工作，费用按立方英尺收取，因此标准尺寸商品的总仓储费可能会低于大件商品（基于体积）。商品月度仓储费如表4.10所示。

表 4.10 商品月度仓储费

| 月份 | 标准尺寸 | 大件 |
| --- | --- | --- |
| 1~9月 | 每立方英尺 $0.75 | 每立方英尺 $0.48 |
| 10~12月 | 每立方英尺 $2.40 | 每立方英尺 $1.20 |

但如果商品是危险品,则该类商品的月度仓储费会有所不同。表 4.11 为危险品的月度仓储费。

表 4.11 危险品的月度仓储费

| 月份 | 标准尺寸 | 大件 |
| --- | --- | --- |
| 1~9月 | 每立方英尺 $0.99 | 每立方英尺 $0.78 |
| 10~12月 | 每立方英尺 $3.63 | 每立方英尺 $2.43 |

卖家将商品发送至亚马逊仓库后,亚马逊会收取月度仓储费。但是当库存一直滞销在仓库时,亚马逊为了激励卖家尽量把商品销售出去,以提高亚马逊仓库的使用率,亚马逊将会对储存在亚马逊运营中心超过 365 天的商品收取长期仓储费。

长期仓储费是月度仓储费之外的费用。如果您在下一个库存清点日之前提交商品的移除订单,则不需要为这些商品支付长期仓储费。长期仓储费是以英寸为单位计算立方英尺数,以下是核算商品体积的公式:

长×宽×高/1 728(以英寸为单位)

示例:将 47×12×10 所得的值除以 1 728 等于 3.3 立方英尺。

每月 15 日,FBA 会进行库存清点。此日,我们将按每立方英尺 $6.90 或每件商品 $0.15 的标准(以较大值为准)对在运营中心存放 365 天以上的库存收取长期仓储费,详情如表 4.12、表 4.13 所示。

表 4.12 按商品尺寸收取长期仓储费

| 库存清点日 | 在运营中心存放 365 天以上的商品 |
| --- | --- |
| 每月 15 日 | 每立方英尺 $6.90 |

表 4.13 按商品件数收取长期仓储费

| 库存清点日 | 在运营中心存放 365 天以上的商品 |
| --- | --- |
| 每月 15 日 | 每件商品 $0.15 |

示例:如果一件体积为 11 英寸×8 英寸×2 英寸的玩具存储时间超过了 365 天,按照每立方英尺所适用的长期仓储费是 $0.7,按照每件商品所适用的长期仓储费是 $0.15,那么亚马逊会按照 $0.7 来收取商品的长期仓储费。

如果一件体积为 8 英寸×6 英寸×0.5 英寸的图书存储时间超过了 365 天,按照每立方英尺所适用的长期仓储费是 $0.1,按照每件商品所适用的长期仓储费是 $0.15,那么亚马逊会按照 $0.15 来收取商品的长期仓储费。

当然除了以上提到的这些费用,还有其他一些 FBA 费用,如 FBA 合仓费,第三方平台通过 FBA 发货、库存移除或寄还卖家费用,客户退回亚马逊仓库的费用等。

## 四、FBM（自发货）

FBM（Fulfilled By Merchant），也称为自发货，即商品不通过 FBA 的保管和配送直接由卖家配送到买家手中。那么，选择 FBM，又有何利弊呢？

### （一）FBM 的优势

FBM 有以下六个方面的优势。

第一，利润高。和全球四大网站进行对比后，亚马逊在全球购物网站平均客单价中最高。而且亚马逊的商品销往欧洲，欧洲客户生活质量高，大部分人都会网购，订单又多，所以利润自然也高。

第二，风险低。上面讲到利润，为什么说 FBM 要比 FBA 单件商品利润高，因为 FBM 是走量，FBA 是高客单价。FBA 需要囤货，而 FBM 不需要，只有开单了才去采购发货，所以风险非常低。

第三，店铺优势。亚马逊无货源店铺的商品和数量没有限制，而且不需要图片的存放空间。

第四，不会断货，全网商品都是我们的货源。

第五，SKU（见第五章第二节详解）很多，相对来说机会更大。

第六，商品可选性比较多，可复制多店铺操作。

### （二）FBM 的劣势

当然 FBM 也存在其自身的劣势，主要有两个方面。

第一，FBM 的成长周期要比 FBA 长，毕竟 FBM 需要付费而 FBA 是免费的。

第二，FBM 的回款周期长，一般需要一个月左右的时间。

## 五、FBM 转 FBA 实操讲解

### （一）将商品设置为 FBA 发货

进入卖家后台，选择"Inventory"下拉列表中的"Manage Inventory"选项，进入"库存管理"页面，选择要通过 FBA 发货的商品。

在选好的商品信息"Edit"下拉列表中选择"Change to Fulfilled by Amazon"选项，如图 4.2 所示。

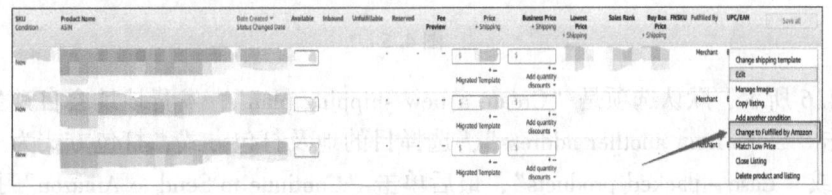

图 4.2

如图 4.3 所示，单击"Convert Only"或"Convert & Send Inventory"按钮。

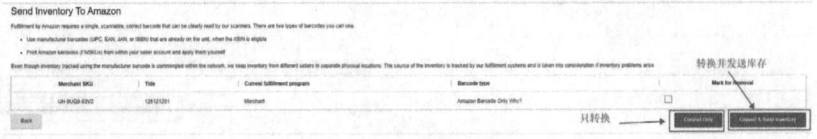

图 4.3

到了这一步会弹出一个"危险品信息填写"（Required product information）对话框，如图 4.4 所示，单击"Add dangerous goods information"按钮，如果商品不带电，那么我们直接在两个选项中选择"否"，如果带电则根据实际情况选择。然后再单击"Submit"按钮，最后再单击"Save & Continue"按钮即可。

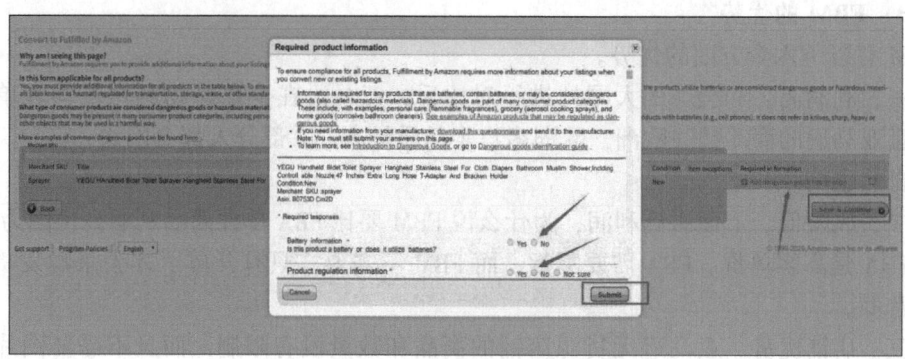

图 4.4

### （二）发货到 FBA

选择"Inventory"下拉列表中的"Manage Inventory"选项，进入"库存管理"页面，选择要发货的商品。

在选好的商品信息"Edit"下拉列表中选择"Send/Replenish Inventory"选项，如图 4.5 所示。

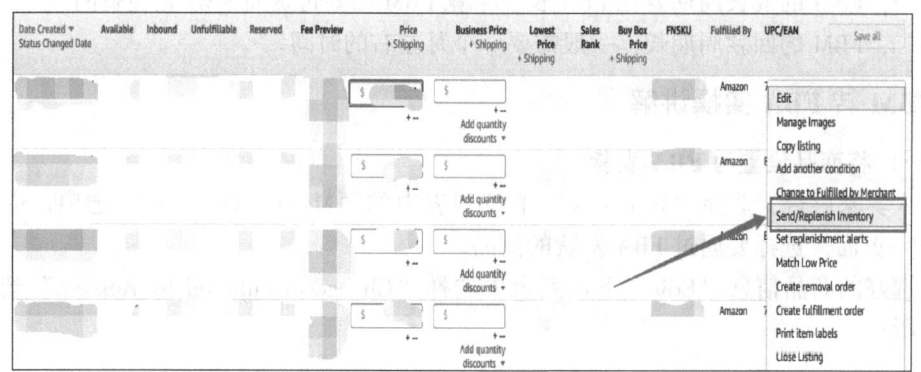

图 4.5

如图 4.6 所示，默认选项是"Create a new shipping plan"，发货地址会自动生成，如需改写则单击"Ships from another address"，选择目的地及打包方式，打包方式为"Individual products"或"Case-packed products"，最后单击"Continue to Send to Amazon"按钮。

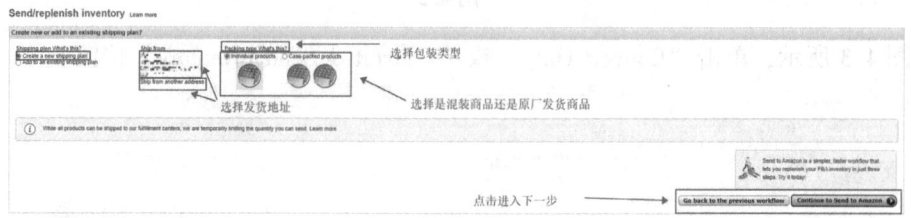

图 4.6

如图 4.7 所示，进入"Set Quantity"选项卡，填写发货商品的数量，然后单击"Continue"按钮。

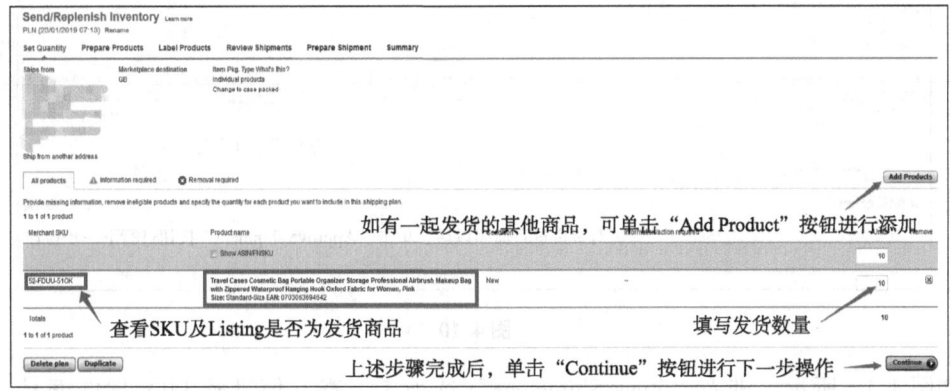

**图 4.7**

如图 4.8 所示，选择"Seller"或"Amazon"，或者默认为"Apply to all"，单击"Continue"按钮进行下一步操作。

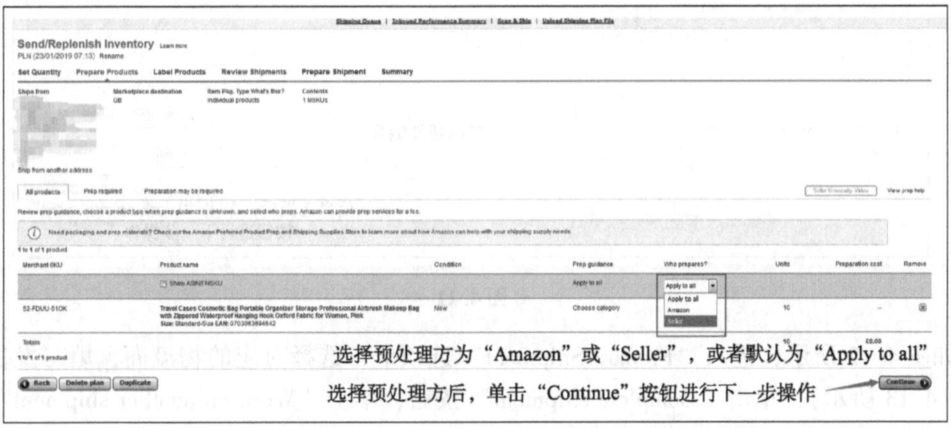

**图 4.8**

如图 4.9 所示，进入"Label Products"选项卡，确认信息无误后，单击"Continue"按钮。

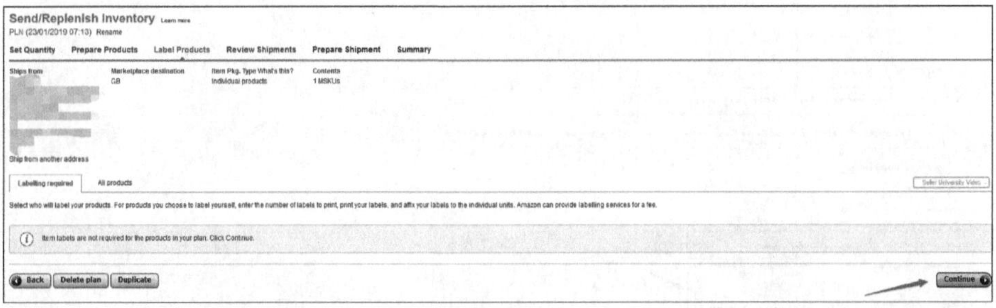

**图 4.9**

如图 4.10 所示，进入"Review Shipment"选项卡，编辑卖家自定义货件名称，单击"Approve shipment"按钮。

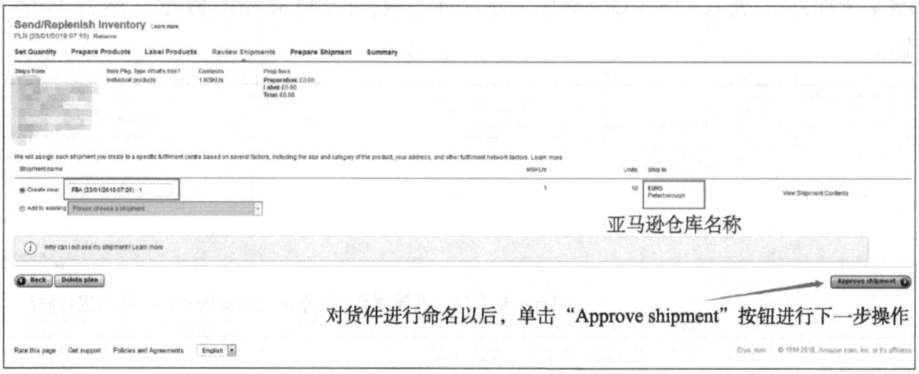

图 4.10

如图 4.11 所示，进入"View Shipments"选项卡，查看信息及 FBA 货件编号，单击"Work on shipment"按钮。

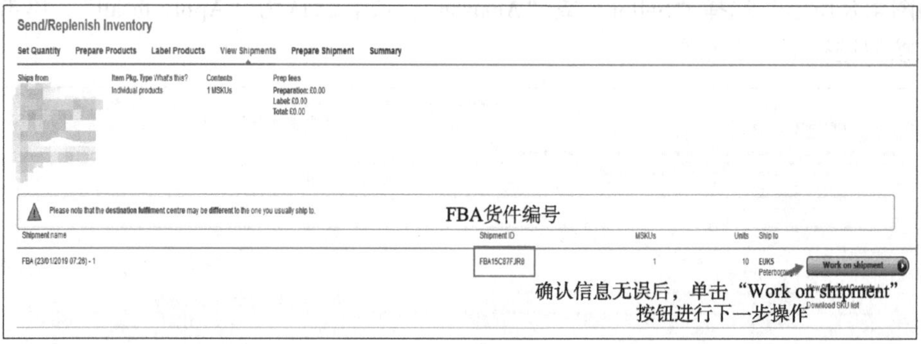

图 4.11

如图 4.12 所示，进入"Prepare Shipment"选项卡，选择对应的物流商，填写发货信息（如图 4.13 所示），单击"Complete shipment"按钮，单击"Work on another shipment"按钮操作发货，打印出来的标签贴在包裹外面（如图 4.14 所示）。

图 4.12

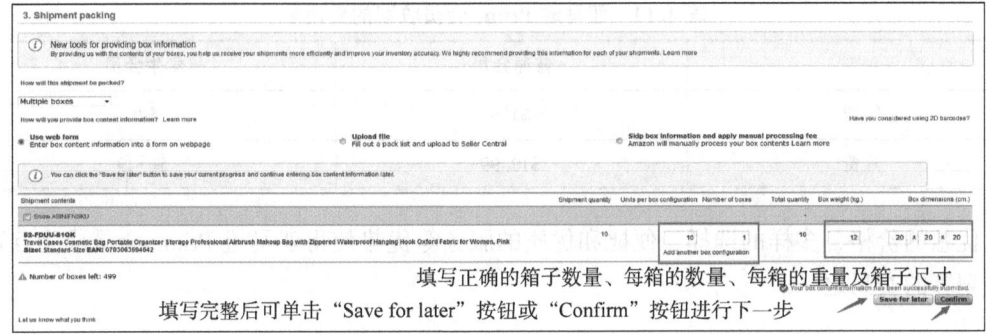

图 4.13

图 4.14

## 第四节　亚马逊六大撒手锏之 Prime 会员

### 一、亚马逊 Prime 会员

亚马逊 Prime 是亚马逊的一种类似 VIP 的收费会员制度。以美国亚马逊为例，目前美国亚马逊 Prime 会员的年费为 $119（2014 年以前为 $79），参加了该 Prime 会员服务的消费者即可获得包括 0 元包邮、提前参加闪购、免费试听音乐、会员专属折扣等多重会员增值服务。

亚马逊的 Prime 会员享有的特权服务有哪些呢？

第一，两日内免费送货上门，无须凑单，不满 $25 的商品（除 add - on 加价购商品外）直接下单，也不用付运费。

第二，享受热门电影和电视剧集的无限量观看资格。

第三，点播无广告的音乐流，超过 35 万本 Kindle 电子书免费下载。

第四，每个月获得免费游戏内容，独家折扣。

第五，免费、无限的照片存储云服务。

第六，提前 30 分钟进入秒杀［提前进入抢购，即 Prime Early Access 服务，相比普通会员，在秒杀抢购开始前半小时就可以进入抢购（标注"Prime Early Access Deal"的即可）］。

第七，不时会推出的 Prime 会员专享活动，部分商品 Prime 会员专享特价。

Prime 会员收取的费用分为年费、月费两种，在这两种形式的基础上又分为 Prime 普通会员和 Prime 学生会员，亚马逊对于 Prime 学生会员也是给予了很大的优惠，如表 4.14 所示。

表 4.14  亚马逊 Prime 会员收取的费用表

|  | 普通会员 | 学生会员 |
|---|---|---|
| 年费 | $199 | $49 |
| 月费 | $12.99 | $6.49 |

优惠的价格、多样的选择、便捷和优质的服务等优势使得亚马逊 Prime 会员成为互联网上最划算的交易之一。

## 二、Prime 专享折扣

亚马逊为了吸引客户加入亚马逊 Prime 会员，特在后台开设了 Prime 专享折扣板块。Prime 专享折扣板块是为了给加入 Prime 会员的客户独有的优惠价而设置的。

后台操作的路径通过卖家后台广告板块中的 Prime 专享折扣功能进入。

第一步：进入 Prime 专享折扣板块后，先通过右上角"查看折扣上传模板"进行模板的下载并填写。填写的内容包括以下这四项。

第一，商品的 SKU。

第二，折扣类型：金额减免、折扣减免、固定价格。如果折扣类型选择的是金额减免，那么该项就填写优惠的金额；如果折扣类型选择的是折扣减免，那么该项就填写对应的折扣百分比，如打四折的话，就填写 60；如果折扣类型选择的是固定价格，那么该项就填写给客户的优惠价，如原价 $20，你想要给 Prime 会员一个专属价 $15，那么就填写 $15。

第三，最低价格（底价）。填写一个低于这个价格你就不会进行出售的价格，如果你不想让客户以低于 $15 的价格购买，那就填写 $15，一旦客户下单低于 $15，那么亚马逊将自动暂停该 Prime 专享折扣。

第四，操作类型。a 代表 add（添加新 SKU 的 Prime 专享折扣）；e 代表 edit（修改该 SKU 的 Prime 专享折扣）；d 代表 delete（删除该 SKU 的 Prime 专享折扣）。

填写完毕后保存，并且回到卖家后台单击"创建价格"按钮继续下一步，如图 4.15 和图 4.16 所示。

图 4.15

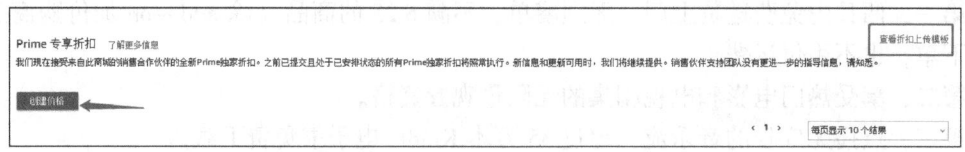

图 4.16

第二步：给该 Prime 专享折扣进行命名，如果是 Prime 会员日的折扣，则勾选"这是 Prime 会员日折扣吗？"如果不是，则无须勾选。选择好 Prime 专享折扣开始及结束日期，单击"保存和添加商品"按钮，如图 4.17 所示。

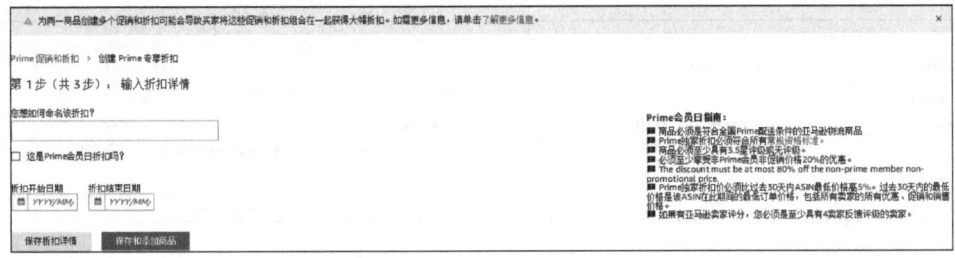

图 4.17

第三步：选择填写好的文件并上传，然后再单击"验证商品"按钮，如图 4.18 所示。

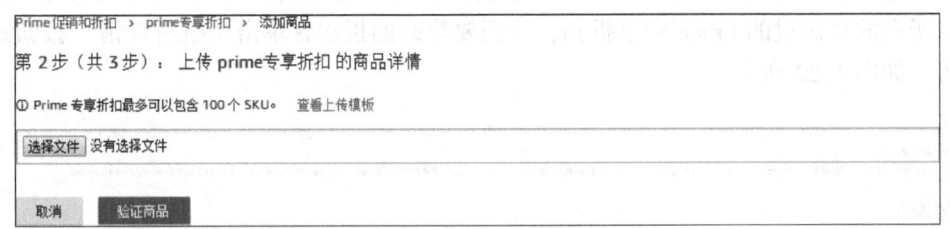

图 4.18

第四步：确认填写的折扣是否无误，如果想要修改折扣类型、折扣力度及最低价格，可以直接在该界面进行修改；如果折扣填写无误，则可单击"提交折扣"按钮进行提交，再单击提醒界面的"确定"按钮即可，等待规定的时间生效，如图 4.19 和图 4.20 所示。

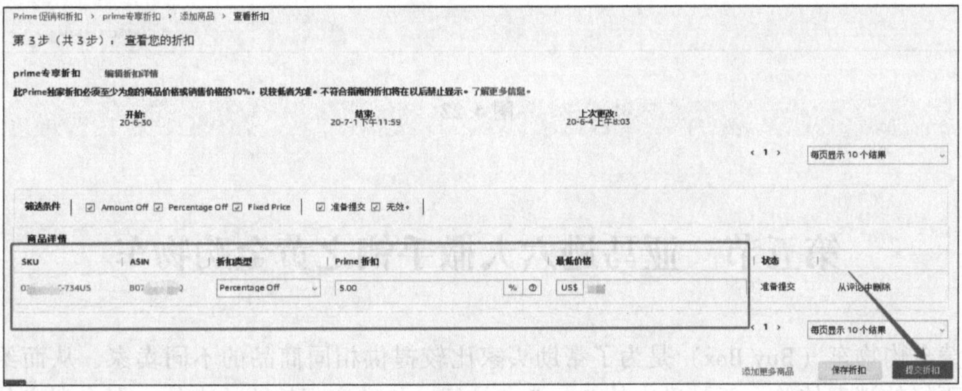

图 4.19

图 4.20

注意：如果填写的内容有错，则会在提交之后显示报错，如有报错，则需要单击"编辑"按钮进行更正，然后再进行提交。如果不想设定了，也可选择"编辑"下拉列表中的"删除"选项进行删除保存即可，如图 4.21 所示。

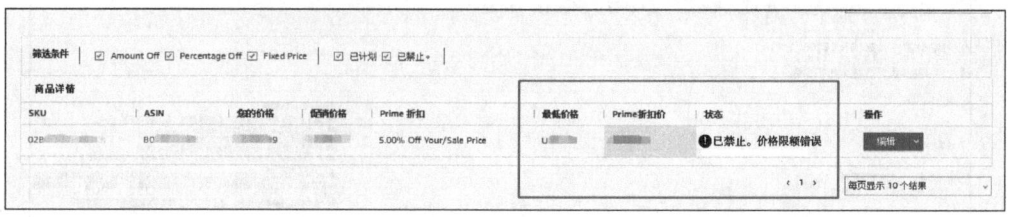

图 4.21

如果想要修改之前已提交的 Prime 专享折扣，则可返回到开始的 Prime 专享折扣界面，会展示所有的设定过的 Prime 专享折扣，找到要修改的折扣并单击"查看详情"按钮进行修改即可，如图 4.22 所示。

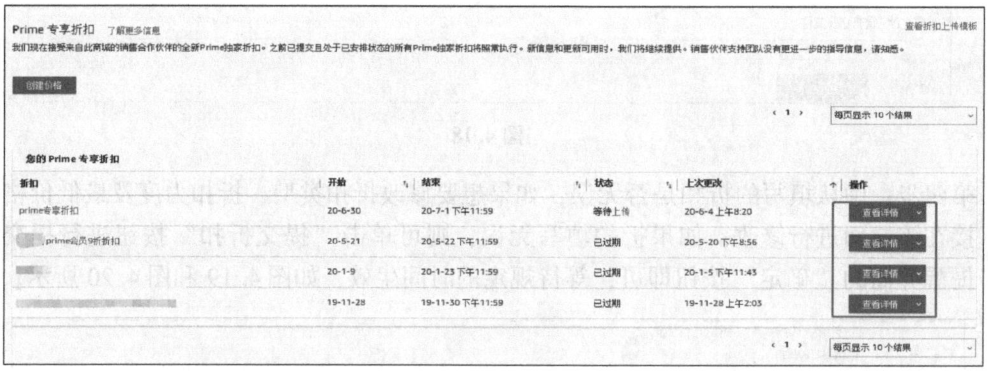

图 4.22

## 第五节　亚马逊六大撒手锏之黄金购物车

黄金购物车（Buy Box）是为了帮助买家比较提供相同商品的不同卖家，从而给买家带来更好的消费体验。亚马逊中的 Buy Box 是每一位商家都想要抢占的，那么到底什么是 Buy Box 呢？如图 4.23 所示，一般 Buy Box 位于单个商品页面的右上方，是买家购物时看到的最方便的购买位置。只要买家单击"Add to Cart"按钮，页面就会自动跳转到拥有这个 Buy Box 的卖家店铺。这也是每个在亚马逊上购物的买家习惯性购物的地方。简而言之，Buy Box 能使商品最大限度地曝光，是提升卖家业绩的最佳帮手。在亚马逊平台同质化竞争日趋激烈的背景下，拥有 Buy Box，就意味着可以得到大量的订单。亚马逊 82% 的交易都是通过 Buy Box 来完成的，有 Buy Box 的商家的销量比没有 Buy Box 的商家的销量至少高出 4 倍。

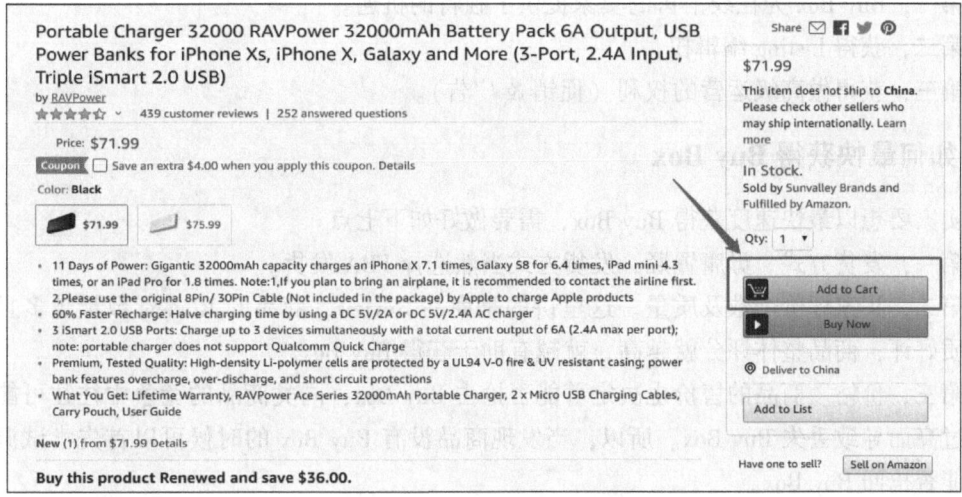

图 4.23

许多人会误以为 Buy Box 是亚马逊给老卖家的一种福利，新手卖家、跟卖卖家不好获得，那么在这里需要跟大家说：事实上并非如此！每个合格的卖家获得 Buy Box 的资格都是相同的，只要你掌握了亚马逊决定 Buy Box 归属的重要指标，并对症下药，抢占到 Buy Box 也并不是那么难的。对于新的小卖家而言，越早获得 Buy Box 越好。但是，Buy Box 对卖家同样有一系列要求。亚马逊会通过一套考核指标来判断 Buy Box 的归属权，一旦其中某项指标发生恶化，Buy Box 的归属权可能就会从你手中流向下一个符合标准的卖家。

那么，抢占 Buy Box 的卖家应该具备如下六个条件。

第一，拥有一个专业卖家账户。个人卖家的用户是无法获得 Buy Box 的，只有专业卖家的商品在一定时期后才有 Buy Box。

第二，卖家在亚马逊上有 2~6 个月的销售记录，拥有比较高的卖家评级、送货评级。

第三，订单缺陷率低于 1%。订单缺陷率包含亚马逊交易保障索赔率、差评率、退单拒付率三个指标，而一旦订单缺陷率大于 1%，将极大降低卖家获得 Buy Box 的概率。

第四，商品必须是可售卖状态且有足够的库存。由于 Buy Box 可能会给商品带来巨大的销量，如果库存不足，获得 Buy Box 的直接结果就是你的库存瞬间清零，而这会直接导致客户的购物体验快速下降。因此，亚马逊的内在规则就是不会把 Buy Box 给予一个库存不足的卖家。

第五，商品的配送方式。亚马逊自身配送商品的运输时间、按时发货率及存货数据评分是影响获取 Buy Box 的因素。运用 FBA 将大大增加卖家获得 Buy Box 的概率。同等情况下抢占 Buy Box 的顺序：亚马逊自有卖家 > FBA > 本地发货 > 中国发货。

第六，商品的价格。很多卖家为了跟卖其他销量好的商品而将自己的商品状态改为二手商品，这是无法获得 Buy Box 的。商品价格如果较高，在竞争 Buy Box 的时候也是处于劣势的。

## 一、Buy Box 的特点

Buy Box 主要有以下三个特点。

第一，Buy Box 为在线销售的卖家提供了独特的机遇。
第二，获得 Listing 编辑权。
第三，获得做高级运营的权利（促销 & 广告）。

## 二、如何最快获得 Buy Box

卖家要想以最快速度获得 Buy Box，需要做好如下七点。

第一，发货方式。毋庸置疑，发货方式当然选择 FBA 发货。

第二，买家评价个数及质量。这里讲的是商品 Review，商品的 Review 数量越多且大多是优质好评，商品整体评分就越高，就越有助于获得 Buy Box。

第三，价格。商品的售价也决定着能否抢占 Buy Box，同类商品的竞争中往往可能因为定价过高而导致丢失 Buy Box。所以，当发现商品没有 Buy Box 的时候可以首先尝试调低售价看能否抢回 Buy Box。

第四，Listing 稳定性。Listing 各个部分的完善及稳定会影响整个 Listing 的出单情况及排名，Listing 表现越稳定，Buy Box 也就越稳定。

第五，账号表现。账号的风险性、活跃程度等因素也会影响商品是否能获得 Buy Box。

第六，订单。商品有稳定的出单，被亚马逊抓取的权重越高，Buy Box 也就越稳固。

第七，反馈速度。售前、售后反馈的速度会直接影响账户日常绩效，从而影响 Buy Box 的归属。

# 第六节　亚马逊六大撒手锏之跟卖

## 一、跟卖介绍

跟卖是亚马逊平台上一种特殊的运营方式，鼓励同一个品牌的不同代理商进行价格竞争，让利消费者，增加亚马逊平台的吸引力。

（视频课程）

### （一）跟卖的辨别

怎么样去辨别自己的商品是否被跟卖？一般来说，商品如果被其他卖家跟卖，前台商品详情界面会直接展现（如图 4.24 所示），有"Used&new"标识代表你的商品已经被跟卖。单击"Used&new"按钮会出现如图 4.25 所示的界面。

跟卖的几种常见类型：SC 跟卖（普通卖家跟卖）、亚马逊仓库跟卖、海外仓跟卖、VE 跟卖、自己跟卖自己。

在选择跟卖的时候，一定要仔细权衡，并不是什么商品都能去跟卖的，也不是任何状态都可以去跟卖的。跟卖必须要满足两个条件：首先，你的商品与被跟卖的商品一定要保持几乎一致（颜色、尺寸、款式、大小），避免买家收到商品之后因为货不对版而开启 A – Z（见第五章第二节详解），后果是非常严重的；其次，你的定价一定要略低于选择跟卖的商品的售价，否则这种跟卖是没有意义的，没有 Buy Box 也没有办法出单。在这个前提下，最佳的状态是保持商品仍有利润。基于这两个前提，在选择跟卖商品的时候一定要仔细权衡，选择最佳方法。

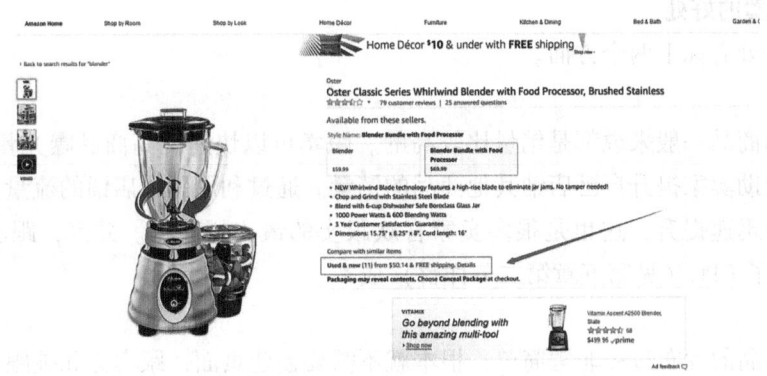

图 4.24

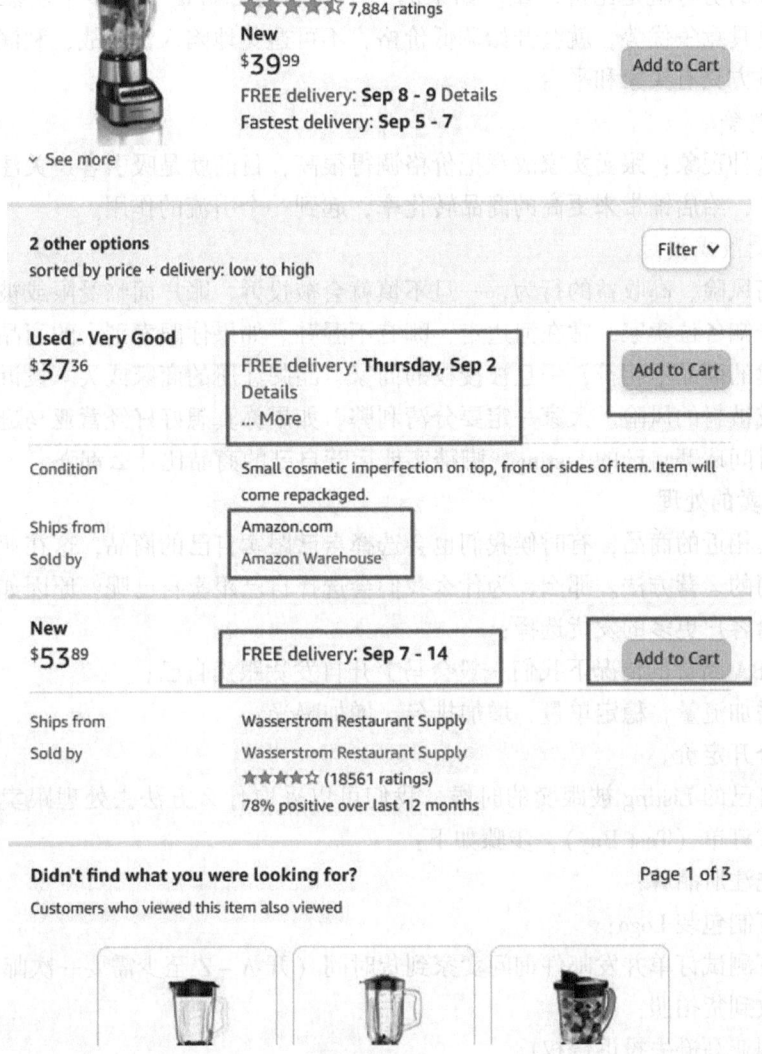

图 4.25

### (二) 跟卖的好处

跟卖的好处有如下两个方面。

1. 出单

被跟卖的商品一般来说都是销量比较高的。跟卖可以快速提高商品曝光量、提升流量，并且更容易帮助卖家提升自己店铺其他商品的销量。通过利用别人店铺的流量，使自己店铺的商品订单量迅速提升，这也是很多卖家喜欢跟卖的最主要原因。并且，跟卖也无须创建Listing，省去了UPC（见第五章第二节详解）成本。

2. 方便

跟卖的商品的发布过程非常简单，根本就不需要创建页面，跟卖方和被跟卖方共用一个商品页面。商品的上架、下架也很方便，随时可以撤下商品。

### (三) 跟卖的风险

1. 价格竞争激烈

跟卖最大的劣势就是比价严重。如果同一个商品的Listing下有多个卖家跟卖，卖家们为了使自己更具竞争优势，就会开始调低价格，不可避免地陷入价格战，利润空间会越来越小，最终受益方只有买家和平台。

2. 恶性竞争

会存在这种现象：跟卖卖家故意把价格调得很高，目的就是吸引客户关注他的店铺里的其他低价商品，给店铺带来更高的商品转化率，起到一个引流的作用。

3. 账户受限或被封

跟卖是高风险、高收益的行为，一旦不慎就会被投诉，账户面临受限或被封的风险。

最后想告知各位卖家，常在河边走，哪有不湿鞋。如果你跟卖别人的商品，但是商品细节又与被跟卖的商品不相符，一旦被授权的商家、品牌注册的商家或买家投诉，你的账号可能面临受限或被封的风险。大家一定要分清利弊。如果你真想好好经营亚马逊，跟卖也完全没必要，花时间琢磨自己的Listing，脚踏实地运营自己的商品比什么都强。

### (四) 跟卖的处理

除了跟卖相近的商品，有时候我们也会选择自己跟卖自己的商品，这在亚马逊上是非常常见并且实用的运营方法。那么，为什么我们会选择自己跟卖自己呢？原因如下：

第一，给客户更多的发货选择；

第二，FBA断货的情况下我们一般会马上开自发货跟卖自己；

第三，增加流量，稳定单量，增加排名，增加曝光；

第四，分开定价。

当发现自己的Listing被跟卖的时候，我们可以采取什么方法去处理跟卖呢？首先，我们可以下测试订单（Test Buy），步骤如下：

第一，先注册品牌；

第二，订制包装Logo；

第三，下测试订单并发邮件询问卖家到货时间（开A-Z至少需要一次邮件沟通）；

第四，收到货拍照；

第五，到亚马逊去投诉侵权；

第六，开A-Z投诉货不对版（千万别去留差评），然后亚马逊就会把跟卖链接

Block 掉。

其次，向亚马逊发邮件、开 Case 两步同时处理：

第一，给亚马逊 Performance 团队发邮件；

第二，给客服发加急 Case：订单号＋不符合的细节描述＋图片＋需要 Test Buy 的单号＋描述和你的商品有哪些不同（可以要求客服转接到经理或主管，权限更高，处理更快）。

## 二、跟卖实操

### （一）跟卖的操作步骤

前台部分：如图 4.26 所示，找到需要跟卖的商品，在商品购物车的下方有一个"Sell on Amazon"按钮，单击该按钮，填写相关信息即可搜索。

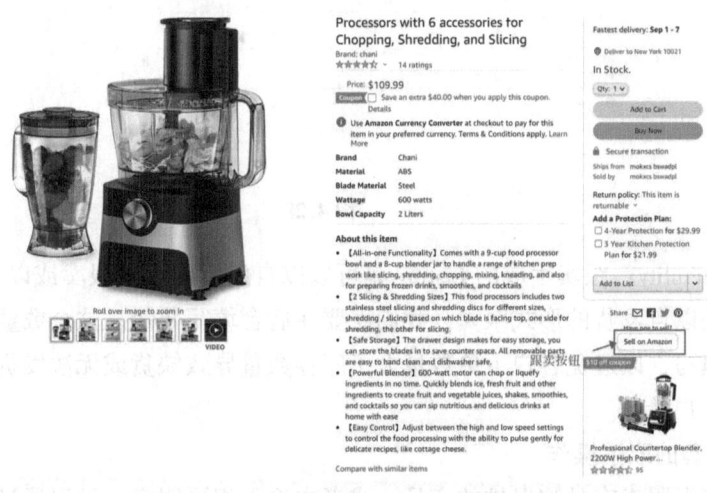

图 4.26

后台部分：如图 4.27 所示，进入亚马逊后台，单击"Add product"按钮，然后在搜索框输入 UPC 码（或 ENA 码、ASIN 码）或商品标题，找到需要跟卖的商品，单击"Sell this product"按钮即可跟卖。

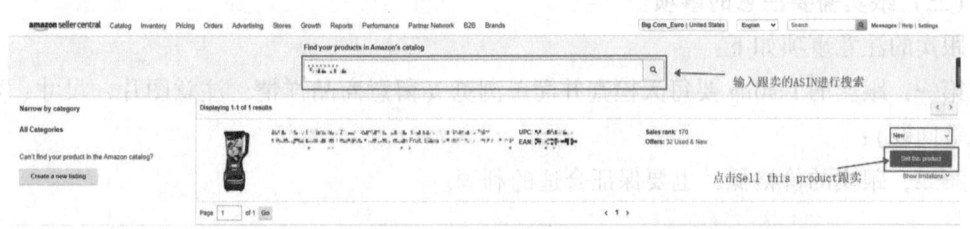

图 4.27

不管是通过前台还是后台进行跟卖，都会跳转到图 4.28 所示的这个界面，在这个界面主要填写以下几个地方即可：

第一，Seller SKU：可以自定义也可以让系统自动生成；

第二，Standard price：一般填写的价格要小于或等于跟卖商品的价格。

第三，Item Condition：一般情况下都选"New"，即亚马逊库房跟卖，或者选"Used"，即二次销售；

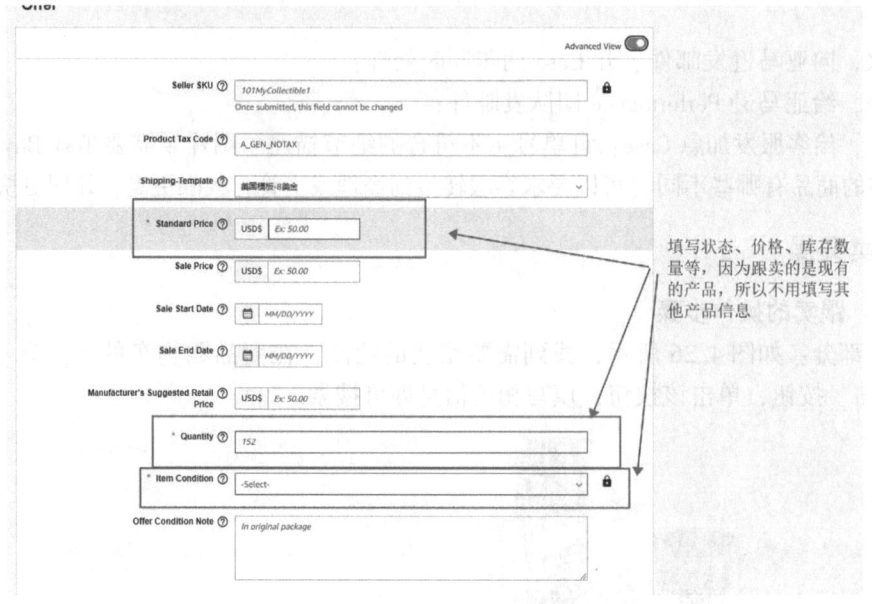

图 4.28

第四，Quantity：跟卖生成的 Listing 是可以以自发货的形式跟卖或以 FBA 发货的形式跟卖的。如果是以自发货的形式跟卖，我们需要在后台填写数量。这个数量建议根据自身的库存情况进行填写，以避免客户下单数量大于库存数量导致缺货或无法发货等后续问题，这样不利于维护账户绩效。

### （二）跟卖的取消操作

如果卖家误跟卖有品牌保护的商品，或者中途不想再跟卖，可以通过以下两种方式取消操作[选择"后台库存"（Inventory）选项]：

第一种方式，单击"Close the Listing"按钮，把跟卖的库存改为 0；

第二种方式，单击"Delete the product and Listing"按钮，删除跟卖商品。

### （三）跟卖需要注意的事项

跟卖的注意事项如下：

第一，跟卖的 Listing 要每天检查并简单浏览（留意商品详情，注意图片、尺寸、数量、颜色等问题）；

第二，跟卖的价格低，也要保证合适的利润。

## 三、Transparency Program

针对平台上跟卖之风盛行的情况，亚马逊官方也出台了防跟卖的相关政策项目——Transparency Program（透明计划），可以帮助卖家防止跟卖及配送假货，保护品牌方和买家利益。目前，该计划还只在美国站运行，将来会不会在其他站点试行还未可知。

### （一）Transparency Program 的优势

1. 防跟卖

卖家参加了透明计划之后，可以从亚马逊得到一个标识符，即一个加密的 26 位字母数字代码，它能生成独一无二的二维码。这些二维码与 SKU 对应，跟卖或仿冒商品的卖家是无法伪造这种二维码的，从而达到防跟卖的目的。

2. 打假

当商品进入仓库的时候，亚马逊会进行 Transparency 扫描检查，从而确保已经通过 Transparency 扫描检查的商品都是正品。

3. 信息透明

通过 Transparency，卖家可以将详细的商品信息分享给买家，包括生产日期、生产地点、原料成分等，做到信息全透明，帮助卖家获取买家信任，同时也可以提高品牌知名度。

### （二）Transparency Program 的申请条件

如果卖家想要申请加入 Transparency Program，需要满足以下条件：

第一，自己是商品的品牌所有者；

第二，成功进行品牌备案（在亚马逊上品牌备案成功的商标要求是 R 标）；

第三，可以将独一无二的 Transparency 代码应用到自己的每件商品。

### （三）Transparency Program 的费用

Transparency Program 的费用主要体现在购买二维码上，具体分为以下三种情况：

第一，一次性购买数量<100 万个，＄0.05/个；

第二，100 万个<一次性购买数量<1000 万个，＄0.03/个；

第三，一次性购买数量>1000 万个，＄0.01/个。

### （四）Transparency Program 的运作流程

Transparency Program 的运作流程如下：

第一，申请成功之后，在 Transparency 中注册商品；

第二，将每一个独一无二的 Transparency 代码应用到商品上；

第三，进入亚马逊仓库进行 Transparency 代码扫描查询；

第四，使用 Transparency App 来鉴定真伪，获取商品信息。

注意：目前，Transparency 服务和 Transparency App 仅在美国可用。

## 第七节　亚马逊六大撒手锏之 Review

Review 是亚马逊用户对商品 Listing 做出的评价，只针对商品本身，与服务水平和发货时效等方面无关。任何亚马逊的用户（在亚马逊平台上至少有过一次购买经历的用户）都可以对自己感兴趣的 Listing 发表 Review，无论是否购买了这条 Listing 本身，Review 的好坏并不会直接反映到卖家店铺中，但可以直接影响该条 Listing 的曝光和排名。商品 Review 是卖家的命根，平台上有句话这样说："得 Review 者得天下。"亚马逊平均每分钟有 200 多条亚马逊买家的 Review。而且事实证明，获得 Review 越多的商品，越容易得到亚马逊买家的青睐。

## 一、Review 的分类

亚马逊平台上的 Review 大致分为 VP 评价、直评和专业测评人三种类型。

### （一）VP 评价

如图 4.29 所示，对于购买了商品的买家留下的 Review，亚马逊会给 Review 一个 "Verified Purchase" 标志，表示是有效购买。

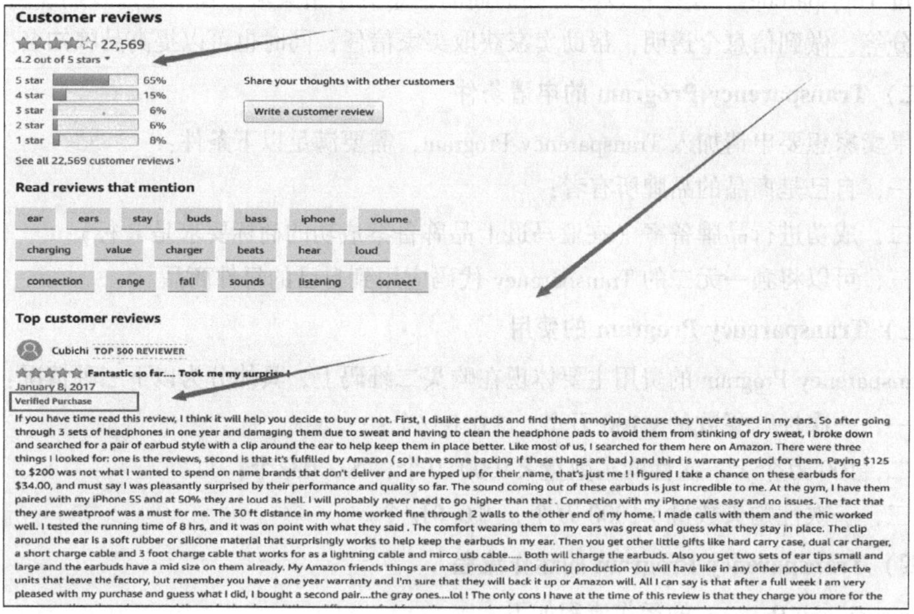

图 4.29

### （二）直评

亚马逊买家只要在亚马逊购买过一次商品且单笔订单超过 $50 就可以对其他 5 个商品留下自己的 Review（如图 4.30 所示），直评不带 "Verified Purchase" 标志。当然，还有一种买家真实购买了该商品但 Review 却不带 "Verified Purchase" 标志的情况，这是因为买家在下单的时候通过使用大额的折扣而低价购买该商品，这也有可能会出现直评。

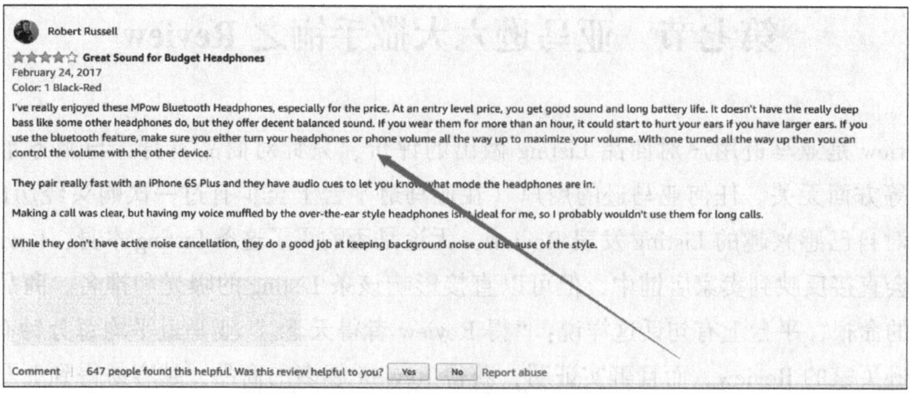

图 4.30

## （三）专业测评人

亚马逊不仅对在平台上售卖的商品进行排名，对亚马逊平台上的买家也会有个官方的排名。专业测评人就是亚马逊平台买家官方排名中比较靠前的买家，类似于国内的专业买手。专业测评人撰写的 Review 会站在一个真实买家的角度去看待商品，对于商品的描述及讲解非常详细，一般带有视频、图片和长文字（如图 4.31 所示）。

图 4.31

## 二、Review 的作用

亚马逊 Review 有什么作用呢？本书认为，其主要有如下三个方面的作用。

第一，Review 是选品的重要参考依据。长远来看，一个 Listing 的 Review 数量越多，总体的销量也就越好。当然，这里有个前提是在非人为因素干预下，通常 100～200 个订单，往往只能留评 1 个，也就是说真实买家自然留评率不到 1%。但对于那些有上千个留评的 Listing，我们还是要抱着一种"空杯心态"去学习竞品 Listing 的布局和侧重。比如，研究竞品的 Title 关键词怎么布局和撰写，怎样调整图片拍摄角度及运用对比图才能加深消费者对商品品质的信任，Bullet Point 如何写才生动、有趣等方面，都值得我们去仔细推敲。

第二，Review 直接关系到转化率。既然 Review 在 A9 算法（本书第十章第一节详解）中占据重要位置，卖家们不得不研究各种方法去获取 Review。说个不严谨的逻辑：从某种程度上来讲，越多的 Review = 越多的流量和转化 = 越多的订单。

消费者如果看到一个 Listing（特别是新品）没有任何的 Review，其实内心是虚的，谁也不愿意去当试验小白鼠，一般都会条件反射地看看其他人怎么评价。

高质量的 Review 可带来更多的曝光和流量，拉升 Listing 的排名，从而产生转化形成 Order。另外，高质量的 Review 给潜在的客户更多信心，提高 Listing 转化率。

第三，Review 帮助分析竞品、完善商品。《孙子兵法》中讲："知己知彼，百战不殆"，意思为如果对敌我双方的情况都能了解透彻，打起仗来就不会有危险。运营亚马逊店铺也要研究竞品的 Listing 及店铺，其中最重要的是研究竞品的 Review，并且还是 3 星以下的 Review，最好研究 1 星 Review。通过对竞品差评的研究，可以很好地了解商品的品质状况和客户诉求。

# 第八节 亚马逊六大撒手锏之秒杀

"秒杀"(Deal)一直以来是各大网商常用的促销手段之一,也深受买家喜爱,成为一种网购新潮流。国内淘宝网有"聚划算"这一促销模式,亚马逊平台也不例外,秒杀活动一波又一波。为什么要做秒杀活动?简单概括:短时间最强增流和引爆流量转化,冲销量、冲排名、提高曝光(如图4.32所示)。

图 4.32

## 一、秒杀类型

亚马逊上的卖家能参加的秒杀类型如表4.15所示。

表 4.15 亚马逊平台秒杀类型

| 秒杀类型 | 花费 | 时间 |
| --- | --- | --- |
| Lighting Deal | $150 | 4~6h |
| Festiveal Deal | $300~$500 | 4~6h |
| 7-Day Deal | $300~$1000 | 7 days |
| Deal Of The Day (DOTD) | Free | 1 day |

Lightning Deal:简称LD,是一个具有时效性的秒杀活动,一般持续时间4~6h(Seller和Vendor有所不同,美国4h,欧洲6h),每个ASIN $150(以美国站为例)。有两个渠道可以去申请:一个是后台出现Lightning Deal的推荐时,卖家可以直接在后台进行申请;另外一个是当秒杀活动针对新品时,而新品没有Lighting Deal的推荐,卖家就可以主动去联系招商经理申请参加。亚马逊明确规定,电子香烟、酒精、成人用品、医疗设备、药品、婴儿配方奶粉等商品类型不能参加Lightning Deal活动。

Festival Deal:与Lightning Deal没有过多的区别,只在节假日开启的Lightning Deal活动被称为Festival Deal,收费一般会比Lightning Deal贵,主要是因为节假日期间平台的整体流量相对于Lightning Deal的流量来说更多一些,秒杀的时长是跟Lightning Deal的秒杀时长相同的。

7-Day Deal:7天秒杀,可在后台申报的另一种秒杀,跟Lightning Deal的区别在于7

天秒杀的时间期限是 7 天，并且收取的费用要比 Lightning Deal 贵。秒杀在购物界面展示时是没有进度条显示的，只有秒杀价格显示，因为秒杀时间较长，所以申报了 7 天秒杀的商品需要有充足的库存，避免在秒杀期间断货，影响秒杀活动。

Deal Of The Day：这个是亚马逊站内秒杀的王中王，是最难申请的，一般每天只有 2～4 个广告位，时间为 24 小时。在移动端打开亚马逊 App 的时候，第一个显示的就是 Deal Of The Day。只要能参加 Deal Of The Day，基本上都能爆单，亚马逊会给予最大限度的流量曝光和倾斜。

秒杀申报的开始时间一般是在秒杀开始前两周，在秒杀开始前一周会显示秒杀的具体时间段。如果需要取消秒杀的话，需要在秒杀开始前取消，避免亚马逊收取相应的秒杀费用。后台申报的秒杀只要是运行过了，无论出单效果是否理想，亚马逊都会对该秒杀进行收费。

## 二、影响秒杀的因素

不是所有的商品都能申报秒杀，也不是商品申报上了秒杀就会出单，这是取决于很多因素的。那么影响秒杀的因素有哪些，我们应该怎么应对这些因素呢？

### （一）竞争对手的秒杀效果

我们可以通过观察竞争对手的秒杀效果判断商品本身是否适合秒杀。不是所有的商品都适合秒杀，因为有些商品即使申报上了秒杀，也不能给卖家带来非常多的单量。那么我们前期就可以先搜索自己的商品关键词，查看搜索结果中带有 Limited Time Deals 标记的商品；进入亚马逊 Deals 页面，并查看是否有类似的商品参加秒杀，它们的标价是多少；秒杀结束后关注该商品的排名变化，如果排名变化比较大（上升比较多），并且秒杀价格有一定的利润，那就可以考虑参加秒杀了。

### （二）商品自身的排名

商品自身的排名对秒杀效果也是有重要影响的。如果参加秒杀之前，商品类目排名在几万名开外，那就要想办法在秒杀开始之前提升一下类目排名了。除了类目排名，商品在主要关键词的页面排名也很重要，毕竟大部分买家主要还是通过关键词搜索想要购买的商品的。在商品自然排名不理想的情况下，可以选择打手动广告的方式，将主要关键词的广告排名提升。

### （三）秒杀时间的选择

选择秒杀时间最好的方法还是去测试、做记录。每个品类有每个品类的特殊性，那么流量及单量的高峰期都会有所不同。还有像 Prime Day、黑色星期五、网购星期一等大促节日卖家一定要把握住，因为这种大促节日整个平台的流量会猛增，效果也会比之前更好，因此不容错过。

### （四）优化 Listing

通过商品详情页面给买家更多有用信息是转化率的直接来源，所以在参加秒杀之前一定要对商品详情页面的标题、图片、五点描述、A+图文页面进行优化。亚马逊卖家都知道 Listing 的 Review 对订单转化非常重要！大家在参加秒杀之前一定要保证商品的 Review 评分不要太低（最好保证在 4.3 分以上），还要保证商品首页上没有明显差评。

### （五）秒杀价格

如何定位自己的秒杀价格，除参考系统推荐的秒杀价格外，还有一个办法就是观察竞争对手的秒杀价格。在保证合理的秒杀价格的前提下，卖家可在申报秒杀前更改商品价格，拉大售价和定价之间的折扣，建议设置71%~73%之间的折扣。据统计，71%~73%的折扣是买家比较愿意接受的折扣，过大太假，小了没有吸引力。这里注意一点，切记不能在秒杀开始前更改商品价格。如果在开始前更改商品价格，可能导致秒杀无法正常运行而直接被取消。

### （六）上次秒杀的效果

卖家上次秒杀的效果会直接影响卖家后面参与秒杀的频率和在秒杀页面的位置，所以申报的秒杀数量不宜太多，可以以最低库存进行申报，保证能够按时完成秒杀。秒杀活动后期是可以在后台实时加库存的，秒杀数量可以随着秒杀进度慢慢增加，但一定不能减少，否则秒杀就会被取消。

### （七）秒杀进度条控制

秒杀进度条的变化不仅能实时反映秒杀的转化率，还能在某种程度上影响买家的购买欲望。在秒杀前期，我们通过控制秒杀进度条尽快行动起来，剩下的库存也会很快就卖完。如果在秒杀快结束前进度条还没达到100%，我们也可以通过人为的方式把秒杀库存清完，以确保下次秒杀能占据最好的时机和最好的位置。

### （八）秒杀前站外发帖

在秒杀开始前1~2天让商品排名处在一个比较好的位置，对提升秒杀转化率也有很大的帮助。那么为了让商品排名短时间内有一个迅速增长，我们可以在秒杀开始前几天，在亚马逊站外发一些帖子，如Facebook、YouTube等社交平台，以及Deal News等独立站平台，为秒杀活动引流。

### （九）秒杀前站外促销

获得亚马逊的秒杀资格之后，秒杀前进行站外促销对提升秒杀效果也是很有帮助的。比较常用的站内促销手段就是站外秒杀了。

### （十）秒杀时配合广告

把客户吸引过来，这时候转化率（广告转化率）会非常高，商品的转化率、点击率也会相应提高。此外，商品页面里的广告位是可以看到别人的商品是在参加秒杀的，这也能够大大提高点击率。所以说，秒杀可以帮你大大提高广告质量得分。

这里提醒一点：参加秒杀的时候广告预算一定要多一些，如大促期间，你一定要多准备一些广告预算，以求最大化的曝光。因为这时的流量是很大的，且这时候你的价格也是有优势的，所以并不用担心转化率的问题。

# 第五章 亚马逊后台详解

不少人通过亚马逊这个全球化电商平台收获颇丰，赚得盆满钵满。但对于很多刚刚接触亚马逊的新手卖家而言，他们经常被店铺的各种操作弄得云里雾里，摸不着头脑。虽然亚马逊后台可以切换成中文，但是还有很多人不清楚其基本功能和作用。本章就给大家总结一下新手卖家必看的亚马逊后台页面详解，以及我们在运营过程中常见的专业名词。图5.1是亚马逊后台的截图。

**图 5.1**

本章进一步介绍的，就是图5.2所示的这些导航栏里面常用的功能。

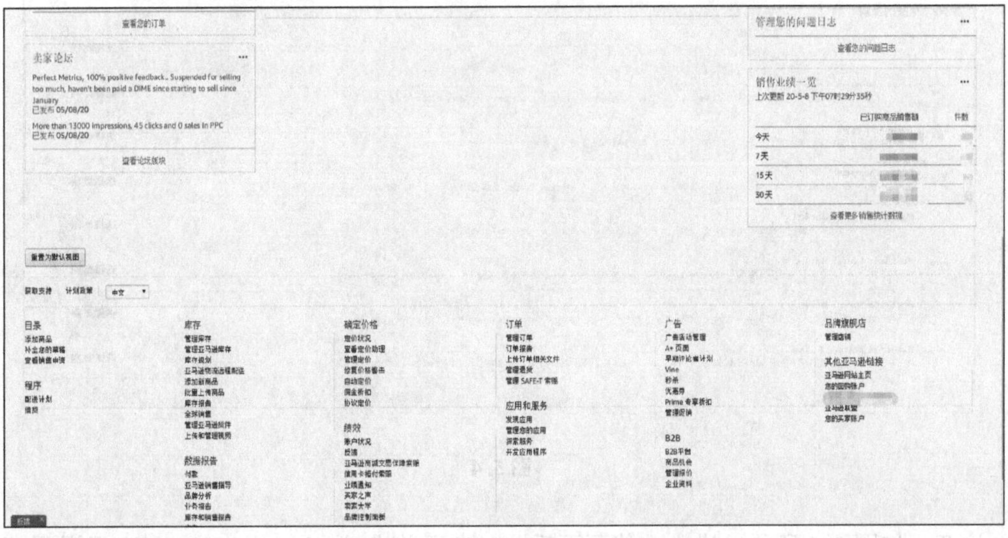

**图 5.2**

# 第一节　亚马逊后台操作界面

## 一、目录导航栏

### （一）添加商品

目录导航栏中最常用的功能就是"添加商品"，上传新品时就会用到该功能。具体操作如图 5.3 所示。

（视频课程）

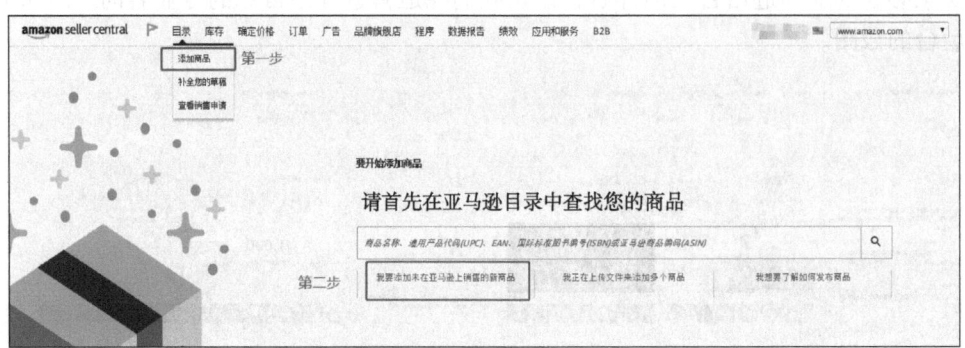

图 5.3

在对话框中输入要上传商品的关键词，多个类目出现后，单击"选择类别"按钮选择自己需要的核心类目，然后上传商品，如图 5.4 和图 5.5 所示。

图 5.4

注意，如图 5.6 所示，进入上传页面后，一定要单击"Advanced View（高级视图）"按钮，这样可以写更多的商品描述，这对亚马逊第一时间辨别商品属性很有帮助。

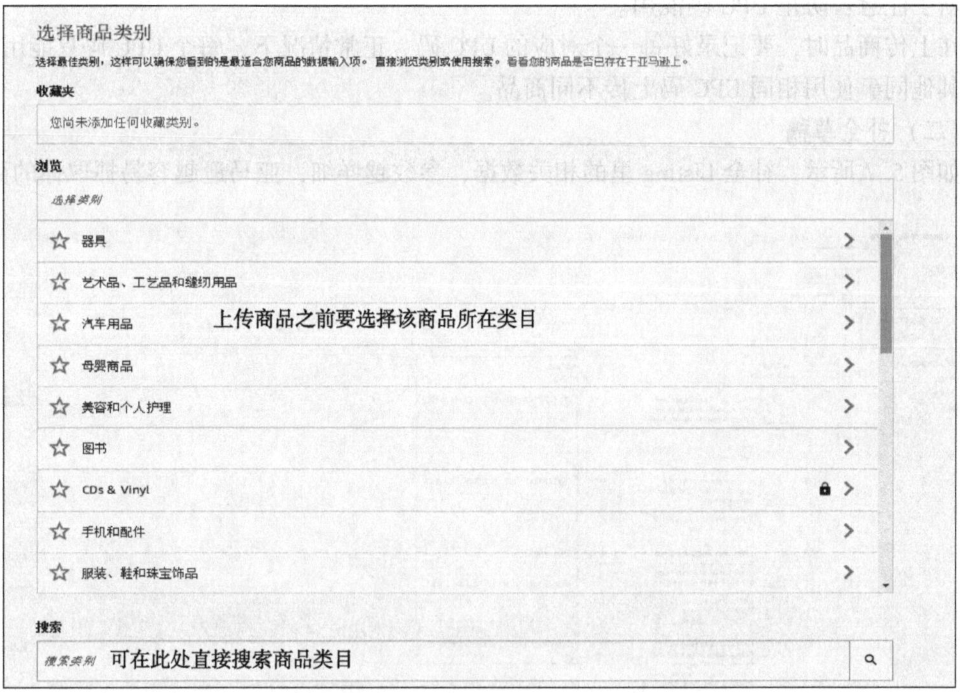

图 5.5

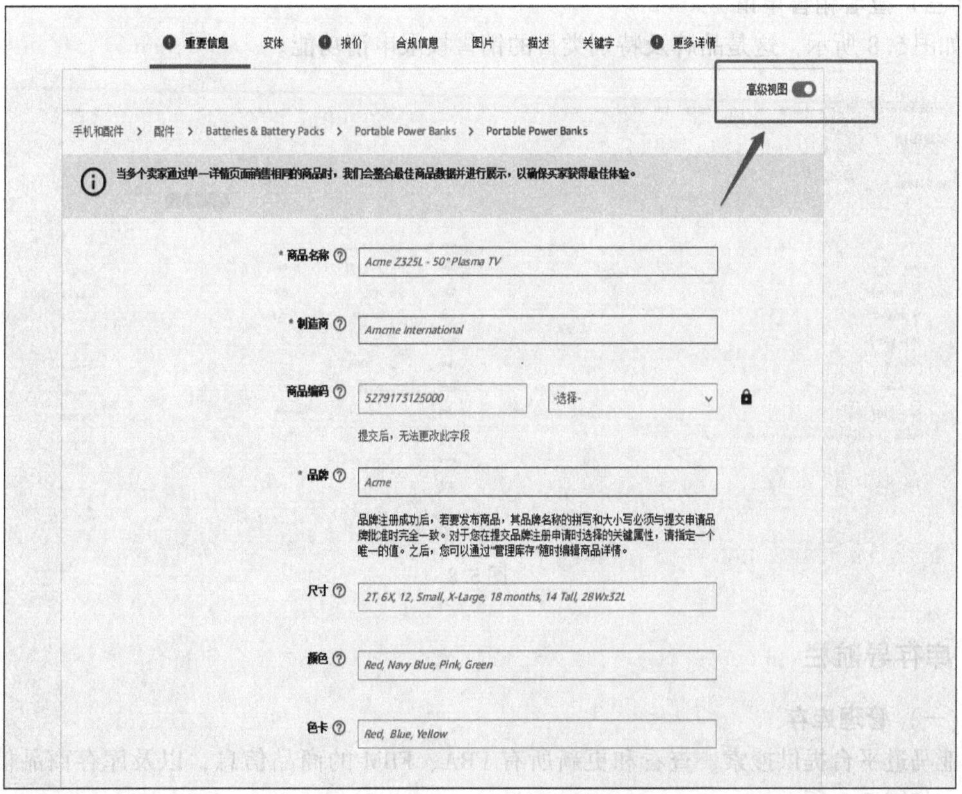

图 5.6

新手注意：防止 UPC 码混用。

在上传商品时，要记录好每一个对应的 UPC 码。正常情况下，每个 UPC 码只能用一次，避免其他同事使用相同 UPC 码上传不同商品。

### （二）补全草稿

如图 5.7 所示，补全 Listing 里的相关数据，参数越详细，亚马逊越容易抓取你的商品。

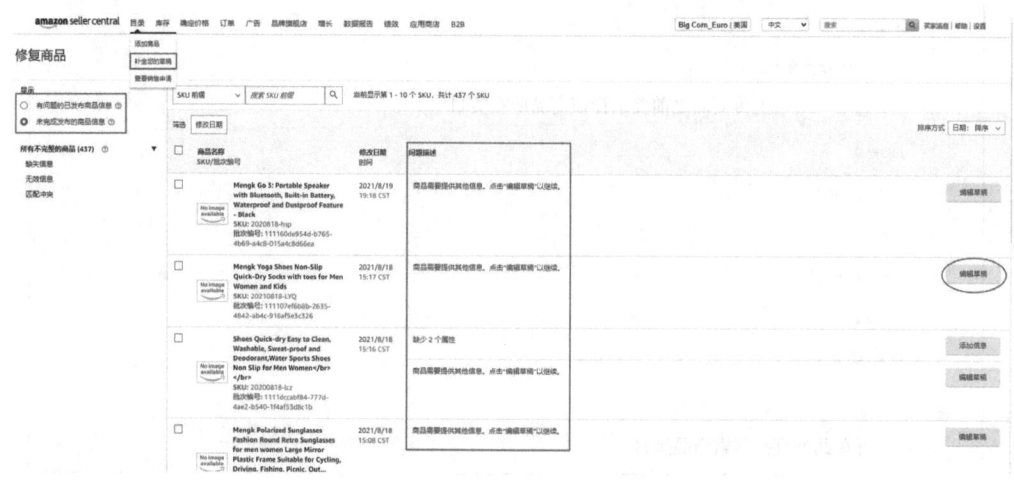

图 5.7

### （三）查看销售申请

如图 5.8 所示，这是品牌及特别类目的销售权限申请功能。

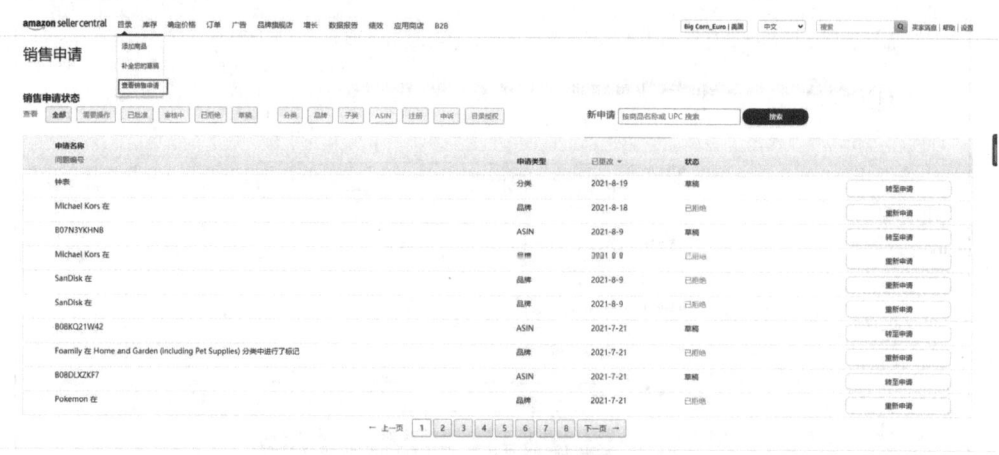

图 5.8

## 二、库存导航栏

### （一）管理库存

亚马逊平台提供搜索、查看和更新所有 FBA、FBM 的商品信息，以及库存商品信息的工具，如图 5.9 所示。

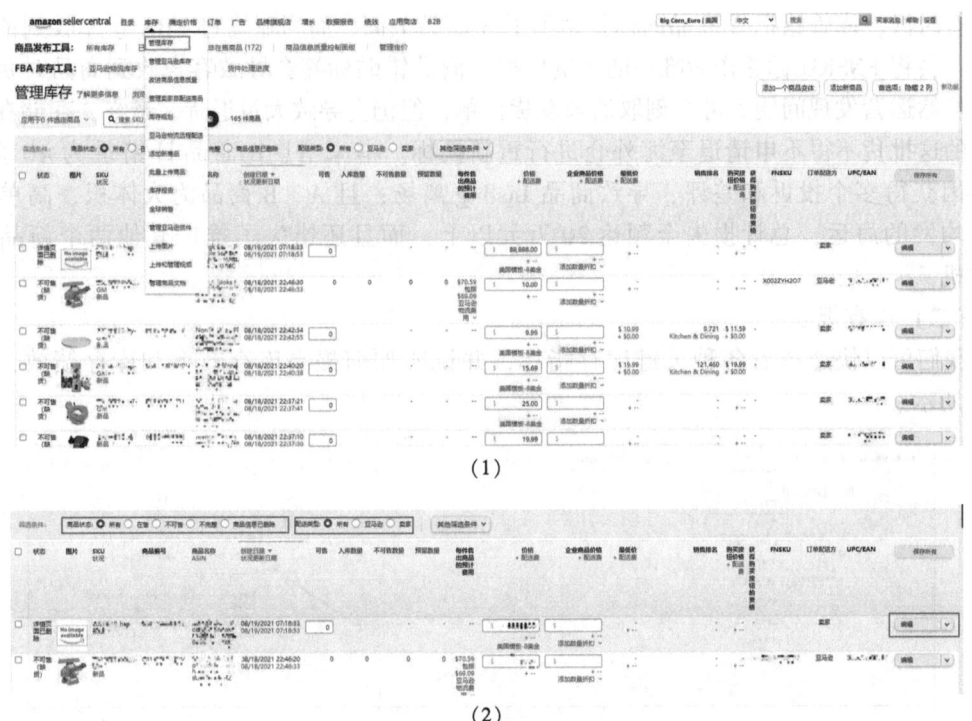

(1)

(2)

图 5.9

如图 5.10 所示，这里常用的功能是查看商品信息（商品名称、价格、数量等）和编辑商品信息（通过单击黑框中的"编辑"按钮实现该功能）。

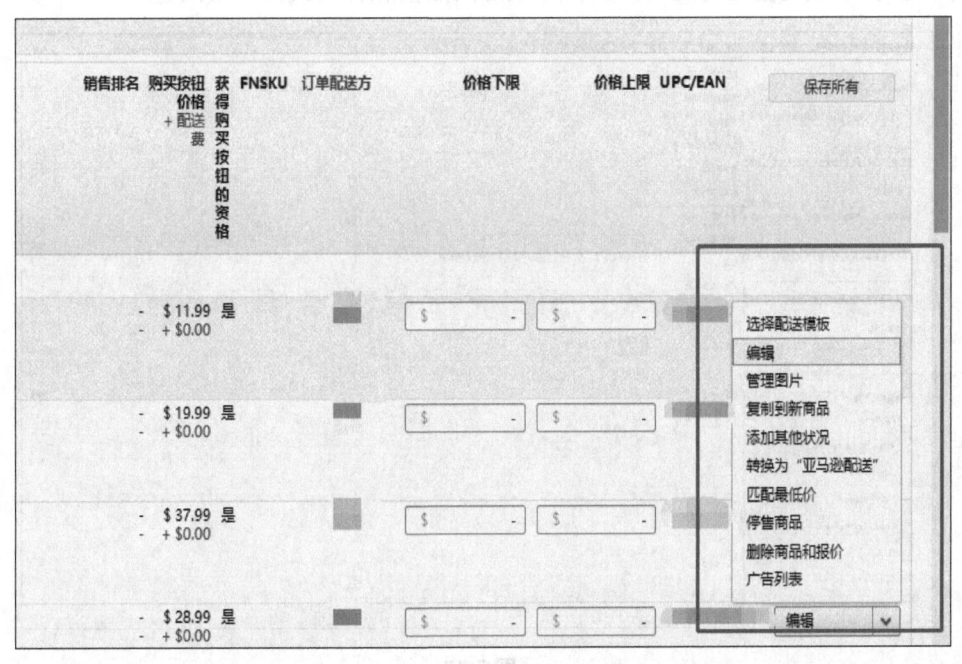

图 5.10

当申请发货至亚马逊仓库时，需要在商品上贴 FNSKU（见本章第二节详解）标签。一定要认真检查，商品绝不能错贴标签。

有时候，库管错把 A 商品的标签贴到了 B 商品上面，而当亚马逊 FBA 仓库收到前台订单时，会将 FNSKU 标签作为唯一的出货依据。商品错贴标签会导致客户收到商品时货不对版，虽然运营发现问题后可立刻取消未发货订单，但仍会导致大量退货。最终，存储在 FBA 仓库的这批货不得不申请退至海外仓进行重新换标。本来 A、B 商品日销量为 40 多单，最终因获得多个投诉和差评，导致商品 Listing 离场；且 A、B 商品为大体积、高单价商品，均发的海运，总计损失金额达 20 万元以上，而且还错失了推广其他两个新品的最佳时机。

（二）库存规划

我们可以快速查看各种关键库存指标，并说明如何提高库存效率和库存绩效，如图 5.11 所示。

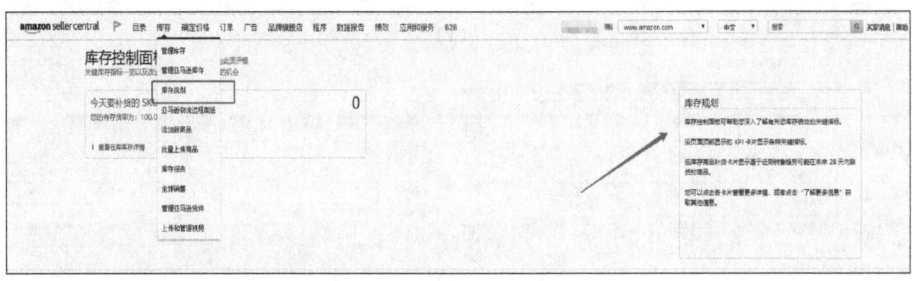

图 5.11

（三）批量上传商品

第一步：下载批量上传的 xlsx 文档并填写商品信息，如图 5.12 所示。

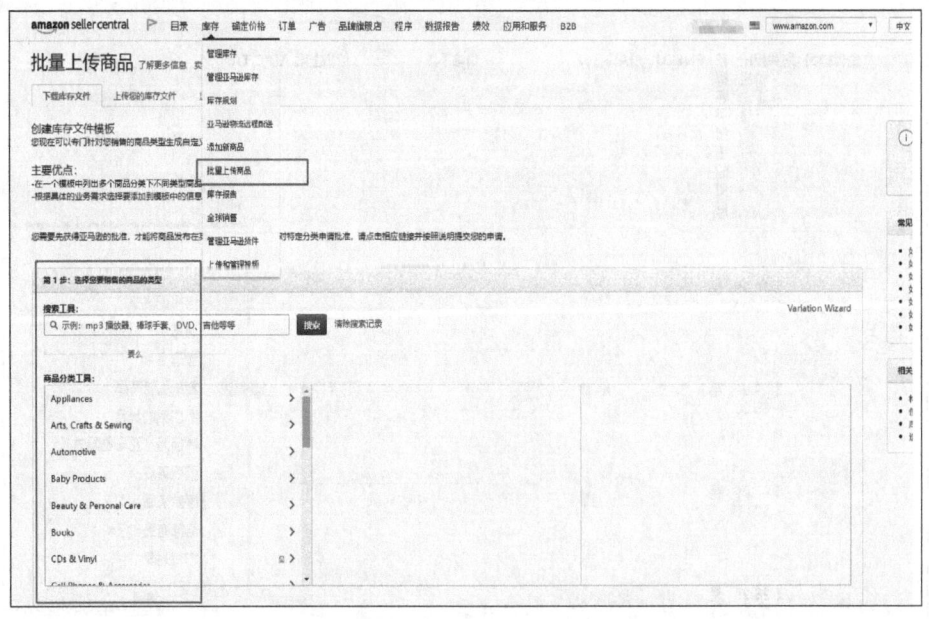

图 5.12

第二步：选择目标商品的最小子类目，这时会出现一个有效值，选择模板的类型为"高级"，并单击"生成模板"按钮。批量模板下载完成后就可以上传商品了（有些类目没有批量模板），如图 5.13 所示。

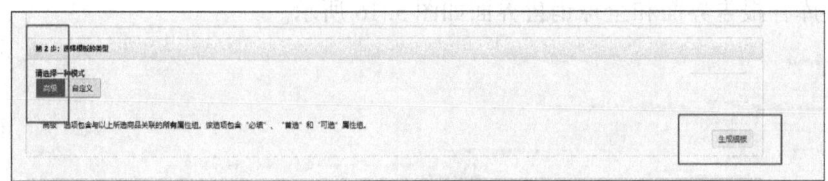

图 5.13

第三步：前期如果不会填写模板，可按照表格中的 Example 去填写 Template，如图 5.14 所示。如果仍有不懂的可以随时咨询亚马逊官方客服。

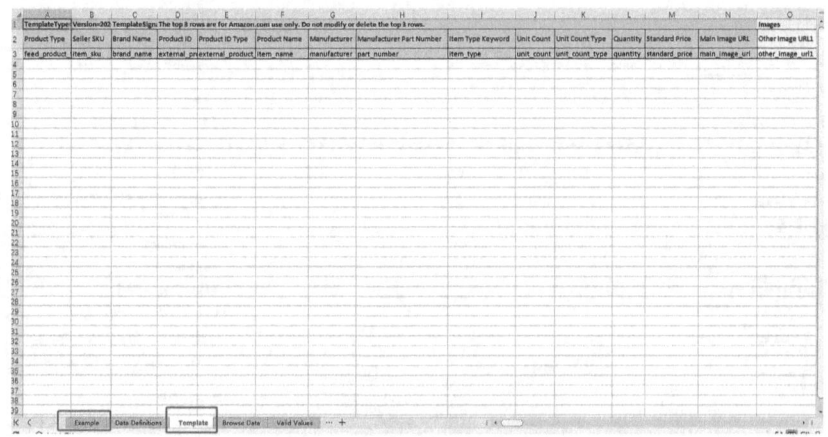

图 5.14

第四步：当填写完成后就可以在后台上传模板了，如图 5.15 所示。模板上传之后，会在"监控上传状态"中显示"报错"或"上传成功"。

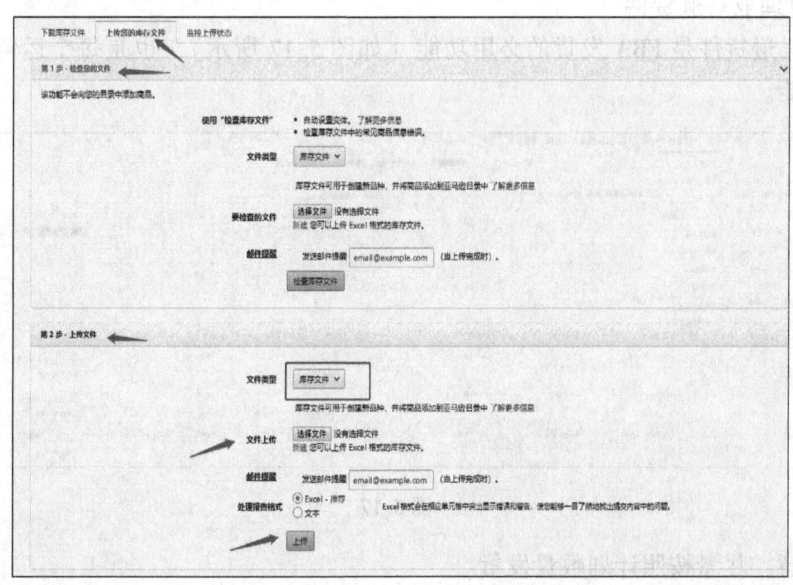

图 5.15

## （四）库存报告和全球销售

亚马逊库存报告界面和全球销售界面如图5.16所示。

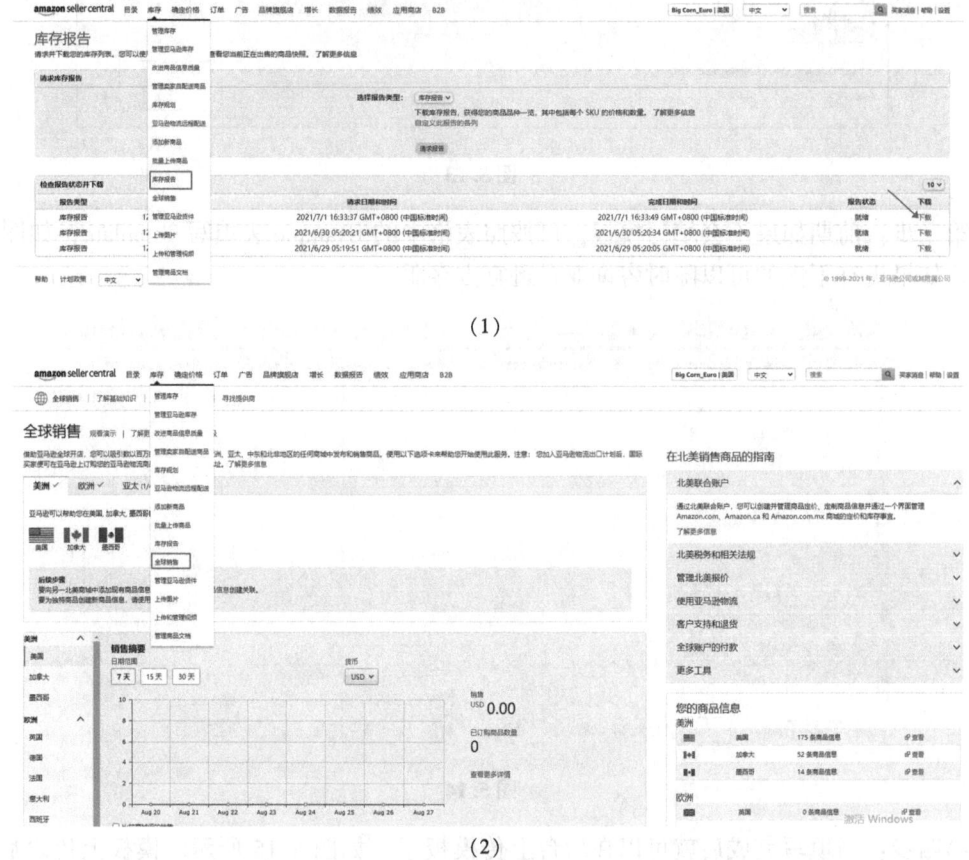

图 5.16

## （五）管理亚马逊货件

管理亚马逊货件是 FBA 发货的必用功能（如图 5.17 所示），也是每个运营人员需要熟练掌握的功能。

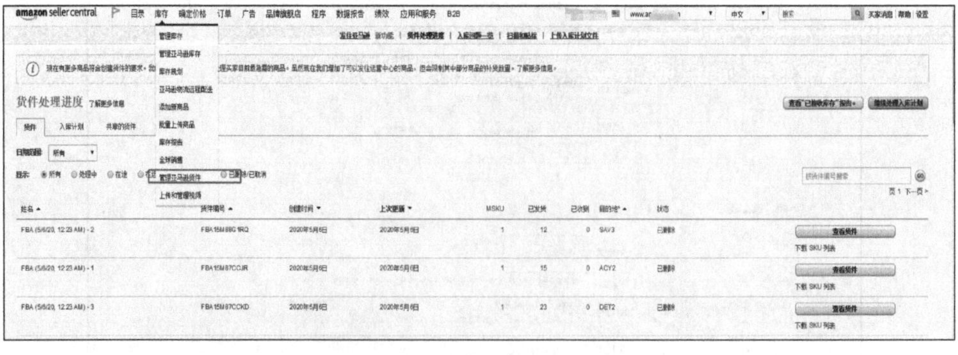

图 5.17

新手注意：尽量按照计划数量发货。

亚马逊有入库绩效，所以尽量按照计划数量发货。如果经常不按照当时填写的资料发货,会被警告并且拒绝签收入库商品。

## 三、订单导航栏

如图 5.18 所示,可以用订单编号或其他选项去搜索目标订单信息。

图 5.18

## 四、广告导航栏

商品的广告宣传是每个运营人员经常操作的功能,需作为重点关注。篇幅有限,这里只介绍广告导航栏如何操作。关于商品广告的不同打法和具体数据分析相对复杂,并且十分重要,在后面单独作为专题来学习。

### (一)广告活动管理

如图 5.19 所示,这里呈现已设置的所有广告,也可以看到广告的基本数据分析。

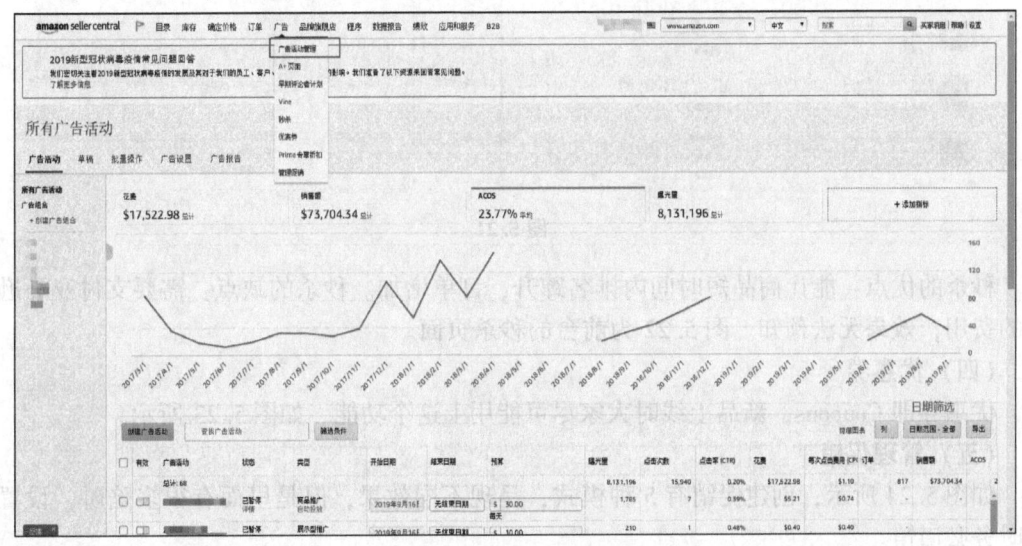

图 5.19

## （二）图文版品牌描述

图文版品牌描述功能只有已申请品牌的卖家可以使用。如图 5.20 所示，这里有不同的模板可以制作商品的 A+ 页面和申请商品视频，这些操作对提高转化率有重要作用。

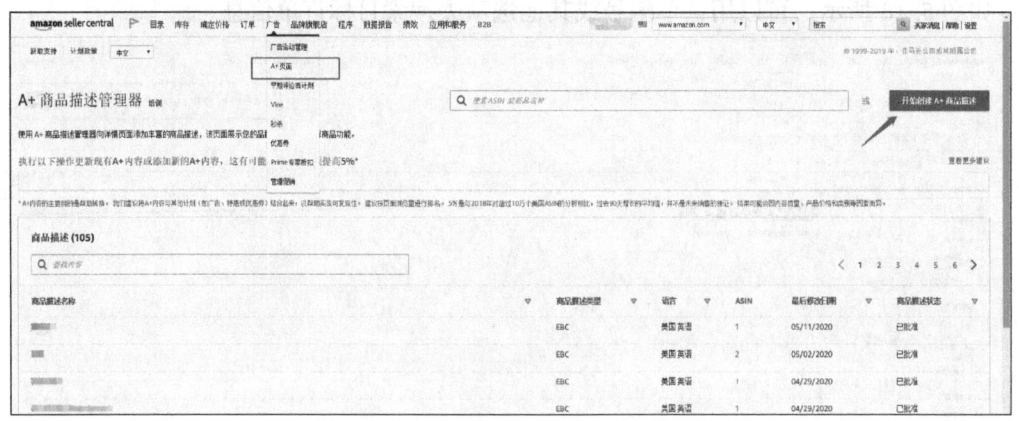

图 5.20

## （三）秒杀

秒杀是一种限时促销优惠，参与秒杀的商品会在亚马逊促销页面上显示几个小时。如图 5.21 所示，通过选择"广告"下拉列表中的"秒杀"选项提交秒杀，并需要支付一定费用。所有秒杀都必须获得亚马逊批准才能投放到促销页面上。

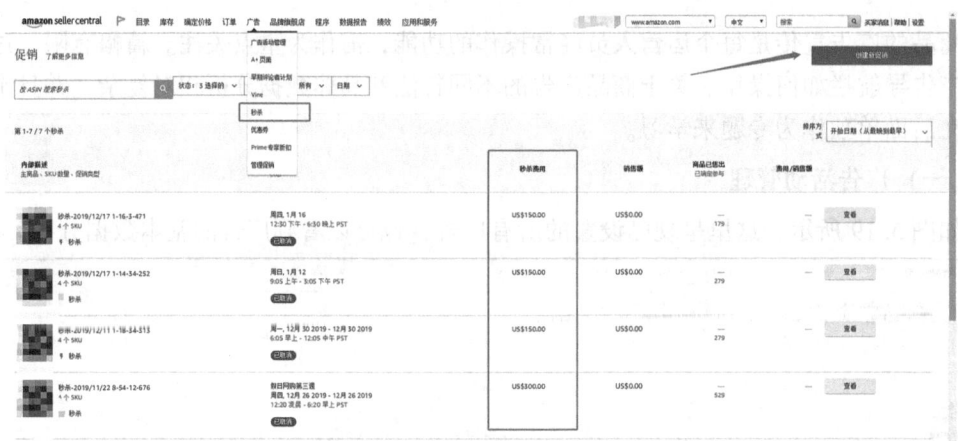

图 5.21

秒杀的优点：能让商品短时间内排名蹿升，订单增加。秒杀的缺点：需要支付亚马逊一定的费用，效果无法预知。图 5.22 为前台的秒杀页面。

## （四）优惠券

优惠券即 Coupons，新品上线时大家尽可能用上这个功能，如图 5.23 所示。

## （五）管理促销

如图 5.24 所示，创建促销有 5 种模式，呈现不同效果，但是里面有很多陷阱，设置折扣时务必谨慎。

第五章 亚马逊后台详解

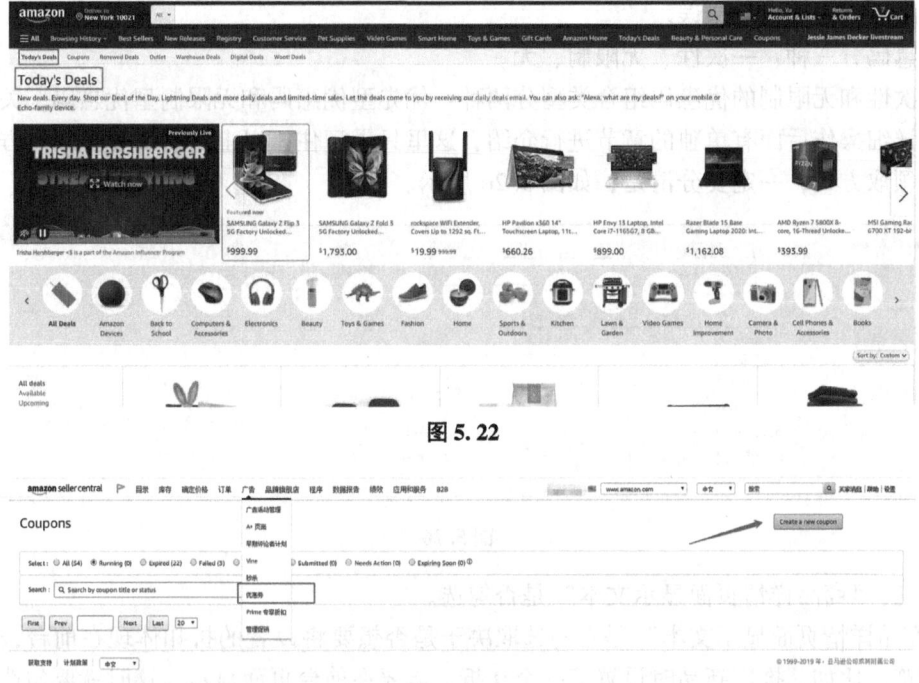

图 5.22

图 5.23

图 5.24

卖家应避免出现如下三种错误。

第一，折扣码设置错误。

国内的 7 折相当于国外的 30% off，如图 5.25 所示，应该填写"30"而不应该填写"70"，新手因为粗心写成 70% off 的不在少数，一定要尽量避免低级错误带来的亏损。

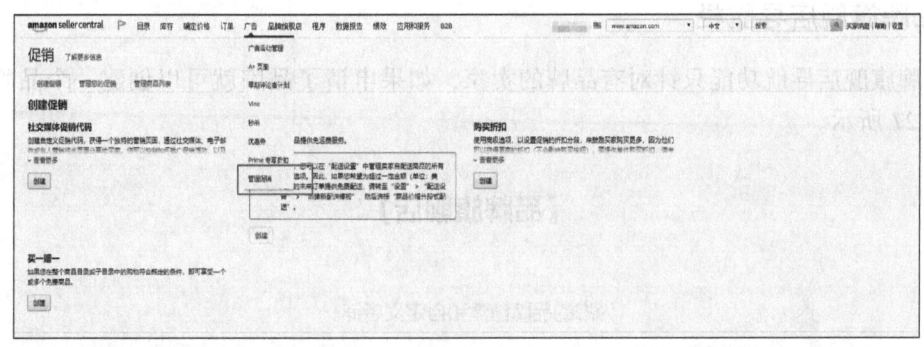

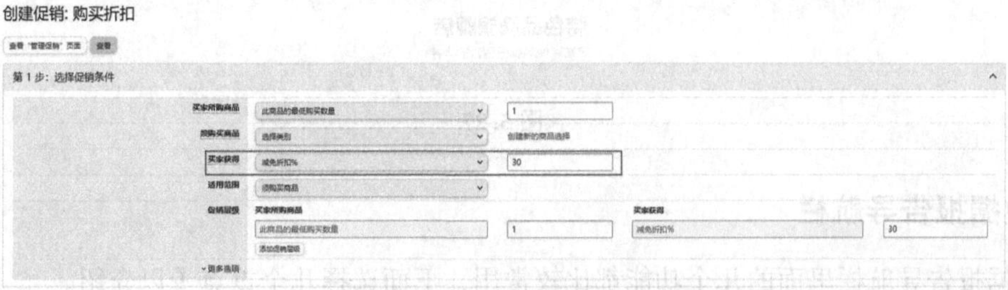

图 5.25

59

第二，优惠码设置错误。

优惠码分三种：一次性、无限制、无。

一次性和无限制的优惠码组合类型分两种：优先型优惠码和无限制型优惠码。关于设置活动的详细操作后面有单独的章节进行介绍，这里只需记住，以上所有设置折扣的方式都有不同的领取方式，一定要分清楚，如图 5.26 所示。

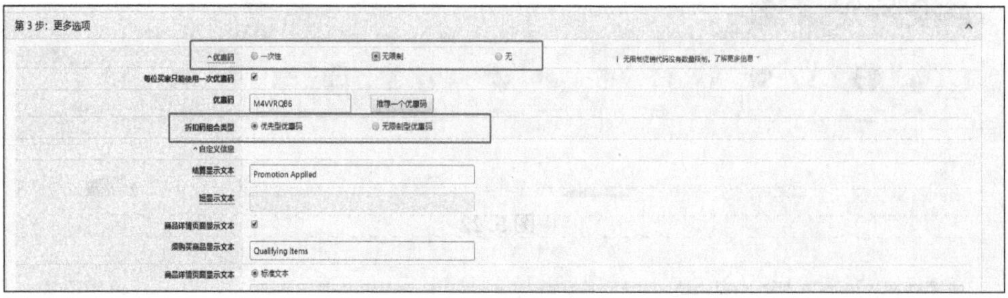

图 5.26

第三，"商品详情页面显示文本"是否勾选。

"商品详情页面显示文本"是否勾选取决于是否想要将设置的折扣体现在前台，让站内客户浏览。比如，推广新品时设置了一个 9 折，需要在前台页面显示，这时就要勾选；但若设置的是 2~3 折，只想做站外推广则千万不能勾选。

### 五、品牌旗舰店导航栏

品牌旗舰店导航功能只针对有品牌的卖家，如果申请了品牌就可以创建一个品牌商店，如图 5.27 所示。

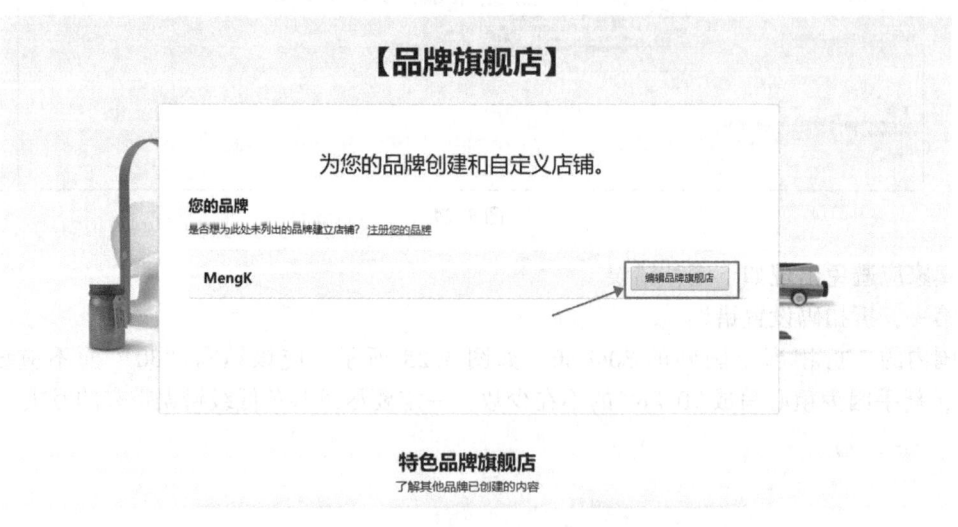

图 5.27

### 六、数据报告导航栏

数据报告导航栏里面的几个功能都比较常用，下面选择几个重点予以介绍。

## (一) 付款

付款功能显示账户的付款信息，查看包含起始结余、资金转账的下一个预订日期，以及订单和退款总额的账户汇总。

1. 结算一览

该功能可以查看一个周期（14 天）的收费明细，如图 5.28 所示。有些项目可以点进去查看详情，如发现有任何不对的账目，可以找亚马逊收回。

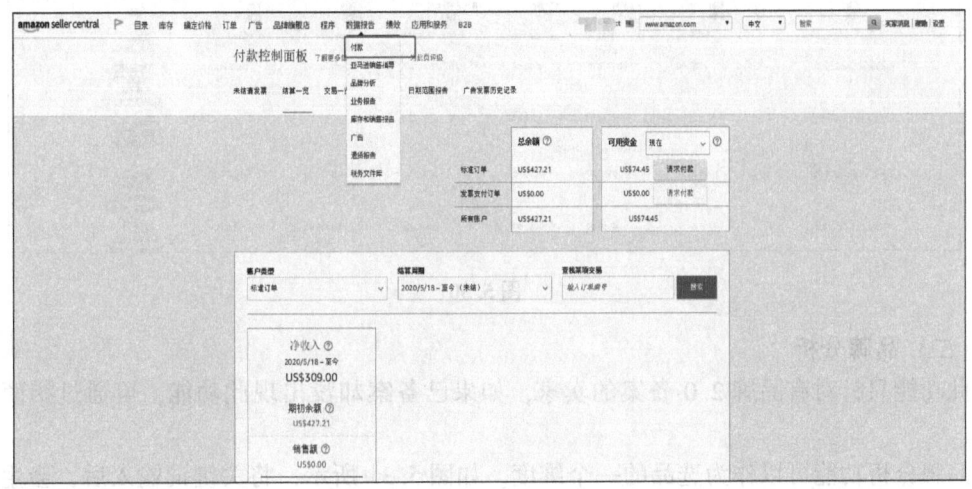

图 5.28

2. 交易一览

如图 5.29 所示，交易一览功能可以查看每一笔订单的收款，也可以查看任何日期的收款明细。卖家可以每天统计收回的钱款，作为前进的小小动力。

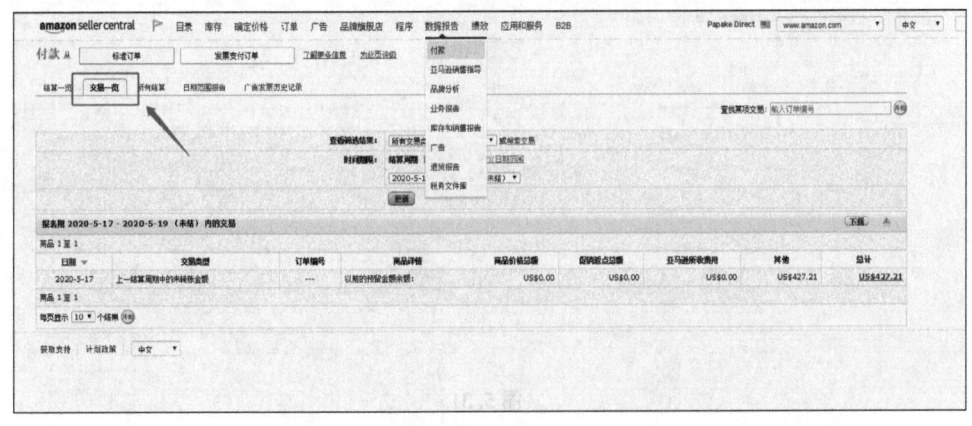

图 5.29

3. 所有结算

所有结算功能可以查看每个账单期结算的所有费用和账单，卖家也可以下载后自己查看收款明细，如图 5.30 所示。

4. 日期范围报告和广告账单历史

这里所生成的报告，其实在前面的明细里都有，区别是该功能可以分开下载明细。

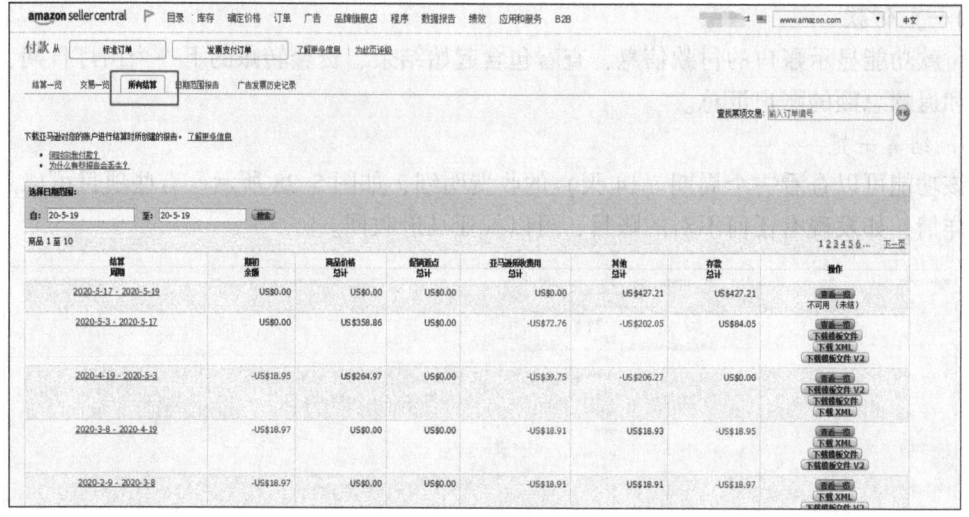

图 5.30

**（二）品牌分析**

此功能只针对有品牌 2.0 备案的卖家，如果已备案却没出现此功能，可通过招商经理开通。

品牌分析功能可以作为选品的一个维度。如图 5.31 所示，将关键词输入后，会生成一个报告，向品牌所有者展示，客户如何在亚马逊上搜索其商品及其竞争对手的商品，包括每个商品的相对搜索流行度、点击率和转化率。

图 5.31

**（三）业务报告**

如图 5.32 所示，该功能提供多种报告，可以在左侧的导航栏里查看店铺和商品的数据。这里面都是运营的精髓，读者一定要经常查看分析。

**（四）库存和销售报告**

很多新手都会忽略掉这里面的功能，其实每个月都应抽时间查看。如图 5.33 所示，主要查看店铺和商品的支出费用，很多亚马逊的收费明细都在里面，这对运营有很大帮助。

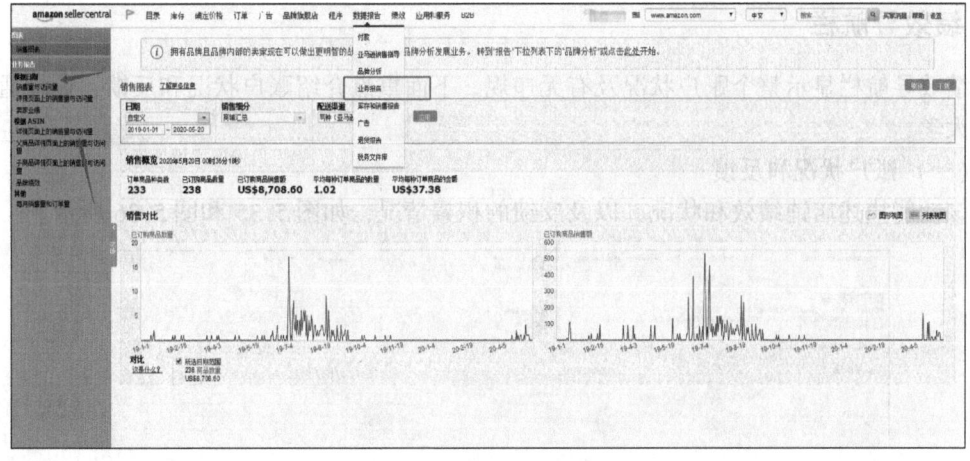

图 5.32

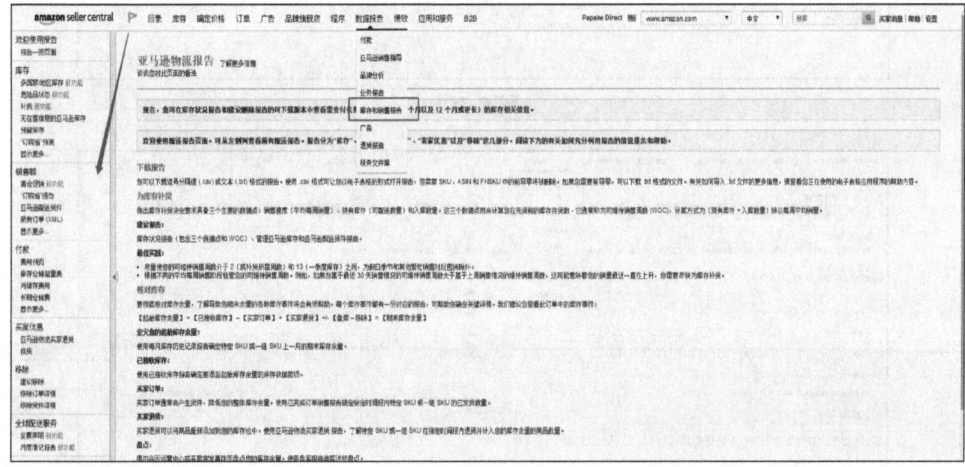

图 5.33

（五）广告

广告数据是卖家经常要下载分析的。如图 5.34 所示，选择"数据报告"下拉列表中的"广告"选项，然后单击"创建报告"按钮，可以通过选择时间创建广告数据报告。

图 5.34

## 七、绩效导航栏

绩效导航栏显示整个账户状况及有无违规。下面重点介绍账户状况和反馈、业绩通知和卖家大学。

### （一）账户状况和反馈

该功能描述店铺绩效和状况，以及反馈的积累情况，如图5.35和图5.36所示。

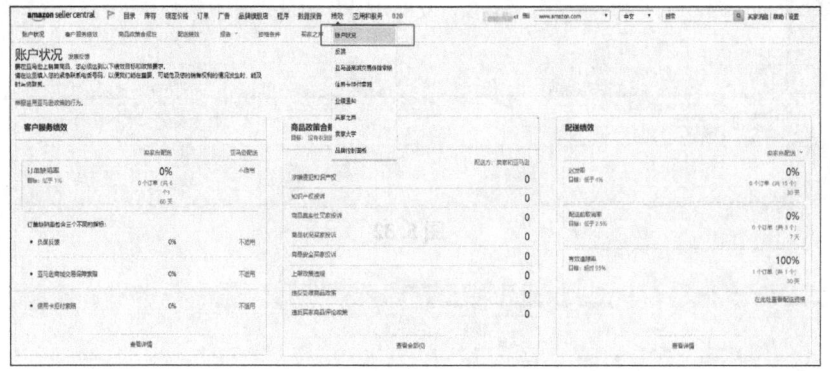

图 5.35

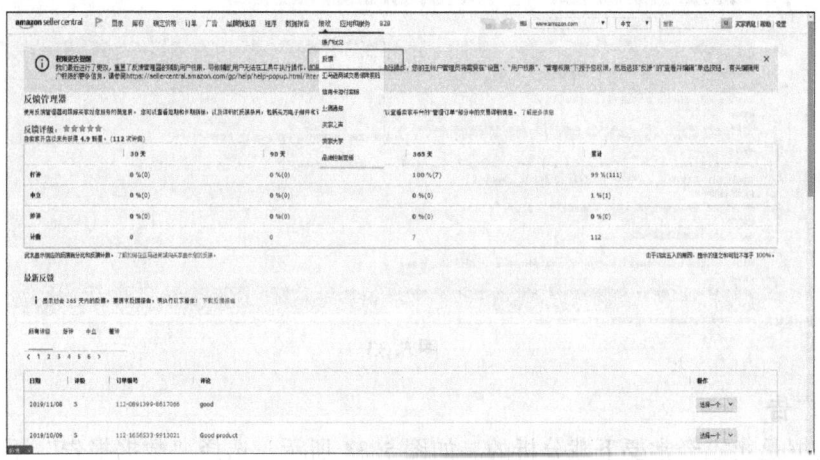

图 5.36

### （二）业绩通知

有些商品或店铺收到的亚马逊的审核邮件都可在"业绩通知"选项这里进行查找（如图5.37所示）。

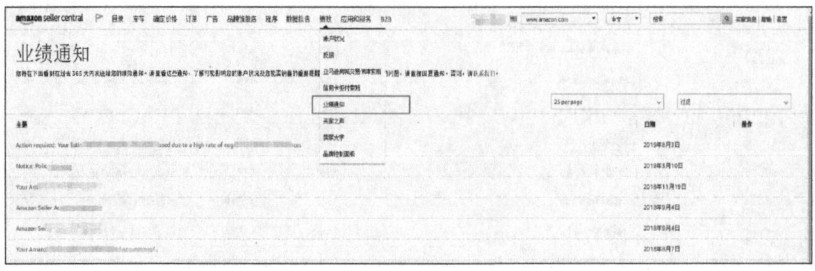

图 5.37

## （三）卖家大学

"卖家大学"选项主要为亚马逊平台上的卖家提供各种帮助和开店知识培训，建议初学者要经常浏览学习。其中，有些基础知识的讲解很详细，特别是很多平台的内容和规则在不断更新（如图 5.38 所示）。

图 5.38

## 八、应用商店

该功能如图 5.39 所示，包含亚马逊平台提供给卖家的各种应用解决方案。

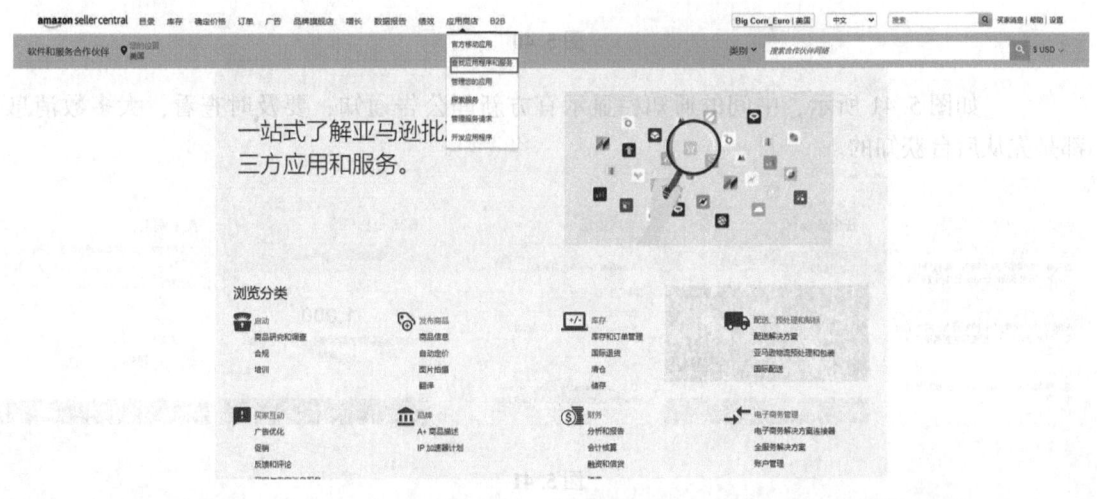

图 5.39

## 九、其他信息页面

如图5.40所示，其他信息页面是关于FBM和FBA发货的出单数据显示。

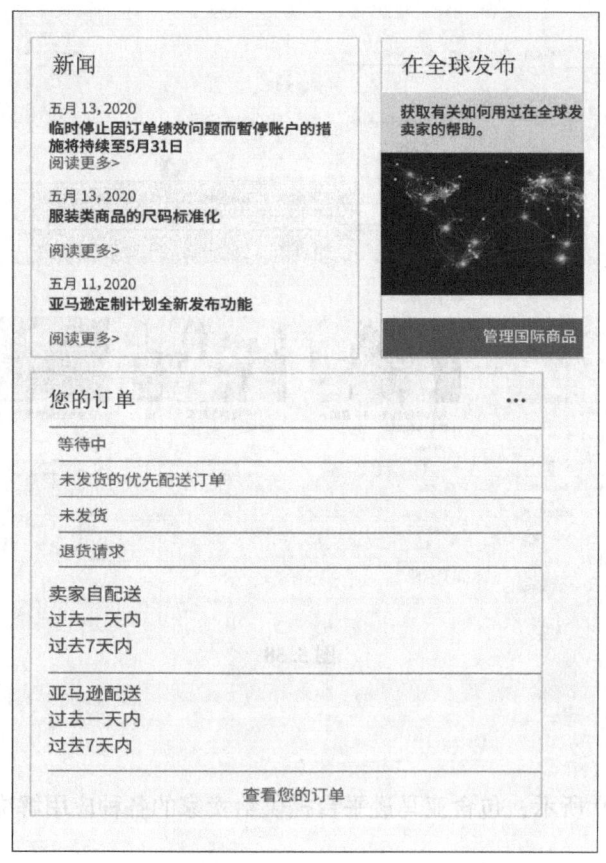

图5.40

如图5.41所示，中间的通知栏显示官方新闻公告通知，要及时查看，大多数消息都是先从后台获知的。

图5.41

图5.42所示的是亚马逊平台提供的付款一览、销售业绩一览和库存规划等功能。

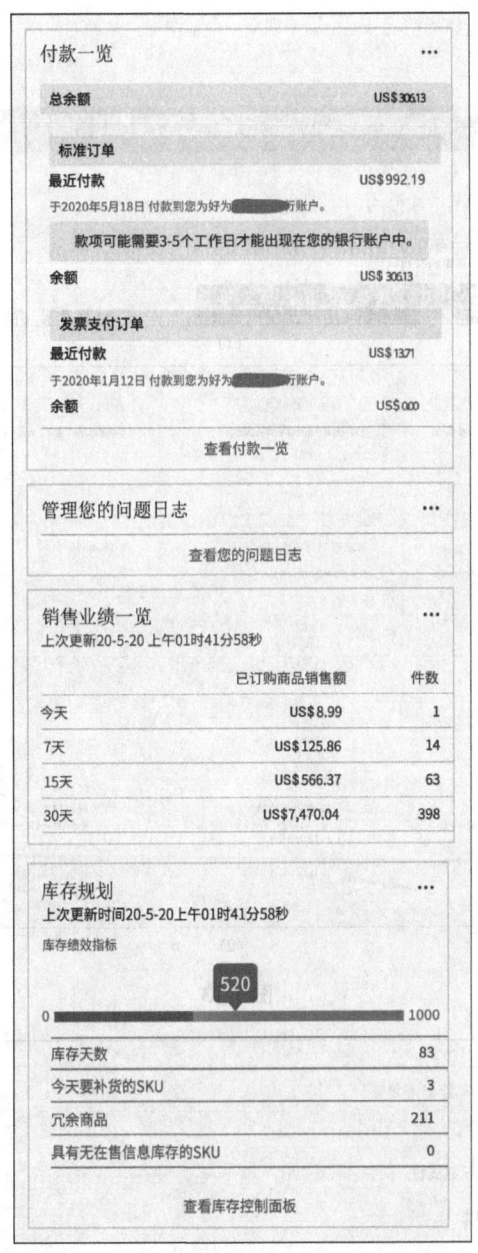

图 5.42

## 十、获取官方客服支持（开 Case）

如图 5.43 和图 5.44 所示，单击页面右上角的"帮助"按钮，将主页面拉到底，单击"获得支持"按钮，然后找到"获取支持"界面，单击"我要开店"或"广告和店铺"（注意：一般的运营小问题都是在"我要开店"里面，"广告和店铺"用的相对比较少）。

(1)

(2)

图 5.43

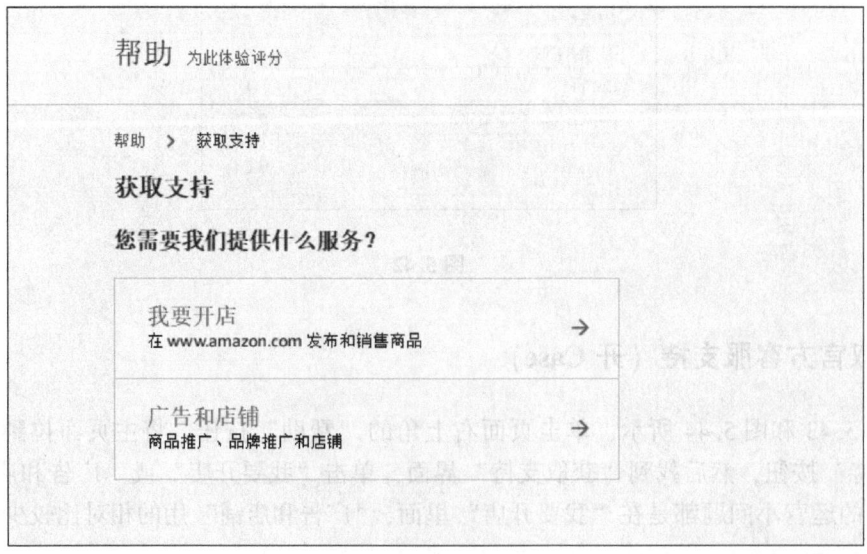

图 5.44

然后按照问题切入点选择分类，如图 5.45 所示。

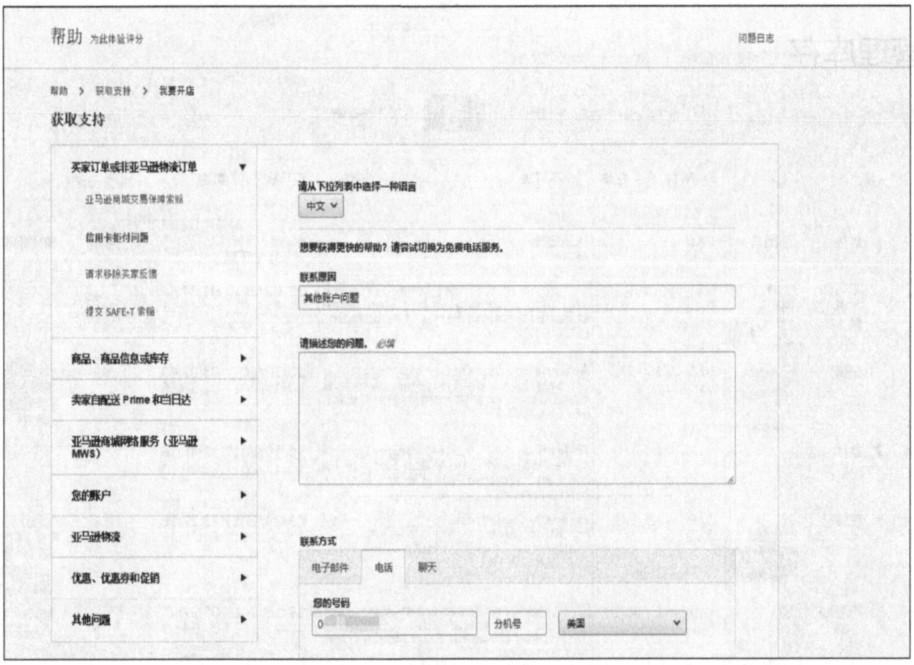

图 5.45

如果有需要，可以通过在线聊天、电话或邮件等方式处理问题。

以上基本将后台的常用操作都列出了。做这个汇总，有助于初学者卖家对后台有个宏观的概念，大致了解我们是如何通过一个什么样的平台将商品售出的；已有运营经验的卖家可以查缺补漏，一同探讨在后台操作中容易忽视而对运营十分重要的细节。操作熟练后会发现后台功能并不复杂，但重要的是能否通过这些数据进行分析，并结合自己的实际需求，做出有益于每个店铺发展的运营规划并细心执行。

# 第二节　亚马逊专业名词

要想运营好亚马逊店铺，首先必须了解并熟知以下这些亚马逊的专业名词。

## 一、SKU

SKU：Stock Keeping Unit（库存量单位），即库存进出计量的单位，可以是件、盒、托盘等。

如图 5.46 所示，针对跨境电商而言，每款商品都有一个 SKU，便于电商品牌识别商品；若一款商品有多种颜色、多种尺寸、多种属性，则有多个 SKU，如一件衣服的颜色有红色、白色、蓝色，则 SKU 编码也不相同，若相同则会出现混淆、发错货等情况；店铺内的 SKU 不可重复，外部不可见、不可搜索，没有特殊编写规则，可自定义，也可系统随机生成。

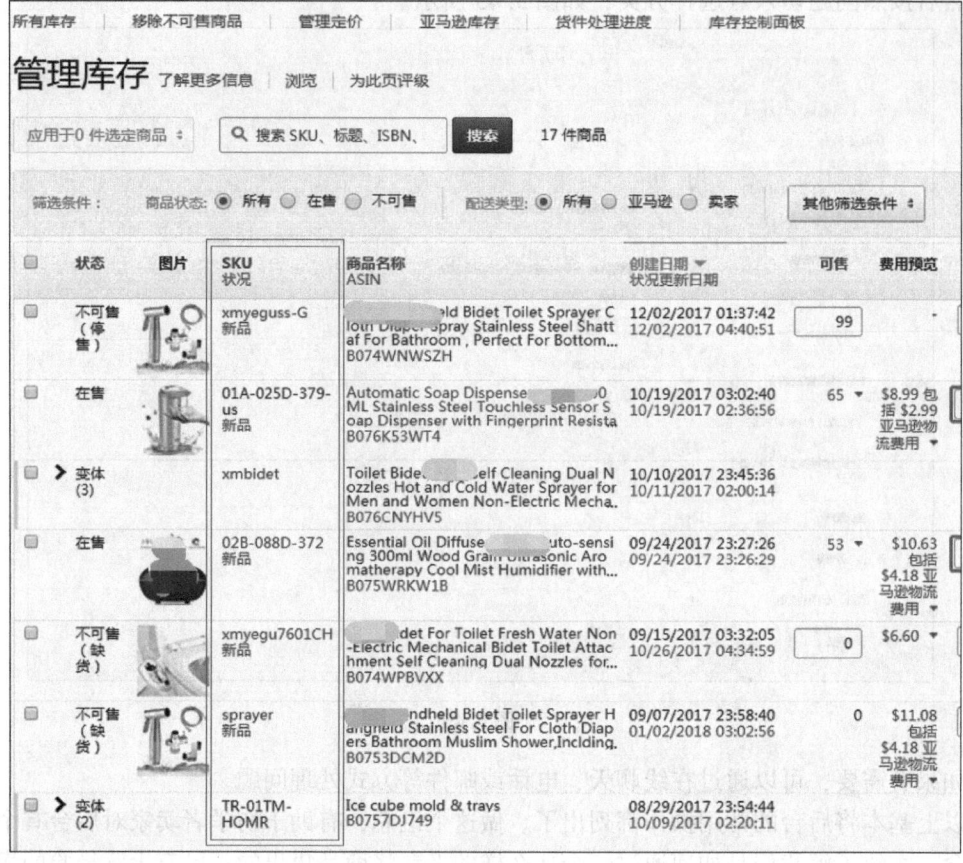

图 5.46

## 二、FNSKU

FNSKU：FBA 商品编码（如图 5.47 所示）。一个 SKU 对应一个 FNSKU，系统自动生成，不可更改，若设置混储，则会出现相同 FNSKU 的情况。

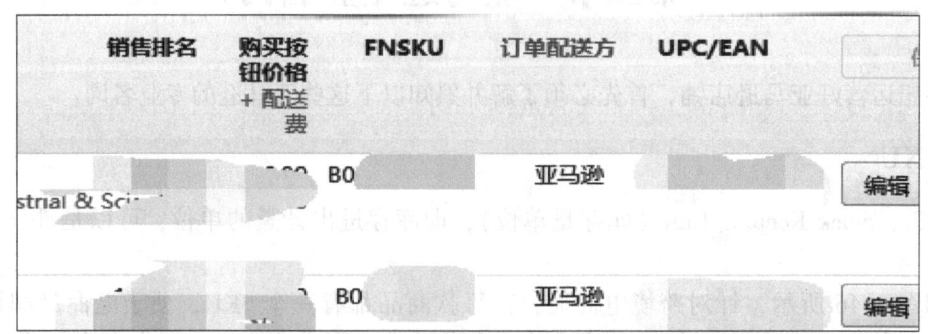

图 5.47

## 三、ASIN

ASIN：Amazon Standard Identification Number，即亚马逊标准标识号，如图 5.48 所示。

| | |
|---|---|
| Product Dimensions | 10.6 x 8.2 x 15.8 inches |
| Item Weight | 7 pounds |
| Shipping Weight | 8.85 pounds (View shipping rates and policies) |
| Manufacturer | SharkNinja |
| ASIN | B00NGV4506 |
| Item model number | BL610 |
| Customer Reviews | ★★★★☆ 1,955 customer reviews<br>4.4 out of 5 stars |
| Best Sellers Rank | #205 in Kitchen & Dining (See Top 100 in Kitchen & Dining)<br>#6 in Kitchen & Dining > Small Appliances > Blenders > Countertop Blenders |
| Date first available at Amazon.com | September 10, 2014 |

图 5.48

ASIN 是亚马逊商品一个特殊的编码标识，每个商品的都不同；ASIN 是亚马逊随机生成的字母数字组合；ASIN 是亚马逊平台上唯一的商品 ID；一个 ASIN 码对应一个 SKU，买家可见，前台可搜索。

## 四、UPC/EAN

UPC/EAN：全球贸易项目代码。

如图 5.49 所示，UPC 是上传商品的唯一编码，全球不重复；UPC 是最早大规模应用的条码，其特性是长度固定、具有连续性；一个 SKU 对应一个 UPC，0.8～2.0 元/个，前台不显示，系统记录商品的代码。

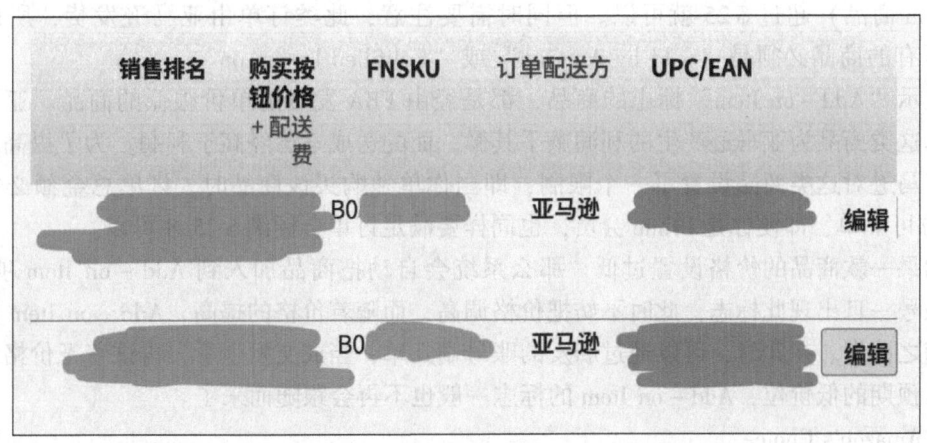

图 5.49

## 五、KYC

KYC：Know Your Customer。

KYC 政策（即充分了解你的客户）是对账户持有人的强化审查；KYC 政策不仅要求金融机构实行账户实名制、了解账户的实际控制人和交易的实际收益人，还要求对客户的身份、常住地址或企业所从事的业务进行充分的了解，并采取相应的措施了解资金来源合法性。

## 六、其他专业名词

### 1. FBA 头程

FBA 头程是指货物从国内到国外亚马逊仓库这一段运输过程，其中包括清关、预付关税等服务。

### 2. GCID 码

GCID 码是亚马逊内部生成的品牌标识符。当品牌在亚马逊成功备案后，卖家提供一个 Keyattribute，亚马逊会自动分配独一无二的 GCID 码（十六位字符，包括字母和数字）。这个 GCID 码将等同于每一条 Listing 里面的 UPC 码，而 UPC 码就可以省掉。

### 3. Coupon

亚马逊 Coupon，是用以享受某种特价或优惠的"折价券"，客户在购买商品的时候一定要使用。客户可以从 Coupon 页面进入，也可以在浏览商品的时候看商品是否有优惠券。

### 4. Hot new releases

Hot new releases 是亚马逊提供的"热点最新商品"。它出现在一个类别的页面的右上方，单击它不仅可以了解正在热卖的商品，还可以根据畅销品清单预测下一批热销的商品。

### 5. Add-on Item

美国亚马逊推出的 Add-on Program 允许客户单件购买以前仅批量出售的商品。一般来说，这样的商品都是一些很小的便宜商品，如指甲剪、卫生纸、灯泡、香皂等。Add-on 商品可以和其他商品同时购买，或者全部只购买 Add-on 商品，只要总金额（包括 Add-on 商品）超过 $25 就可以。但同时需要注意，此类订单由亚马逊发货，所以购物车内所有的商品必须是"Sold by Amazon"或"Fullfilled by amzon"。

显示"Add-on Item"标志的商品，都是经由 FBA 发货的单价很低的商品。亚马逊系统核算这类商品为亚马逊产生的利润微乎其微，而配送成本已经高于利润。为了提高利润空间，亚马逊对这类商品设置了一个限制，即当你单独购买该商品时，订单总金额必须超过 $25 方可下单，即便你是 Prime 会员，也同样要满足订单金额满 $25 才可以。

如果一款商品的价格设置过低，那么系统会自动把商品加入到 Add-on Item 项目中。你的账号一旦出现此标志，此时不妨把价格调高，而随着价格的提高，Add-on Item 的标志也会随之消失。在此时，可以通过朋友的账号刷几单，当成交发生后，再试着把价格调整到你自己预期的低价位，Add-on Item 的标志一般也不再会跟随而来了。

### 6. Amazon's Choice

Amazon's Choice 标志表示搜索该关键词显示的商品已经被亚马逊 Echo 收录到语音购买的推荐目录中。

### 7. A-Z Guarantee Claim

A-Z Guarantee Claim 即亚马逊商城交易保障索赔，简称 A-to-Z 或 A-Z，是亚马逊对购买第三方卖家商品的消费者实施的保护政策。如果消费者不满意第三方卖家销售的商品，可以发起 A-Z 保护。

### 8. Product Review

Product Review 是针对商品本身的评价，不涉及物流、客服质量；任何在亚马逊上购买过一次商品的买家都可以评价；它影响客户对商品的判断，不影响卖家绩效；它用打分和文字、图片、视频评论相结合的方式。

9. Customer Feedback

Customer Feedback 是针对订单的评价，涉及商品、物流、客服等订单相关因素；只有下了订单的买家才能评论，一个订单只能评价一次，其会影响卖家 ODR；它用打分和文字、图片、视频评论相结合的方式。

10. Sessions

Sessions 为访问量。

官方解释：Sessionsare visits to your 亚马逊.com page by a user. All activity within a 24 - hourperiod is considered a session.

中文理解：Sessions 也叫独立 IP 访问量。在 24 之内，一个 IP 访问某个页面不管点击几次都只计算一次。

11. Session Percentage

Session Percentage 为访问量百分比。

官方解释：Percentageof sessions that contain at least one page view for a particular SKU/ASINrelative to the total number of sessions for all products.

中文理解：某个特定的 SKU/ASIN 至少一个页面的访问量相比所有商品的访问总量的百分比。

12. 变体

变体用于关联那些基本相同、但在一个或多个关键属性（如尺寸或颜色）方面存在差异的商品。如果您的商品符合以下要求，它们很可能就是良好的备选变体。

（1）商品基本相同。

（2）商品仅在几个非常具体的方面有所不同。

（3）买家期望在一个商品页面上找到所有这些商品。

（4）所有商品可共享一个商品名称。

13. 品牌备案

品牌备案是指在亚马逊上申请品牌保护。在亚马逊品牌备案后可获得 GCID 码来取代 UPC 码和 EAN 码，GCID 码是独一无二的！到哪个国家都一样，不像 ASIN，到不同的国家会有不同的数值！亚马逊是用这个 GCID 码来检查能不能跟卖的！申请品牌备案是最好的防跟卖的方式。

14. Order Defect Rate

Order Defect Rate 即订单缺陷率（ODR），是指收到负面反馈（差评）、亚马逊商城交易保障索赔或服务信用卡拒付（CB）的订单所占订单总数的百分比；可以在任何历史订单时间段内计算 ODR；亚马逊规定这项绩效指标必须低于 1%。

15. 分类审核

为了确保买家在亚马逊购物有高质量的体验，特定商品和品类必须经过亚马逊批准才能发布，即分类审核。分类审核通过之后，再发布此类的商品和品类就无须再经审核，可以直接发布。

16. Sponsored Products

Sponsored Products 即亚马逊的商品广告，依靠关键词的竞价排名，和淘宝直通车、百度竞价等类似，设定关键词和价格，关键词被搜索时有机会展现商品，被点击时付费。

### 17. Best Seller Rank

Best Seller Rank 这个数字是相对于其他类别商品，根据小时计算（按照亚马逊说明），并链接到商品近期的销量（同时考虑账户历史销售数据）计算的。当然，一个商品的排名在不同的亚马逊市场会有所不同，每个市场本身就代表了不同的地理区域。排名第一，就意味着在该商品所在的类目中，这个商品近期的销量比其他任何商品都要多。

### 18. POA（Plan of Action）

POA 即恢复销售权限行动计划书（紧急首要处理事件）。当账号出现重大问题的时候有可能会被亚马逊关闭店铺或冻结资金，那么这个时候我们就需要根据亚马逊发送的邮件写一封 POA 进行申诉（如图 5.50 所示）。POA 涉及的内容包括但不限于以下这些：

（1）导致问题出现的原因；

（2）根据这些问题已经采取了哪些补救措施；

（3）未来该如何避免此类问题出现的措施。

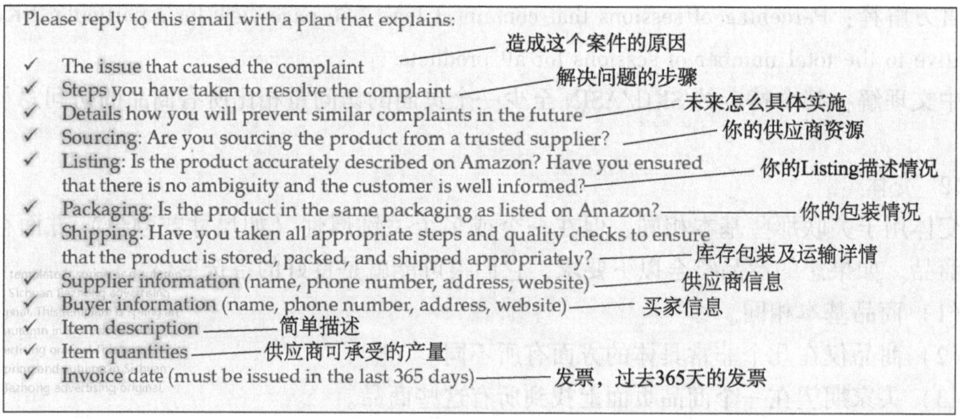

图 5.50

### 19. Listing

变体和单独的 ASIN 都称作一条 Listing，所以一条 Listing 可以指一个变体下面的五款商品，也可以指一个单独的商品。

### 20. Review

Review 即亚马逊商品界面客户对商品的评价，等同于淘宝商品界面买家留下的评价。Review 对于商品的影响权重比较大，Review 的质量及数量都会影响商品的曝光和转化。

### 21. Feedback

Feedback 即买家反馈，是买家针对订单的客户服务、物流时效、商品描述三个维度进行的反馈，会直接影响店铺的 ODR 绩效指标。

### 22. FBA

FBA 即亚马逊物流，是指亚马逊将自身平台开放给第三方卖家，将其库存纳入亚马逊全球的物流网络，为其提供拣货、包装及终端配送的服务，亚马逊则收取服务费用。

### 23. FBM/MFN

FBM/MFN 即卖家自配送，对应的全称为 Fulfillment By Merchant 或 Merchant Fulfillment

Network，是指由卖家自行完成配送的发货方式。采用此方式的卖家可以将在亚马逊销售的订单进行如下处理。

（1）直接从中国发货，将商品配送给海外消费者：您可以在收到买家订单后，通过物流承运商将商品从中国跨境运输给海外买家。

（2）从海外发货，将商品配送给当地的消费者：您也可以将商品先跨境运输到海外，存放在海外仓（自建仓库或租赁第三方仓库），收到买家订单后，直接从海外配送给当地消费者。

无论上述哪种处理方法，从库存管理、商品打包、跨境运输、进出口关务到客户服务、退换货管理等一系列流程都由卖家自行把控。

# 第六章 亚马逊全球开店

亚马逊成立于1995年7月,总部位于美国西雅图。2015年,亚马逊全球开店业务进入中国,旨在借助亚马逊全球资源,帮助中国卖家抓住跨境电商新机遇,发展出口业务,拓展全球市场,打造国际品牌。目前,亚马逊美国、加拿大、墨西哥、英国、法国、德国、意大利、西班牙、荷兰、瑞典、日本、新加坡、澳大利亚、印度、阿联酋、沙特和波兰17大海外站点已面向中国卖家开放,吸引了数十万中国卖家入驻。

## 第一节 亚马逊账号分类

当我们选择在亚马逊平台上经营店铺的时候,我们要做的第一步就是注册自己的亚马逊账号,而首要面临的问题就是准备注册账号需要用到的资料。准备资料时要注意:如果你以个人资料去申请账号,那么对应的就是个人账号;而如果你准备的是公司资料,那么注册下来的账号就是企业账号。在我们的账号注册完成之后,需要为它选择一个亚马逊的套餐,也就是所谓的"个人销售(卖家)计划"和"专业销售(卖家)计划",如图6.1所示。

(视频课程)

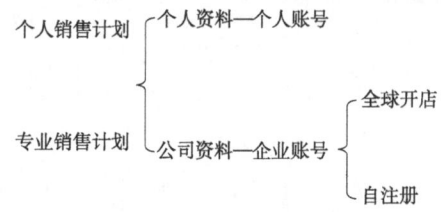

图6.1

在企业账号中可以选择全球开店或自注册,企业账号比个人账号多一个全球开店的选择权限。

全球开店是指卖家提供一套企业资料可以开通全部站点(注:只能以公司名义注册,联系官方客户经理,或者自行完成)。

自注册是指开通一个站点需要一套单独的注册资料,不同站点需要不同的注册资料。

个人账号:以个人名义申请,可选专业卖家计划或个人卖家计划。

企业账号:以公司名义申请,可选专业卖家计划或个人卖家计划。

### 一、个人卖家计划与专业卖家计划的区别

#### (一)店铺开设费用

个人卖家:无店铺租金,但每卖出一个商品就要付给亚马逊$0.99的费用。

专业卖家:每月$39.99的租金。

## （二）亚马逊的促销计划

个人卖家：没有权限创建活动促销计划。

专业卖家：可以创建活动促销计划（如包邮、满减、买一送一等）。

## （三）黄金购物车

个人卖家：几乎没有机会抢夺黄金购物车。

专业卖家：有很大的机会能够获得黄金购物车。

## （四）售卖商品品类

个人卖家：对于售卖品类有诸多限制，很多热销或其他特殊品类均没有权限进行售卖。

专业卖家：售卖品类限制比较少，几乎所有的品类都可以售卖。

## （五）Listing 上传

个人卖家：不能进行多个商品的批量上传，只能在后台逐一手动上传。

专业卖家：可以进行多个商品的批量上传，只需在后台利用批量上传工具下载批量上传的表格，再填好商品信息即可。

## （六）数据报告下载

个人卖家：亚马逊不提供店铺订单相关统计数据。

专业卖家：亚马逊会提供非常详尽的数据服务，流量、转化率、客单量、销售量等数据都会在报表中一一呈现，有助于卖家及时了解店铺经营情况，适时调整营销计划和销售策略，来实现店铺的良性运营。

## 二、个人卖家账号与专业卖家账号的转换

亚马逊把账号分为专业卖家账号和个人卖家账号，但是两者之间是可以相互转换的。转换方法也很简单，分为以下三步。

第一步：打开卖家后台之后，单击右上角的"设置"按钮，单击"账户信息"。

第二步：在"您的服务"中单击"管理"按钮。

第三步：如果卖家原来注册的是专业卖家账号，找到"我的服务"中的"您已注册"栏，单击账户类型的"降级"按钮。如果是个人卖家账号要升级为专业卖家账号，则单击"升级"按钮。

# 第二节　全球开店

亚马逊"全球开店"项目主要是为卖家开展跨境贸易提供全方位支持，包括开店前为卖家提供指导、定期开展卖家培训、为卖家提供"亚马逊物流"整体解决方案等。亚马逊在全球共有 17 个海外站点、175 个运营中心，全球活跃用户超过 3 亿人，具体如下所述。

北美站：美国、加拿大、墨西哥。

亚洲站：日本、印度、新加坡。

欧洲站：英国、法国、德国、西班牙、意大利、荷兰、瑞典、波兰。

澳洲站：澳大利亚。

中东站：阿联酋、沙特。

## 一、全球开店申请方式

全球开店的申请方式有如下两种。

第一种方式：通过亚马逊招商经理发过来的注册链接，开立账户。

联系亚马逊全球开店的招商经理，通过招商经理提供的注册链接进行注册。通过这种方式注册账号，注册全程有招商经理辅导，可以申请各个站点的秒杀活动，有助于卖家快速成长。如果是自注册，则没有这些优势。

第二种方式：自注册，去亚马逊网站自行注册。

直接在亚马逊中国网站的"全球开店"入口进行注册。

## 二、全球开店的注册资料

注册前要准备注册资料，需要注意注册资料必须是"干净"的，也就是卖家准备的这套注册资料从来没有注册过亚马逊账号。此外，无论是哪一种账号，也无论是哪一种注册方式，卖家都必须先保证有一台"干净"的计算机和一个全新的网络，以及从未使用过的邮箱和手机号码，因为这些会涉及账号关联的问题。那么全球开店注册时到底需要哪些资料呢？

### （一）营业执照

亚马逊全球开店只接受企业入驻，在内地或香港、澳门注册公司都可以，企业需要提供营业执照扫描件。

### （二）收款账号

亚马逊每隔14天会将货款打到卖家账户上，企业需要提供用来收款的银行账号，可以是P卡、WF卡或当地银行账户收款卡。

### （三）双币信用卡

企业需要绑定一张双币信用卡来支付店铺月租，建议使用Visa或Master Card双币信用卡，不限银行。

### （四）身份证或营业执照

准备好审核资料，即身份证正反面照片或扫描件和营业执照的照片或扫描件。身份证正反面照片必须要放在一起上传，如果是两张照片，请放在一个Word文档里；如果是扫描件，必须要扫描到一起。照片或扫描件必须是彩色的。

### （五）账单地址

最好准备一下法人带地址的账单，如信用卡水电燃气账单，防止需要二次审核。

## 三、全球开店的费用

在全球不同地点开设不同类型的卖家店铺，其费用如表6.1所示。

表6.1 全球开店的费用一览表

| 站点 | 北美 | | 欧洲 | | 日本 | |
|---|---|---|---|---|---|---|
| 账号类型 | 个人销售计划 | 专业销售计划 | 个人销售计划 | 专业销售计划 | 个人销售计划 | 专业销售计划 |
| 账号主体 | 个人/公司 | 个人/公司 | 个人/公司 | 个人/公司 | 个人/公司 | 个人/公司 |
| 月租金 | 免费 | 39.99美元/月 | 免费 | 25英镑/月 | 免费 | 4900日元/月 |
| 按件收费 | 0.99美元/件 | 免费 | 0.75英镑/件 | 免费 | 100日元/件 | 免费 |
| 销售佣金 | 根据不同品类亚马逊收取不同比例的佣金，一般为8%~15% | | | | | |

## 第三节　主账号与子账号

亚马逊的子账号是主账号申请的附属账号，主账号可以对子账号的权限进行设置，一个主账号可以授权五个子账号。

那么如何授权子账号呢？事先准备一个"干净"的邮箱并进入亚马逊后台，选择"Setting（设置）"选项下面的"User Permissions（用户权限）"（如图6.2所示），然后对子账号进行设置就可以了。

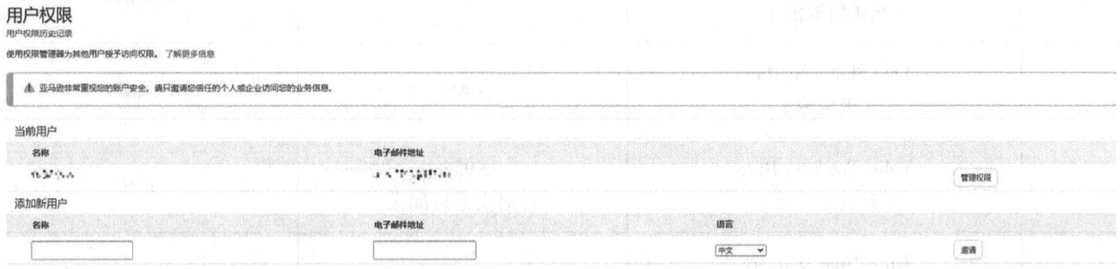

图 6.2

设置子账号的目的在于可以多人管理同一个店铺的不同板块，分工明确。

## 第四节　店铺绩效指标

绩效，是亚马逊评定一个店铺表现的标准。在一定程度上，它也是一个店铺好坏的量尺，但却有很多卖家并不清楚自己的绩效是如何评定的。本节就来学习亚马逊全球开店的店铺绩效指标和一些常见问题。

众所周知，亚马逊是一个重商品、轻店铺的跨境电商平台，非常注重买家体验。为了达到这个目的，亚马逊制定了一套指标来规范卖家账户的日常运营，要求卖家按照设定的指标，努力经营自己的店铺，服务好所有的买家。如果卖家没有达到标准或严重低于标准，账户的状态就会受到影响。那么，账户可能处在的状态与影响账户的指标又有哪些呢？

### 一、卖家账户可能处在的四种状态

亚马逊卖家账户注册成功后就可以在店铺展开运营，而账户一般有四种状态。

第一，活动：卖家账户处于正常状态，可以在亚马逊上销售商品，按照正常进度支付款项。

第二，正在审核：卖家账户可以在亚马逊上销售商品，但当前正在接受亚马逊的审核，在完成审核前，卖家账户只能接收资金，无法转出资金。

第三，受限制：卖家账户已受限制，可能无法销售某些类别的商品，或者只能销售自行配送的商品。

第四，暂停：卖家账户不能在亚马逊上销售商品，资金被暂时冻结。

## 二、影响卖家账户的八大指标

影响卖家账户的八大指标如表 6.2 所示。

表 6.2　影响卖家账户的八大指标一览表

| 序号 | 亚马逊指标 | 亚马逊指标要求 | 指标重要性 |
| --- | --- | --- | --- |
| 1 | Order Defect Rate（订单缺陷率） | <1% | 必须满足 |
| 2 | Pre-fulfillment Cancel Lation Rate（配送前取消率） | <2.5% | 必须满足 |
| 3 | Late Shipment Rate（迟发率） | <4% | 必须满足 |
| 4 | Valid Tracking Rate（有效追踪率） | >95% 针对卖家自配送 | 重要 |
| 5 | On-Time Delivery（准时到达） | >97% | 一般 |
| 6 | Policy Violations（违反政策） | 关联、侵权等 | 重要 |
| 7 | CX Health 指标 | 客户体验健康指标 | 一般 |
| 8 | NCX 指标（负面客户体验） | 负面客户体验 | 一般 |

通过表 6.2 可以很明显地看出，亚马逊针对卖家设定的每项指标都是从消费者的角度出发的，所以卖家一定要遵循亚马逊的平台宗旨：以客户为中心。

接下来我们了解一些重要指标。

### （一）订单缺陷率（Order Defect Rate）<1%

1. 定义

订单缺陷率简称 ODR，指收到负面反馈（差评）、亚马逊商城交易保障索赔或服务信用卡拒付（CB）的订单所占订单总数的百分比，其公式如下：

$$ODR = \frac{(差评 + A-Z + CB)}{订单总数}$$

如图 6.3 所示，一般亚马逊会给出 ODR 的数值，超过 1% 会给予警示。

2. ODR 的维护

（1）利用 FBA 物流。

（2）提升订单处理效率。

（3）提升正面反馈率。

（4）做好售后的服务。

注：亚马逊会有 30-60-90 天的观察期，在这个时间段把指标降到 1% 以下。

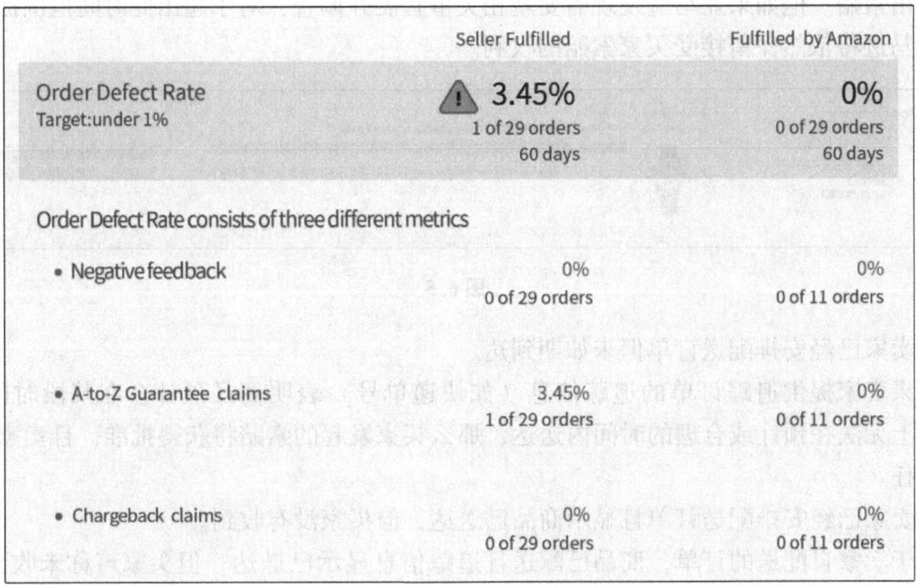

图6.3

**（二）亚马逊商城交易保障索赔（A‑Z Guarantee Claim——A‑to‑Z）**

**1. 定义**

亚马逊商城交易保障索赔简称 A‑to‑Z 或 A‑Z，是亚马逊对购买第三方卖家商品的买家实施的保护政策。如果买家不满意第三方卖家销售的商品，可以发起 A‑Z 保护（如图 6.4 所示）。

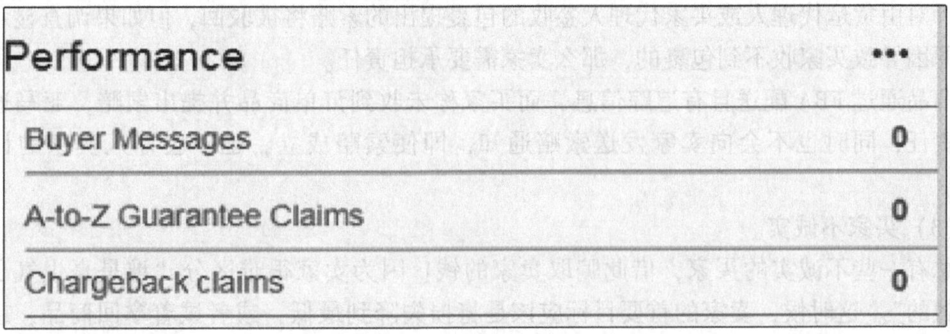

图6.4

**2. A‑Z 发起的常见原因**

（1）商品出现差错。

买家收到的商品与商品详情页面展示的商品存在重大差异，包括收到时受损、存在缺陷、缺失零件等情况。

（2）买家未收到商品。

如图 6.5 所示，买家因为以下几种情况导致未收到商品而发起索赔，亚马逊将会受理。

①卖家已经安排配送订单，但是买家没有收到商品。

买家最早可在下订单后的 4~30 天提出索赔，最晚可在预计最迟送达日期算起 90 天时间内提出索赔。但如果亚马逊发现需要就相关事宜展开调查，对于超出此时间范围提出的索赔，亚马逊将依然保留接受买家索赔的权利。

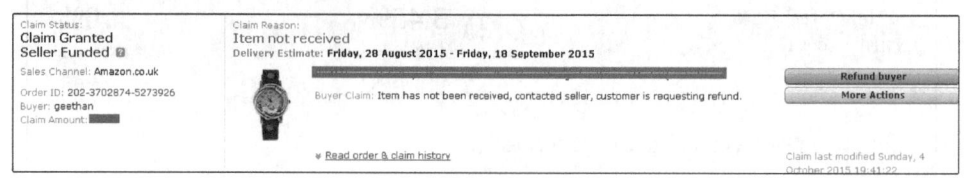

图 6.5

②卖家已经安排配送订单但未如期到达。

如果卖家提供追踪订单的追踪信息（如快递单号）表明商品预计会在某段时间送达，但实际上无法在预计或合理的时间内送达，那么买家发起的索赔将获得批准，且卖家应承担赔偿责任。

③卖家已经安排配送订单且显示商品已送达，但买家没有收到。

对于卖家自配送的订单，商品已配送且追踪信息显示已送达，但买家声称未收到商品，买家可以发起 A-Z 索赔。亚马逊可能会联系买家确认是否收到订单商品，而这个确认订单签收的过程，可能会有以下结果。

如果确认买家确实没有签名确认收到订单包裹，卖家存在无法控制的配送错误（如发错货或发错地址）的问题，那么卖家需要承担未配送责任。

如果买家声称未收到商品，但签名确认记录中的姓名与买家姓名相符，亚马逊将会驳回买家发起的索赔；但如果签名确认记录中的姓名与买家的姓名不符，亚马逊也将会驳回买家发起的索赔，并要求买家调查签收包裹的人。

针对由货运代理人或买家代理人签收的包裹提出的索赔将被驳回，但如果调查显示是卖家的原因导致买家收不到包裹的，那么卖家需要承担责任。

商品通过 FBA 配送且有追踪信息，而买家称未收到订单商品并提出索赔，亚马逊将会承担责任，同时也不会向卖家发送索赔通知，即使索赔成立，也不会计入卖家的订单缺陷率。

（3）买家不诚实。

总有一些不诚实的买家，借此骗取卖家的钱！因为卖家很难区分"谁是真生气了，谁是骗钱的"。这时候，卖家的首要目标应该是将损失降到最低，或者试着拿回商品，或者试着通过折扣让客户接受并保留商品。

当然，也有一些不诚实的买家会轻松扭转局势，留下商品的同时得到退款，达到"财货两全"。这时，为及时止损，卖家就要向亚马逊申诉，争取让亚马逊支付退款。这样做的好处是既减少了损失，又得到了亚马逊的体谅——我们肯定不想被亚马逊贴上"卖假货"的标签。

（4）买家已退货，但未收到退款。

卖家已经同意给买家退款，买家退还了商品，但卖家并未将货款退给买家，买家可以发起 A-Z 索赔。

（5）卖家拒绝退货。

卖家拒绝买家合理且适用亚马逊退货政策的退货请求，买家可以发起 A-Z 索赔。

3. A–Z的处理流程

A–Z的处理流程如图6.6所示。

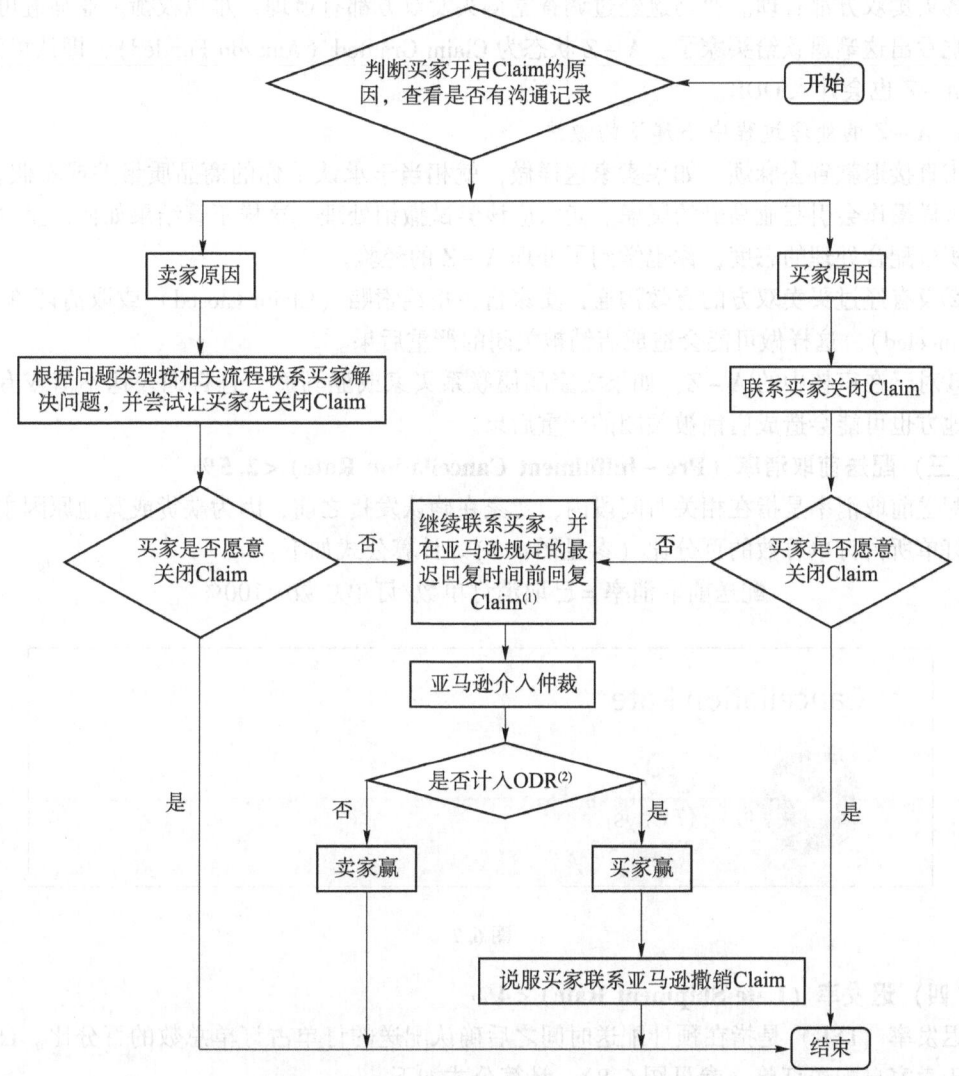

(1) 亚马逊Claim页面上提示最迟回复GMT时间是指格林尼治时间，北京时间比格林尼治时间要早8小时，如格林尼治时间上午8时相当于北京时间16时。
(2) ODR即Order Defect Rate，被亚马逊判定是卖家过错的Claim会被计入ODR，最终影响账号评级。

图6.6

4. 处理A–Z索赔常见的几种结果

（1）卖家赢了。

亚马逊判定卖家有道理，直接关闭这个A–Z，A–Z状态为Claim Closed（Claim Withdrawn），即索赔已被拒绝，这个A–Z不会计入ODR。

（2）卖家输了。

①亚马逊判定买家有道理，那么亚马逊就认可了这个索赔，亚马逊会直接从卖家账户上退款给买家，A–Z状态为Claim Granted（Seller Funded），即认可索赔，这个A–Z就会计

入 ODR。

②卖家主动退款（Order Refunded）。

③买卖双方都有理。亚马逊经过调查觉得买卖双方都有道理，难以权衡。亚马逊可能就自己吃亏出这笔退款给买家了，A–Z 状态为 Claim Granted（Amazon Funded），即认可索赔，这个 A–Z 也会计入 ODR。

5. A–Z 的处理过程中不建议的做法

①直接退款省去麻烦。如果卖家这样做，就相当于承认了你的商品质量差或卖假货等，多次这样操作会引起亚马逊的疑虑。卖家应该尝试撤销处理，这样不管结果如何，至少表明了你积极配合处理的态度，你也学到了处理 A–Z 的经验。

②没有经过买卖双方的有效沟通，卖家自主拒绝索赔（Claim Closed）或取消订单（Order Canceled）。这样做可能会造成店铺被关闭的严重后果。

③对于在审核中的 A–Z，如果卖家随便联系买家或亚马逊，且言词表达不清或有不合理的地方也可能会造成店铺被关闭的严重后果。

### （三）配送前取消率（Pre–fulfillment Cancellation Rate）<2.5%

配送前取消率是指在相关时间段内，卖家在确认发货之前，因为缺货或其他原因主动取消的订单所占订单总数的百分比（参见图 6.7）。计算公式如下：

$$配送前取消率 = 已取消订单数/订单总数 \times 100\%$$

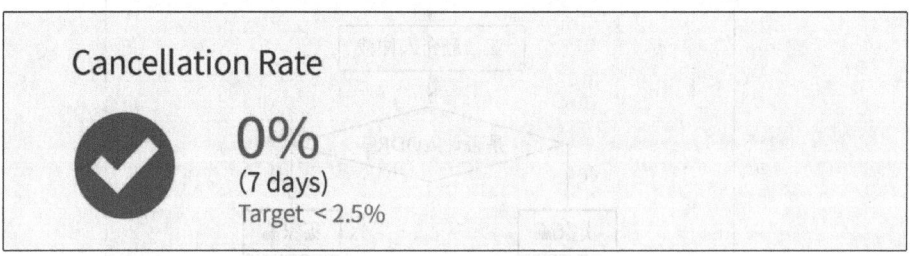

图 6.7

### （四）迟发率（Late Shipment Rate）<4%

迟发率（LSR）是指在预计配送时间之后确认配送的订单占订单总数的百分比。LSR 仅适用于卖家自配送订单（参见图 6.8）。计算公式如下：

$$迟发率 = 迟发订单数/订单总数 \times 100\%$$

图 6.8

在预计发货日期之前确认订单发货十分重要，这样买家才能在线查看他们的已发货订单的状态。订单延迟确认发货可能会导致索赔、负面反馈和买家联系次数增加，并对买家的购物体验产生负面影响。

亚马逊的政策规定，卖家需维持低于4%的LSR才能在亚马逊上销售商品，高于4%的LSR可能会导致账户停用。

### （五）有效追踪率（Valid Tracking Rate）>95%

有效追踪率（VTR）涵盖具有有效追踪编号的所有商品。VTR仅适用于卖家自配送订单，卖家在发出商品后，需要将有效的追踪编号（即快递单号）及时录入对应的订单中，方便买家追踪商品。计算公式如下：

有效追踪率 = 具有有效追踪编号的商品数量/发货并确认的商品总数×100%

例如，如果您确认总共发出了200个商品，其中有190个商品具有有效追踪编号，那么您的有效追踪率为95%（190/200×100% = 95%）。

注意：至少要有一条承运人扫描记录，追踪编号才会被视为有效。

### （六）准时送达（On – Time Delivery）>97%

准时送达是指在预计收货日期收到的商品比例，此数值基于已确认的追踪信息。

这项指标不会直接影响卖家的账户状态，但是如果买家在预计时间内没有收到商品，可能会导致负面反馈（参见图6.9）。

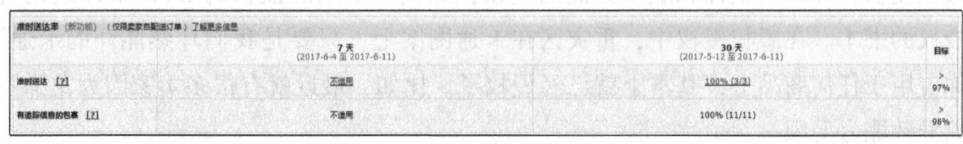

**图6.9**

### （七）违反政策（Policy Violations）

"违反政策"表示"通知"页面上可能有需要阅读的通信内容。"通知"页面包含卖家绩效团队发送的所有重要电子邮件的副本，包括绩效或违反政策警告（卖假货、侵权、被投诉），以及账户屏蔽或暂停通知，如图6.10所示。

**图6.10**

常见的违反政策的原因：商品描述不符、图片违规、违规刊登、转移销售、沟通违规、发货违规禁售商品等。

## 第五节　亚马逊卖家账号安全

本节介绍亚马逊卖家账号安全问题。亚马逊对卖家要求很严格，一旦犯错，卖家账号就可能会被关闭。卖家想要账号不被亚马逊关闭，除注意各项指标外，还必须要注意以下几个方面。

## 一、亚马逊账号的 N 种"死法"[①] 之侵权

每天都有卖家反馈自己的亚马逊账号被移除销售权限的情况，而在导致账号受限的众多原因里，所售商品侵权是占比最多的一种情况。

关于侵权，一般包含以下几种情况：商标侵权、专利侵权、版权侵权和盗图。

商标侵权比较容易理解，即未经对方授权，跟卖已注册商标的 Listing，或者发布商品时把别人的商标写在自己的 Listing 标题、五行特性、商品描述和 Search Term 关键词等详情信息中。一般来说，稍微有经验的卖家，都不会在商标侵权上犯错。

专利侵权相对来说比较难以识别。因为要判定一个商品是否有专利，你要么知道专利名，要么知道专利人，要么知道专利号，可这些信息对于第三方来说，一般是未知的，如果知道了这些信息，你自然也就知道对方是有专利的了。为了避免专利侵权，卖家在选品和发布商品过程中，一定要尽量通过多个渠道了解商品的相关信息，向供应商咨询和向有经验的同行卖家请教都是甄别专利侵权与否的有效途径。

版权侵权，即涉及设计和版权方面的侵权，如卖一个未经授权的 DVD 影片或销售一本未经授权的书本。在版权侵权中，重灾区在卡通图案上，只要是我们耳熟能详的卡通图案，无论你应用于任何商品上，基本上就已经侵权了。比如，最近就有很多卖家因为龙猫图案的侵权而导致账号受限。

盗图一般发生在第三方卖家之间。第三方卖家盗用图片，作为原图拍摄者的卖家可以用原图来直接投诉。相比较其他侵权行为，盗图被投诉是最不值的。市面上有那么多做外包图片处理的美工工作室，作为卖家，我们可以轻松搞定自己的图片。

侵权情况发生后，轻则 Listing 被删除，严重的可能导致账号被移除销售权限，甚至有时因为权利方诉诸法律，亚马逊也会因此而冻结卖家账号中的销售款，用以支付权利方的索赔。总之，侵权一旦被投诉，对卖家来说，既影响了运营的进度，还可能要付出高额的赔偿，都是得不偿失的。所以，在我们的运营中，一定要以踏实的态度去行动，尽量避免侵权行为的发生。

当然，面对侵权导致的账号问题，卖家还是要积极应对的。如果卖家能够提交一些授权资料去申诉最好；如果不能，也要尽量联系上权利方。无论以什么方式，如果能获得权利方的理解，只要权利方撤诉了，这个侵权事件也就过去了。不过要想取得权利方的回心转意，卖家必然需要付出一定的代价。

比如，有卖家反映，联系上了投诉方，投诉方回复说如果支付 15 000 美元的赔偿就可以撤诉。卖家心里憋屈，自己总共也没有卖出这么多金额的商品呀。暂不谈投诉方是否狮子大开口，作为卖家的我们是不是应该反思，自己在运营中为什么那么不严谨呢？

---

[①] 指卖家因违规被亚马逊永久关闭店铺。

## 二、亚马逊账号的 N 种"死法"之刷单

如果说亚马逊卖家不小心发布了侵权的商品导致账号受限算是有点冤枉的话，那么刷单导致的账号受限就只能说是自作自受了。

随着亚马逊平台上卖家数量越来越多和竞争越来越激烈，而根据 A9 算法的权重，销量（转化率）和商品 Review 的数量（星级）对 Listing 的排名都有着举足轻重的作用。

简单来说，一条 Listing 如果没有销量，其转化率就低，一旦转化率低于同行，系统就会自动降权，随后分配的流量就会越来越少，直至完全没有流量和销量，这样的话，一条 Listing 就死了；而一条 Listing 如果没有商品 Review，客户在购买时心里就会有疑虑，不愿当小白鼠的心理会影响该 Listing 的转化率，一旦转化率低于同行，想把 Listing 推起来也是非常困难的；还有一种情况，一条正在打造中的 Listing，如果突然收到差评，无论是对于客户的心理还是对于系统对该 Listing 权重的判定，都会产生重大的影响，导致 Listing 的排名、订单数量和转化率都大幅下降。

以上所有这些，都是卖家在运营中需要格外重视的指标。

为了让上述的指标变得更漂亮一点，既要满足于系统的识别，又要符合客户的心理预期，很多卖家开始采取刷单或刷评的方式来人工干涉 Listing 的权重和表现。而所有的干涉行为，一旦被系统识别出来，卖家都会因操纵 Listing 排名和商品 Review 被系统处罚，轻则商品 Review 被删除、Listing 被降权，重则导致账号直接受限等。

刷单和刷评一般来说是可以分开而论的，刷单是指通过人为增加订单数量的方式提升 Listing 的排名和权重；而刷评是指通过人为的方式为 Listing 增加商品 Review。对于卖家来说，首先需要明白的是，无论是刷单还是刷评，都是违反平台政策的。为了账号的安全，卖家还是要通过正规的方式去获得 Review，如可以使用亚马逊的早期评论人计划和 Vine 计划来获取，也可通过索评来获取。如果通过索评来获取 Review，就要做好可能将请求发给所有的客户也没有任何回应的准备。

## 三、亚马逊账号的 N 种"死法"之更换收款账号

在亚马逊当前账号受限的原因中，还有一个可以说是最不应该但却发生在很多卖家身上的一种情况，那就是更换收款账号。

一般而言，一位卖家在运营中更换收款账号信息是一件无可厚非的事情，可当这件事情和 2017 年上半年多次发生的卖家账号被盗和款项被转走的情况联系在一起就另当别论了。亚马逊系统升级了关于更换收款账号时的预警功能，这导致很多卖家遭遇到更换收款账号后账号直接受限的情况。

虽然说这一升级是为了保护卖家的利益不受损失，但也给没有留意到此信息而进行收款账号更换的卖家平添了烦恼。

再加上有些卖家申请账号时使用别人的资料和信息，而当账号被审核和被要求提供一系列资料来验证核实时，就会非常麻烦。

但是，卖家由于种种原因而必须更换收款账号时，则需要注意如下两点：第一，更换收

款账号的时间最好是在一次放款之后的三天左右，尽量避开下一次放款的前三天，减少被系统抓取的概率；第二，更换收款账号前，先准备好账号相关的各种资料，以免账号审核被要求提交资料时手忙脚乱。

# 第六节　关联

## 一、关联的定义

很多卖家账号被封是因为拥有或被指控拥有"关联"或多个账户，亚马逊把这一条非常糟糕的规则强加在亚马逊卖家身上，使卖家缺乏多样性。做生意的基本理念就是不要将所有的鸡蛋放在一个篮子里，即你的所有资金不能只来源于一处或一种商品。如果来源单一，那你失去收入来源的风险就非常大。

（视频课程）

亚马逊规定一个卖家只能有一个账号，让卖家把所有的鸡蛋都放在一个篮子里，而亚马逊本身并不缺乏商品的多样性。就同一种商品而言，有许多卖家在和你竞争，所以亚马逊不依靠任何一位卖家，来为亚马逊的客户提供能想象到的任何商品。

亚马逊是怎么检测关联账号的呢？通过大量时间和经验得出，亚马逊会通过以下方式来检测关联账号：IP地址、浏览器指纹、COOKIES、邮件图片、Flash、账户信息、收款账号、网卡、路由器、店铺售卖商品（老品：新品＝3∶7）等。

亚马逊检测到关联后会给卖家发送一封邮件，来确认其是否拥有关联账号。以下为卖家收到的邮件：

Dear Seller,

As we continue to ensure our marketplace is safe and trustworthy for both buyers and sellers, we would like your help. Amazon prohibits the use or maintenance of more than one seller account. We understand that in certain circumstances you may need to use multiple accounts or associate one or more accounts to your seller account. In an effort to better understand the business requirements that you may have for multiple or related accounts, we request you to list these accounts in Seller Central along with the reason for relating them to your seller account.

Simply click or copy and paste the link below into your web browser to access your account within Seller Central and provide any and all e – mail addresses and reasons for their use – it's that easy.

https //sellercentral. amazon. com/related – accounts

For more information, see the following Help page：
https：//sellercentral. amazon. com/gp/help/202146190

Regards
Amazon Services

这就是亚马逊检测卖家拥有多个账号的一个方法。不幸的是，有的卖家被错误地指控和认为拥有多个账号而被封号。

## 二、关联的后果

关联的后果主要有如下三个方面。

第一,相同站点,几个账号关联,如果每个账号卖的商品是交叉相同的,一般会被强制下架那个新建账号的全部的 Listing。

第二,相同站点,几个账号关联,如果每个账号卖的商品品类都不一样,而且账号表现都不错,那么有可能全部继续存活。

第三,任何站点,如果关联了一个已经被关闭的账号,那么这个账号一定会被关闭,关闭时间不确定。

## 三、防关联的核心

核心一:让亚马逊认为多个账号是不同的人在不同的地方操作。

核心二:"十新",包括新邮箱、新计算机、新系统、新浏览器、新路由、新宽带、新手机号、新信用卡、新收款账号和新商品。

核心三:关联是根据多个因素判断的,尽量减少关联因素。

如果你被亚马逊检测到账号关联而封号,你需要提供一份综合、全面的申诉信,向亚马逊展示:这是一个失误,并且不会再次发生。如果你是无心之过,一定要在申诉信中提出来。原因也许是你和你的朋友运营着不同的账号,但是用着同一个 IP 地址。无论你的原因是什么,你要向亚马逊承认你的错误,并改正错误。

# 第七章 亚马逊——商品为王

我们都知道,亚马逊是一个重商品、轻店铺的平台,在亚马逊的圈子里总是流行着一句话:七分靠选品,三分靠运营。它就像你去战斗时所选择的武器,士兵再强壮,武器没选好,也可能输得一塌涂地。所以说,在跨境电商中商品线是非常重要的。金错刀①在爆品战略中提到过这样一句话:"在这种无尽黑暗中,只有爆品才能绽放出一朵烟花,被更多的用户看到。几朵小烟花都不行,都会很快被黑暗吞噬。"

那么,如何去选择一款商品?本章将介绍亚马逊的商品,主要包括商品的选择、商品的市场容量和趋势两部分。

## 第一节 商品的选择

### 一、快速地获取商品的灵感

#### (一)亚马逊的排行榜

如图 7.1 所示,在亚马逊前端搜索一个关键词→单击一个商品的 Listing→找到 Amazon Best Sellers Rank→选择最小的一个类目。

(视频课程)

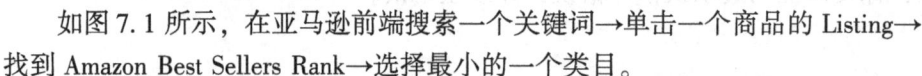

图 7.1

通过以下四种排行榜,卖家可以知道此类商品的诸多信息,这也是我们分析竞争对手的途径,如图 7.2 所示。

图 7.2

---

①金错刀为《数字商业时代》主笔,原名丁鹏飞,是金错刀频道、爆品战略研究中心创始人,网易商业频道特约评论员。他是爆品战略的提出者、爆品战略总裁营主讲导师、爆品会发起人,曾任美的、九阳等多家企业互联网创新顾问。

第一,"Best Sellers"(销量排名):卖家可以知道某一具体类目中卖得最好的商品有哪些。

第二,"New Releases"(新品排名):卖家可以知道某一具体类目中最新、最热的商品有哪些。

第三,"Most Wished For"(愿望清单):卖家可以在这一排行榜中知道消费者都想要什么。

第四,"Gift Ideas"(礼物排名):卖家可以知道有哪些商品是消费者作为礼物送人的,可以根据这一排名开发节假日类的商品。

(二)亚马逊的线上秒杀活动

商品的选择也可以通过了解亚马逊平台的线上秒杀活动中的商品来实现(可以搜索要了解的商品,如图7.3所示)。另外,还可以从以下三个渠道进行了解。

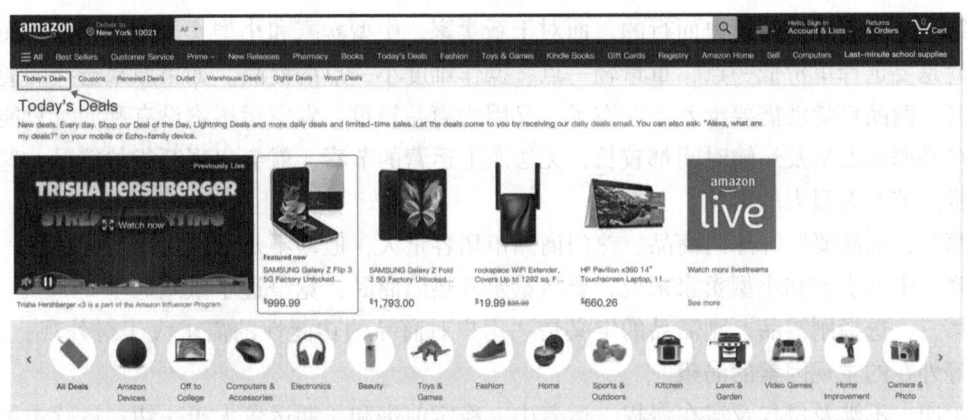

**图 7.3**

1. 其他跨境电商平台

商品的选择也可以通过广泛了解其他跨境电商平台来实现,这些平台同样有着专业性很强的相关信息,如当前爆品的新闻资讯或商品的最新款式等。在国内可以关注速卖通,或者国际上诸如 Wish、eBay 等平台的商品,他山之石,可以攻玉,这些行业网站上的商品也是通过对消费者行为进行分析后推出的。特别是销售目的地国家相关跨境电商平台的商品,可以作为我们选择商品的参考。

2. 国外的社交平台

电商与社交平台密切结合,这在国内外都越来越明显,社交平台为电商带来巨量引流,电商社交化正日渐成熟。因此,为与海外目标市场的需求更好地对接,需要综合各方面的信息,我们可以通过国外的社交平台了解正在热卖或热议的商品信息。例如,作为社交电商平台,Facebook 能更容易地产生口碑效应。

3. 从 B2B 的角度出发

此外,还可以了解 B2B 平台上相关的热卖商品,或者正在推出的新品信息。相比于 B2C 平台,B2B 平台并不是直接面对消费者的,具有更为理性、交易次数少而成交额大等特点;对于 B2B 平台上的一款商品,从生产线调研、客户需求调查,到商品选型、匹配、测试,最终小组讨论决定采购,这一规范标准流程时间较长。从 B2B 的角度选品则可以省去前期调研成本。

## 二、快速地创造新品

由于以上方式是通过分析存量市场的情况发掘商品和市场机会的，使用的方法和工具也是很多人知道的，那么长此以往必然会导致商品竞争力变弱。为了解决这一问题，下一步要做的就是把我们发掘的商品进行升级改良，提高商品的竞争力。

最佳的做法是参考现有商品下面的 Review，通过 Review 发现一些客户抱怨的问题和提出的建议，把这些问题解决和优化之后，研发一款新的商品。

## 三、选品的注意事项

选品要注意的事项主要有如下六点。

第一，选品是应该量力而行的。而对于新卖家、中型卖家和小型卖家来说，量力而行说白了就是要选择单价低一点、重量轻一点、操作难度小一点的商品。如果原来选择的商品价格很高，商品订货就需要十万元左右了，又因为商品较重，发空运根本没有利润，只能发海运；可是海运发货及运输时间都较长，无法跟上运营的节奏，就会出现断货的情况，这对后续的推广节奏有很大的影响。

第二，选品要避开热门商品。热门商品市场容量大，但却不是谁都能操作得了的。对于新卖家、中型卖家和小型卖家来说，要尽量避开热门商品，竞争过于激烈。

第三，选择刚需品。刚需品的定义是"用户对商品的功能性的需求大于对外观、款式、颜色等外在的主观因素的渴望"。

第四，不涉及侵权及潜在侵权。运营中，稳定前进和长期运营大于一切，运营中可能一时侥幸，但绝对不可能一直侥幸，而关键是亚马逊往往会事后纠错。

第五，忌讳强行给商品进行升级。有些卖家一谈商品就谈差异化和升级换代，哪有那么多事呀，就按照市场卖得最好的商品一成不变就行。在对市场和商品不熟悉的前提下进行的升级改造很有可能把你引入坑里，如有的卖家会说，我的商品升级并添加了新功能，可那个新功能消费者真的会在意吗？未必！商品升级不能盲目，一定要谨慎为之。

第八，避免更新换代快的商品。手机壳市场容量大，可是每年都会更新换代，而一旦更新换代，你必然有库存。但也有另外一些商品，几年甚至十几年没有更新换代，而需求却是一直存在的。这些商品，才是值得重点关注的对象。

# 第二节　商品的市场容量和趋势

## 一、红、蓝海市场的选择

如果把整个市场想象成海洋，那么这个海洋由红色海洋和蓝色海洋组成。其中，红海代表现今存在的所有产业，这是我们已知的市场空间，如图 7.4 所示；而蓝海则代表当今还不存在的产业，这就是未知的市场空间，如图 7.5 所示。

图 7.4

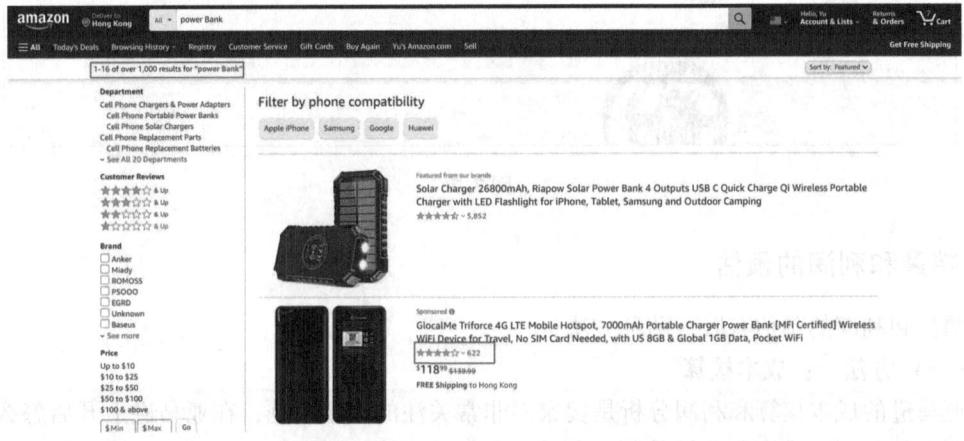

图 7.5

"红海"是竞争极端激烈的市场，但"蓝海"也不是一个没有竞争的领域，而是一个通过差异化手段得到的崭新的市场领域。在这里，企业可以凭借其创新能力获得更快的增长和更高的利润。

## 二、竞争力的分析

如图 7.6 所示，直接用关键词在亚马逊前端搜索框中进行搜索，然后就会有这类商品的总数量和商品详情显示，总数量越大，证明这类商品的市场竞争力越大。

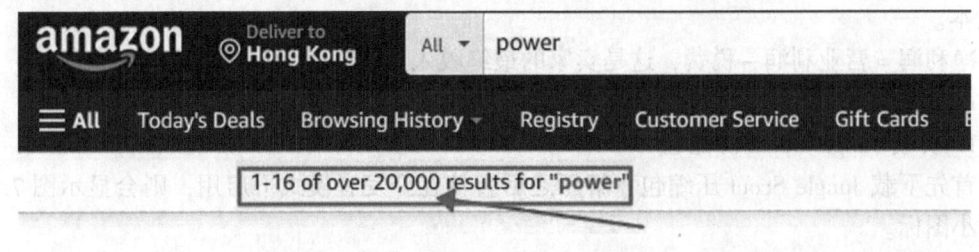

图 7.6

## 三、竞争品牌统计

如图 7.7 所示，亚马逊平台提供商品的自营与第三方卖家占比的统计与分析数据，可以作为选品的数量化决策参考依据。

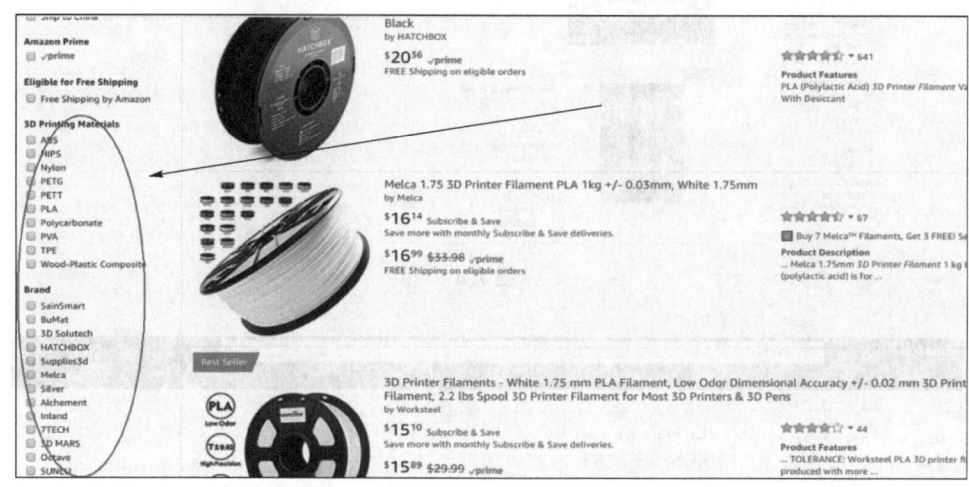

图 7.7

## 四、销量和利润的预估

销量和利润的预估有以下两种方法。

### （一）方法一：成本核算

亚马逊的成本核算和利润分析是卖家们非常关注的一个问题，在亚马逊上开店怎么能少了利润上的分析和成本上的核算呢？很多亚马逊卖家在上传 Listing 时既兴奋又紧张，当看到自己的商品卖出去后充满各种激动和期待，可是回过头在面对利润分析时又感到了困惑和迷茫，利润应该怎么分析才合理呢？

首先，简单的利润分析肯定是不存在的。从利润的定义来说，利润分为总利润、营业利润、净利润，其计算公式如下。

总利润 = 总收入 - 商品采购价 - FBA 头程运费，它是卖家进行商品采购时最好的帮手，可以帮助卖家找到可行性最高的商品。

营业利润 = 总利润 - 销售成本（平台佣金、配送费/仓储费、退货费/异常单费、促销费、广告费等），可以说从拥有商品到商品送达买家手中的每一步花费都要算入销售成本。

净利润 = 营业利润 - 税费，这是卖家的最终收入。

### （二）方法二：Jungle Scout

1. 安装 Jungle Scout 功能包

首先下载 Jungle Scout 压缩包，解压之后直接在开发者模式下启用，则会显示图 7.8 所示的小图标。

2. 进行关键词搜索

输入一个关键词，单击此图标，可以看到页面缩略图叠加在网页上，如图 7.9 所示。

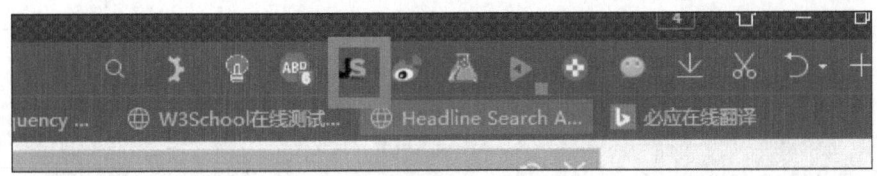

图 7.8

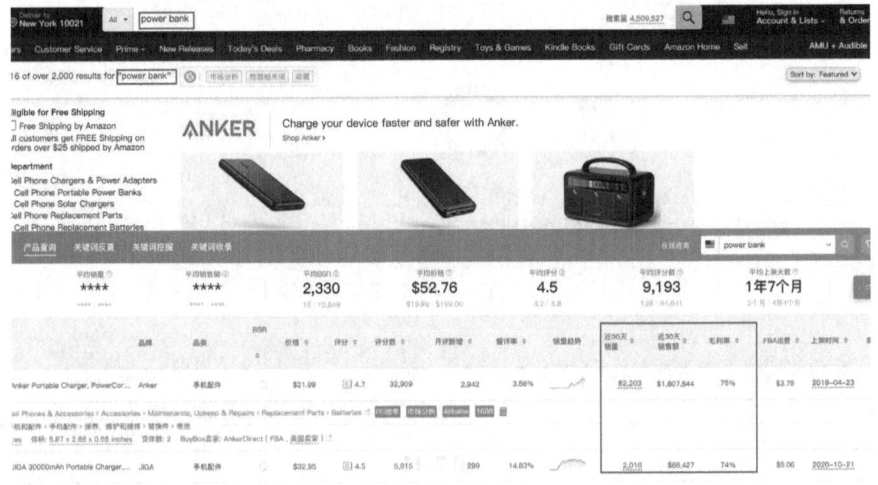

图 7.9

## 五、验证商品市场与发展趋势

1. 快速验证市场

可以通过亚马逊平台站外社交网（Social Network Site，SNS）营销，如 FB、INS、谷歌趋势等验证商品受欢迎程度；也可以通过亚马逊平台站内功能，如 Deal、Giveaway 或跟卖等快速验证市场。

2. 未来的发展趋势

可以应用谷歌趋势了解商品的未来发展趋势：首先，必须要选择一个合适的关键词（如图 7.10 与图 7.11 所示），搜索并查看趋势图。并且，谷歌趋势可以帮助我们确定市场，也可以在写 Listing 的时候帮助我们使用更恰当的关键词。

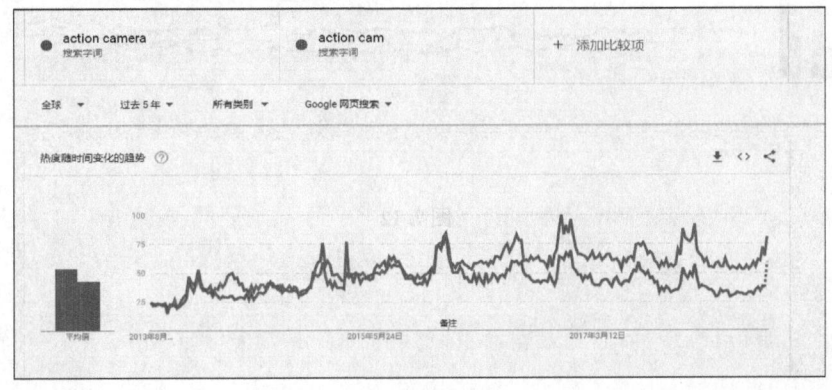

图 7.10

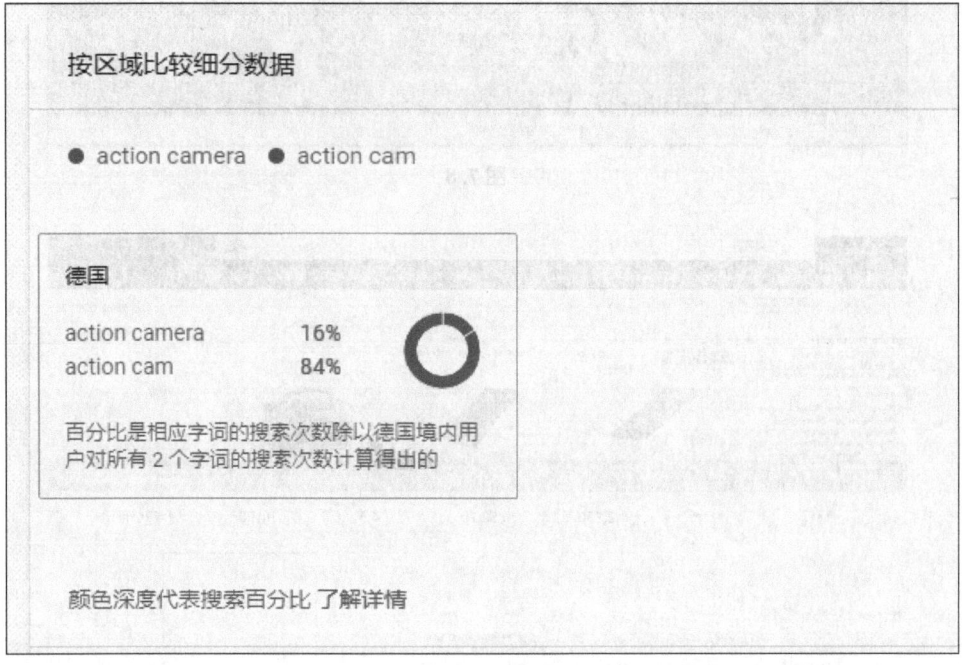

图 7.11

其次，谷歌趋势还可以帮助我们衡量品牌知名度：可以尝试在 Google Trends 中输入我们的公司名称和竞争对手名称。最多可以在 Google Trends 中添加 5 个词语，以比较其搜索热度，如图 7.12 所示。

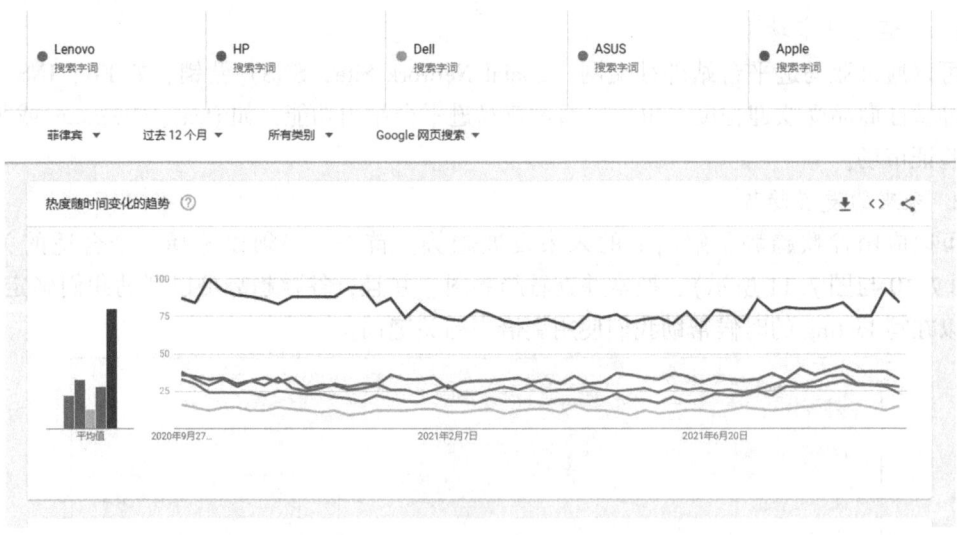

图 7.12

# 第八章 亚马逊的评论体系

亚马逊绩效考评（Review&Feedback）对于卖家而言是非常重要的，要认真对待。亚马逊存在两种评价体系，一种是 Review，另一种是 Feedback。差评对于这两种体系的影响都是非常严重的，这也就是卖家们如此担心出现差评的原因。不论卖家是否掌握亚马逊索评技巧，或多或少都会出现差评的情况，而当亚马逊卖家收到客户的差评时，商品的销售会受到一定的影响。

## 第一节　Review

### 一、Review 的概念

Review，从字面意思翻译成"评价"。如图 8.1 所示，亚马逊平台给出的评价界面非常清晰明了。

（视频课程）

图 8.1

发生的条件：任何亚马逊平台客户都可以对商品的 Listing 做出评价（当然有个前提是客户曾经在亚马逊平台上至少有过一次购买经历）。

归属对象：直接是 Listing 本身，直接展示在 Listing 下面。

评价内容：只能针对商品本身，跟卖家服务水平、物流时效没有关系。Review 的好坏只会影响 Listing 的曝光和排名，从而影响订单的增减，不会直接对店铺产生影响。

## 二、Review 的重要性

Review 的重要性主要有以下四点。

第一，选择商品时提供数据参考，分析竞争对手的销量。

通常在我们运营过程中，如果不进行人为干扰，留评的概率在 1% 左右。所以，卖家可以根据 Review 数量来预估竞争对手的销售情况，从而评估是否选择商品。

第二，提高 Listing 的转化率。

对于一个 Listing 来讲，Review 是至关重要的，好的 Review 可以大大提高 Listing 的转化率，从而提高销量。

第三，提高曝光量，打造爆品。

在亚马逊的搜索排名算法——A9 算法中，Review 也是一个非常重要的因素。好的 Review 可以直接提高卖家的排名，从而带来更多的流量与曝光量，产生更多的销售额。

第四，完善自己的商品体系。

通过分析客户的 Review 内容，可以挖掘商品本身的品质状况及客户的诉求，特别是多去看看商品，从而便于自己在商品研发和选品中避免出现同类问题。

## 三、Review 的获取

因为 Review 的权重非常高，所以卖家们会想尽各种办法引导、请求客户进行留评。那么，到底该如何获得高质量的 Review？到底要重点关注哪几个因素？

### （一）是否带 VP 标志

亚马逊 Review 的体系里面有直评和带 VP 标志的评价。直评就是没有买过该商品的买家所留下的评价，或者用较大折扣的方式购买该商品的买家所留下的评价，这些评价都是没有 VP 标志的。

而另外一种是带有 VP（Verified Purchase）标志的评价，说明留评的客户已经购买过商品，这种 Review 给消费者的可信度更高。当然，它在亚马逊的排名权重中也比较高，基本上带 VP 标志的评价都会出现在最前面，充分说明亚马逊非常重视带 VP 标志的评价。

所以，卖家去索求客户的评价的时候可以参考一下这个点。

### （二）是否带图和视频

如图 8.2 所示，按照买家留 Review 的内容权重来看，带图和视频 > 带视频 > 带图 > 纯文字。可见，同时带图和视频的 Review 的权重最高，对商品的转化率起着关键作用。毕竟买家可以更加直观地感受到商品，省去了他们通过文字形式去了解商品的时间。

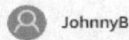

（1）

（2）

图 8.2

如果新品前期能够有买家给商品留下带视频和图片的 Review，那么对于商品的销量是有质的提升的，如图 8.3 所示。

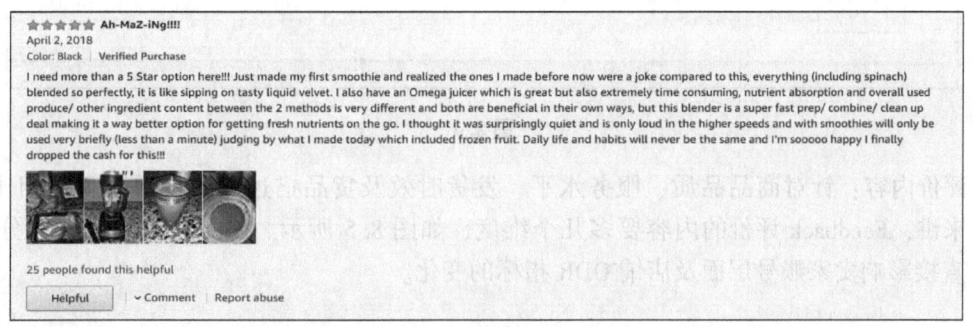

图 8.3

### （三）文字内容是否详细

经常可以看到有些 Listing 的评价内容动不动就有 300 来字，这表明如果商品确实不错买家是愿意分享他的使用体验的。

买家留下的 Review 内容越详细，Listing 转化率就越高。同时，Review 内容如果含有商品关键词，也是会被亚马逊系统收录进去的，提高关键词的排名，增加商品的曝光。

在打造一款新品的过程当中，Review 只是其中的一个环节，但是大部分卖家都给予了它太多的关注，导致 Listing 其他方面没有去重点把握。事实上，打仗上战场的那一刻不是最重要的，而前期准备在一定程度上却起着决定性作用。所以，新品营销计划一定要在 FBA 上架之前全部完成。

# 第二节 Feedback

## 一、Feedback 的概念

发生的条件：客户针对购买的订单做出评价，也就是说作为评价主体的客户，只有购买了商品才可以留 Feedback。

归属对象：直接是卖家店铺，会在卖家后台 Performance 中的 Feedback 体现出来（前台也可显示，如图 8.4 所示）。

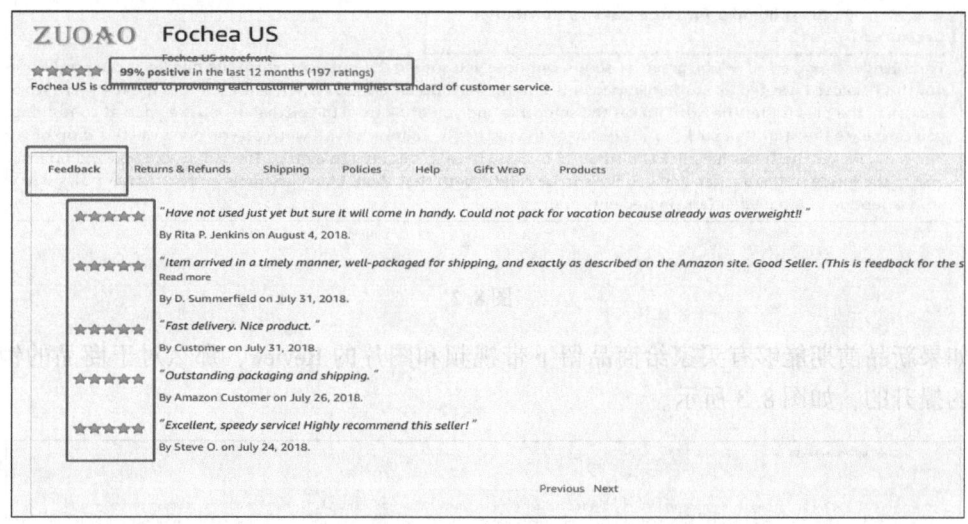

图 8.4

评价内容：针对商品品质、服务水平、发货时效及货品描述一致性等方面，相比 Review 来讲，Feedback 评价的内容要多几个维度，如图 8.5 所示。Feedback 的好坏（分数高低）直接影响卖家账号层面及店铺 ODR 指标的变化。

图 8.5

注意：Feedback 针对的是店铺（商品质量、卖家服务、物流服务）；买家必须要下订单以后才有可能留下反馈；不符合亚马逊规定的反馈，卖家可以向亚马逊申请移除（如由亚马逊物流引起的负面反馈）。

## 二、Feedback 的移除步骤

单击"帮助"按钮后，弹出一个处理页面（如图 8.6 所示）；在该页面单击"买家反馈"选项，然后输入订单编号，再勾选亚马逊平台规定的属于恶意差评反馈的四种情形或其他，最后单击"发送"按钮，等待亚马逊平台审核通过。

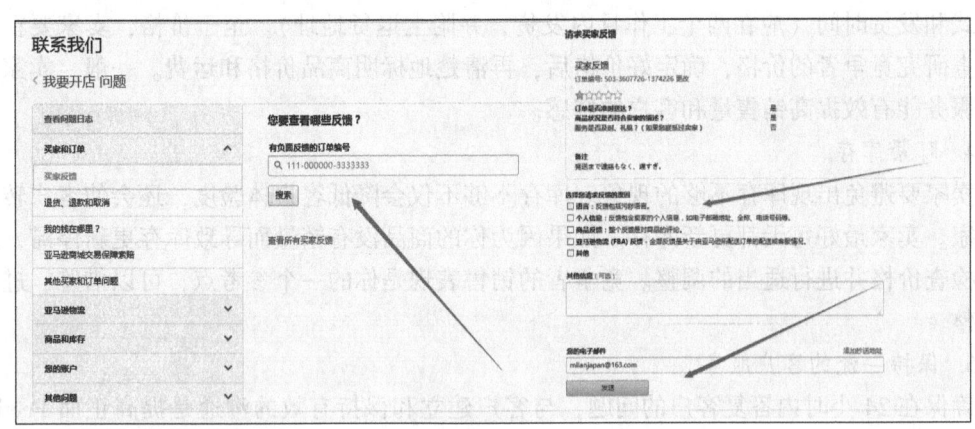

图 8.6

## 三、Feedback 的好处

高质量的正面 Feedback 可以从某些方面促进我们成为出色的卖家。首先，正面 Feedback 是质量指标的体现。它可以促使客户选择你的商品，推动犹豫的客户购买你的商品。

正面 Feedback 也可作为一种口头宣传的手段。人们通常会参考别人的言行来决定是否购买。研究表明，客户把网上评论看得和私人推荐一样重要。

正面 Feedback 可以提升卖家的亚马逊排名。Feedback 历史记录是影响亚马逊分配黄金购物车的算法的因素之一。当然，价格也是赢得黄金购物车的关键，同时整体服务质量也很重要。因此，卖家要尽力做好一切事情来提升亚马逊的星级。

## 四、怎样获得更多 Feedback

1. 确保完美的客户体验

在追求 Feedback 的数量之前，先评估商品的销售质量，即对影响客户体验的所有因素做全面、详细的评估。销售商品的方式比商品本身更能影响客户的购买决定。

2. 检查商品详情

大多数客户在发现商品信息不真实或被误导时，往往都会留差评。因此，卖家要确保商品信息准确无误，不留一丝困惑。

商品详情是帮助客户想象和体会拥有商品时的感觉的。当你在描述商品时，从客户的角度出发，思考"如果你是客户，你在买这件商品之前想了解什么"，想想这件特别的商品会怎样改变客户的生活。

确保商品标题和详情仅提供与商品相关的信息。商品标题要吸人眼球，但不能出现促销和发货信息的字眼。商品详情不能涉及品牌、卖家账号、发货信息、促销信息等，要以一种引人注目的方式描述商品特征。你可以列出商品的关键特色，以便客户对比商品。

优质的高清图片是展现商品的另一个重要手段。图片比较直观，能让客户更好地了解和感受商品。图片应该以单一背景为主，突出商品，再搭配颜色和尺寸的说明。

3. 写清楚发货信息和价格

发货信息（发货方式、发货时间）是客户购物的主要考虑因素之一，因此要写清楚发货方式和发货时间（应在两个工作日内发货，并附上退货地址）。至于价格，卖家要在定价前调查研究竞争者的价格，确定好价格后，再清楚地标明商品价格和运费。一般，卖家提供包邮服务能有效提高销售量和客户的好感。

4. 盯紧库存

卖家要避免出现库存不够的现象。库存不够不仅会降低客户体验度，还会使客户转向别的卖家。卖家最好每天都更新库存。如果因为你的商品没有销量而导致库存更新停滞，那么就要检查价格并进行适当的调整。竞争者的销售表现是你的一个参考点，可以借鉴，进行改进调整。

5. 保持一流的客户服务

确保在 24 小时内答复客户的问题，与客户建立和保持有效的沟通是提高正面 Feedback 的关键。

一流的客户服务也意味着高效地处理退货退款。如果你不能受理订单，应该在 48 小时内取消；收到退货后，要在五个工作日内完成退款。

6. 索要 Feedback

想要 Feedback，最直接有效的方法就是向客户索要。在你做完一切服务，提供良好的客户体验之后，你就应该去争取 Feedback。

很多卖家会给客户发送个性化邮件以索要 Feedback。在客户收到商品后，发送此类邮件给客户是很好的方法。尽管亚马逊也会在交易完成后发邮件给客户，但你应该抓住一切机会多跟客户进行交流互动。

你也可以在包裹中附上纸条，鼓励客户留评。通信和社交媒体也是向潜在满意客户索要 Feedback 的渠道。

## 第三节 Review 和 Feedback 的区别

Review 是对 Listing 本身的评价，亚马逊用户无论是否购买此商品，都可以对一条 Listing 做出自己的评价。Feedback 是对具体订单而言的，只有在购买行为发生之后客户才可以对已有订单做出评价。

Feedback 是客户对他所购买商品的订单的评价，可能包括商品质量、卖家服务、物流服务等一系列的因素。Feedback 体现在对店铺的影响上，是账号表现的一个考核指标，客户只有在进入卖家店铺页面时，才能够看到该店铺的 Feedback 情况。

Review 只针对这个商品本身,与客服、物流等其他商品以外的因素无关。Review 是对 Listing 本身而言的,通常展示在商品页面的下方,对 Listing 的曝光、流量、排名和转化率都产生直接的影响。

对于一个未购买商品的客户,最多只可以对 Listing 做出 Review;而对于一个已购买商品的客户,则既可以做出针对订单的 Feedback,也可以做出针对 Listing 的 Review。

Feedback 如果是不符合规定的,卖家一般是可以申请移除的。而客户在商品页面留下的 Review 一般很难被移除,只能跟客户沟通,如果是涉及与商品本身无关的方面,卖家也是可以向亚马逊申请移除的!

在亚马逊运营中,无论是 Review 还是 Feedback,差评的影响都是很严重的。一个有长远眼光的卖家必须非常重视店铺和 Listing 的好评率。

# 第九章 玩转亚马逊 Listing

一条优质的亚马逊 Listing，必须包含五个元素：一个描述性的标题、引人注目的商品图片、精炼的短描述（五点描述）、详细的商品描述（详情描述）和必不可少的诱人价格。若只把一条 Listing 上传到亚马逊上，是很简单的，只需单击几个按钮。然而，仔细地把 Listing 中的这五个元素做好，做到符合亚马逊的搜索引擎规则，适应搜索引擎来提高在结果中的显示机会，这是非常重要的。

Listing 文案的权重顺序应该是标题 > 商品图片 > 五点描述 > Review > 详情描述。所以如果前面做得不好，后面的详情描述写得再好也没有用，因为客户根本不会去页面下方看详情描述，看到商品图片就觉得这个卖家业余或商品不够吸引人，直接就会忽略掉。

本章学习如何高质量地完成亚马逊 Listing 的写作。

## 第一节 关键词的获取途径

在学习撰写 Listing 之前，我们先分析关键词的几种类型及关键词的来源。

图 9.1 所示的就是经常会涉及的关键词的类型。接下来介绍有哪些途径可以获取这些关键词。

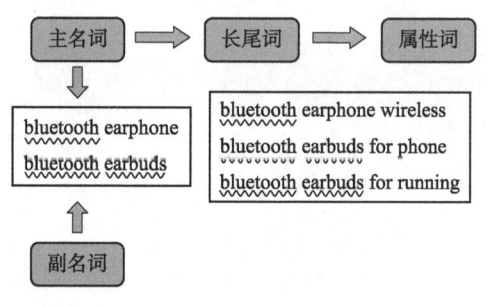

图 9.1

### 一、第一种途径：搜索框下拉推荐词

所有的客户都会在亚马逊平台上通过搜索商品的关键词来匹配相应的商品，所以我们在获取关键词的时候还是要依附于这个平台的。搜索框下拉推荐的词来源于客户比较常用的搜索词，那么我们通过这个途径获取关键词的时候需要反复进行多次，你会发现每次搜索出来的推荐词会有所不同，如图 9.2 所示。

图 9.2

## 二、第二种途径：Best Seller 的标题

商品能够成为 Best Seller 是有一定的理由的。那么商品排名能做到这么靠前，商品销量这么好，跟它的 Listing 页面是息息相关的。如图 9.3 所示，可以看到一般的 Best Seller 标题里面会埋设多个大流量关键词，我们也可以从中获取关键词。

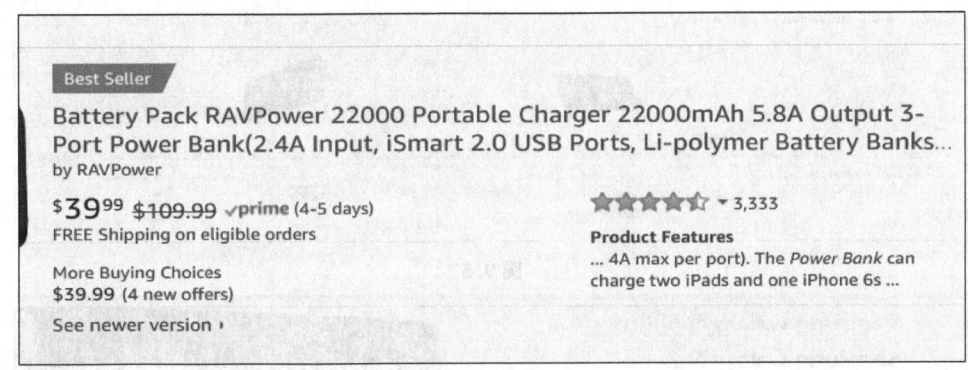

图 9.3

## 三、第三种途径：商品的细分类目词

如图 9.4 所示，在上传商品的时候可能会发现，在给商品选择一个类目的时候，这个类目词往往就是我们的商品关键词，那么这种情况下我们也是可以使用这些词的。而且一个商品可能会出现多个类目节点，在选择类目时也会发现跟商品相关的类目不止一个，那么不同类目的细分类目词都可以使用。

## 四、第四种方式：Compare Advanced Keywords

Compare Advanced Keywords，即排名较高（排在前面五页中的）的重复率高的词汇。

如图 9.5 所示，Compare Advanced Keywords 能展示出大部分竞争对手用的关键词。该途径操作起来会相对麻烦一点，我们需要查看比较多的 Listing，但是效果还是不错的。

## 五、第五种途径：Feature Keywords

如图 9.6 所示，Feature Keywords 是当我们在购物界面搜索所售商品的关键词时出现在左边部分的一个板块，集合了一些商品特征的关键词。不是所有的商品在搜索时都有 Feature Keywords 这一板块的，所以当你发现你的商品没有这一板块的时候也不用纠结。

图 9.4

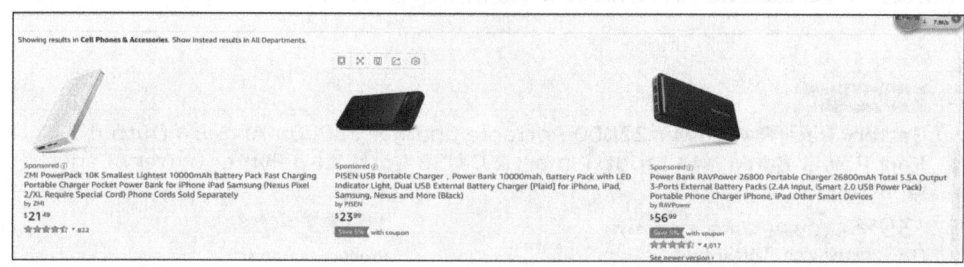

图 9.5

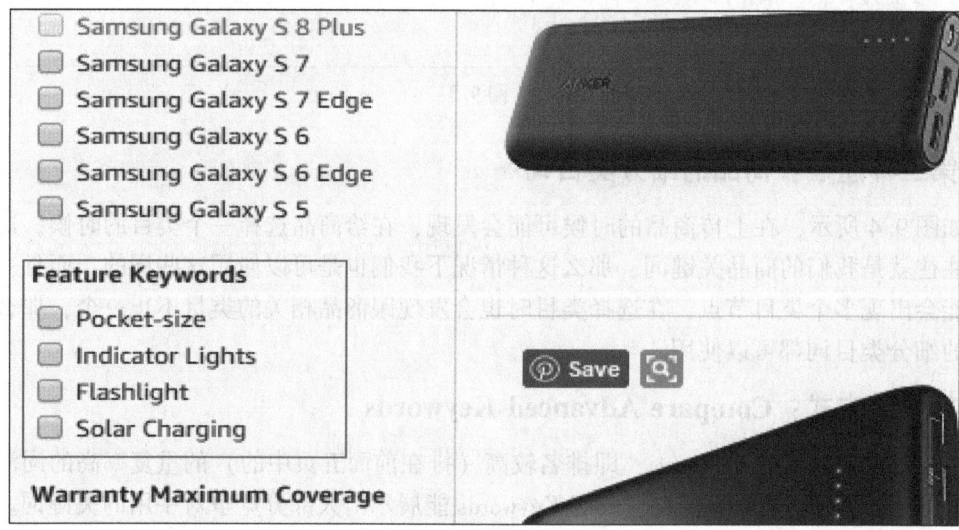

图 9.6

## 六、第六种途径：Google Adwords

注册一个 Gmail 账号，访问谷歌 Adword，里面有个谷歌关键词规划师，如图 9.7 所示。

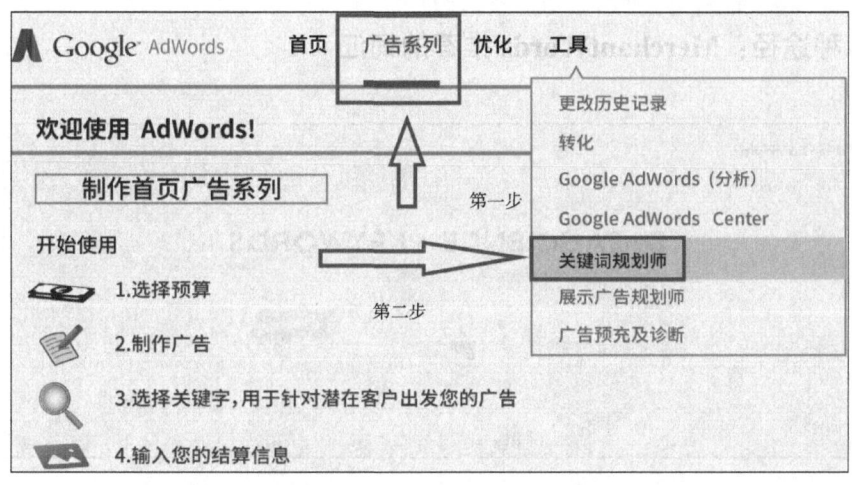

图 9.7

针对 Google Adwords 里的关键词规划师可以帮你考察哪些关键字可能与你的商品、服务、着陆页或商品类别相关,也可以帮助你查看历史统计信息和流量预测值。

## 七、第七种途径:CPC 手动广告推荐词

如果想要用 CPC 手动广告来查找商品的关键词,前提是我们的店铺里面有类似的商品打了手动广告或商品已上架,那么这个时候亚马逊会在我们开启手动广告的同时在关键词那一栏为我们推荐一些打广告的关键词。这些关键词都是依据亚马逊在我们的文案中抓取的信息推荐给我们的,所以大部分的关键词匹配度都是很好的。我们也可以以之前同款商品的买家搜索数据作为参考,如图 9.8 所示。

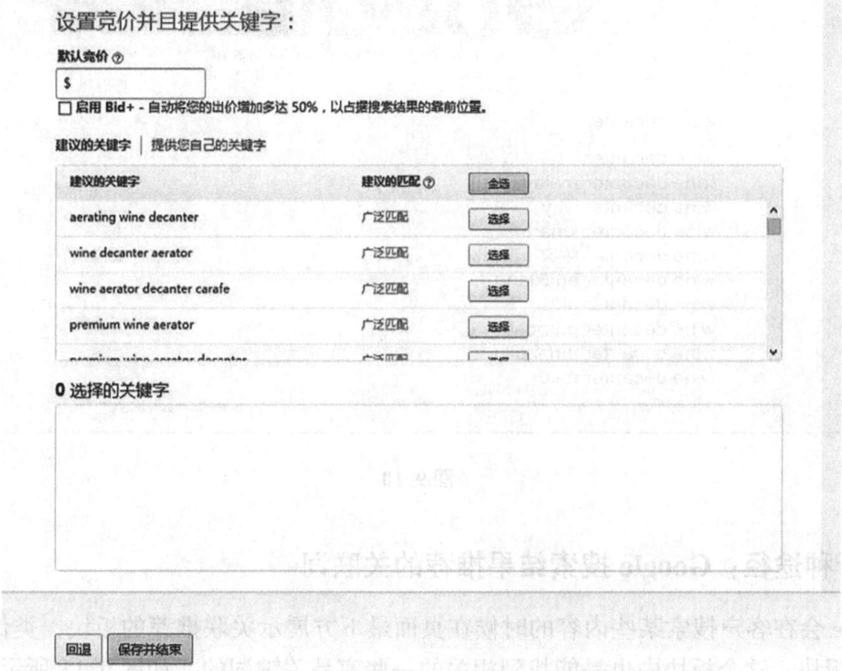

图 9.8

## 八、第八种途径：MerchantWords 推荐的词汇

图 9.9

MerchantWords 是一个付费的关键词软件，付费的工具总有付费的好处，所以这里就不细讲了，有想要使用的卖家可以直接去官网购买这个软件，操作非常简单。

## 九、第九种途径：Google 搜索框下拉推荐词

如果百度是中国最大的搜索引擎，那么 Google 就是国际上最大的搜索引擎。有些客户在购买商品之前可能会先通过搜索引擎了解情况，这也是我们在 Google 搜索的时候会出现相关商品关键词的原因，如图 9.10 所示。

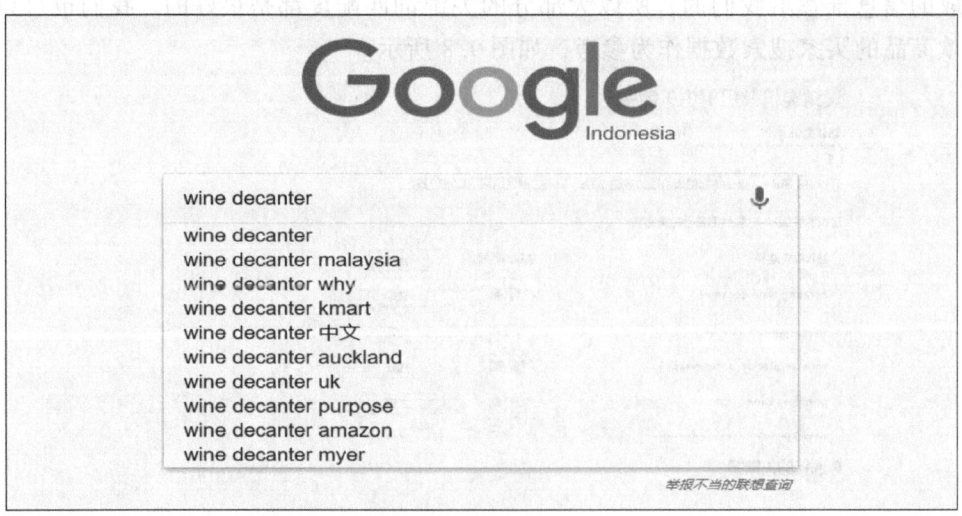

图 9.10

## 十、第十种途径：Google 搜索结果推荐的关联词

Google 会在客户搜索某些内容的时候在页面最下方展示关联推荐的板块，类似于百度的相关搜索板块，这个板块中也是能找到相关的一些商品关键词的，如图 9.11 所示。

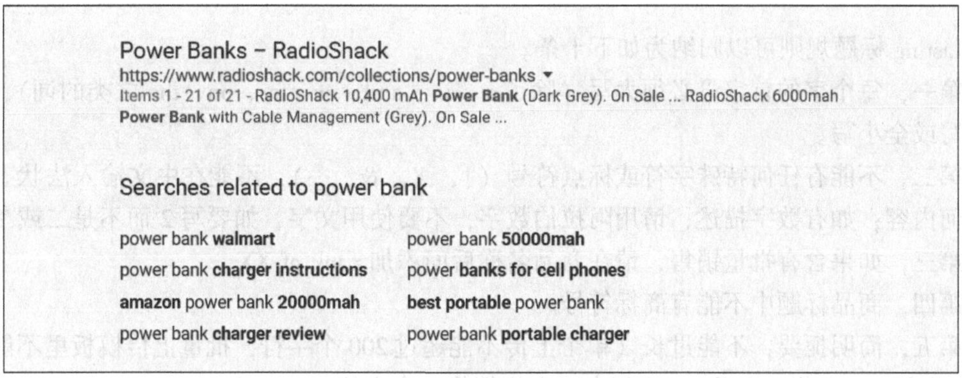

第九章 玩转亚马逊 Listing

图 9.11

## 第二节　Listing 标题

在亚马逊的搜索排名中，Listing 标题是非常重要的一个要素。它是吸引客户上门的第一要素，更是后续营销、推广、引流的基础。做好 Listing 标题，就能大大提高成功销售的概率。那该如何拟定标题，什么样的标题才算是好标题，又该如何准确地找到商品的核心关键词呢？

（视频课程）

亚马逊对于标题长度的要求是 200 个字符，但是前 60 个字符至关重要，标题范式为：商品品牌＋商品描述＋商品系列/型号＋材料/原料＋颜色/尺寸/数量等，如图 9.12 所示。

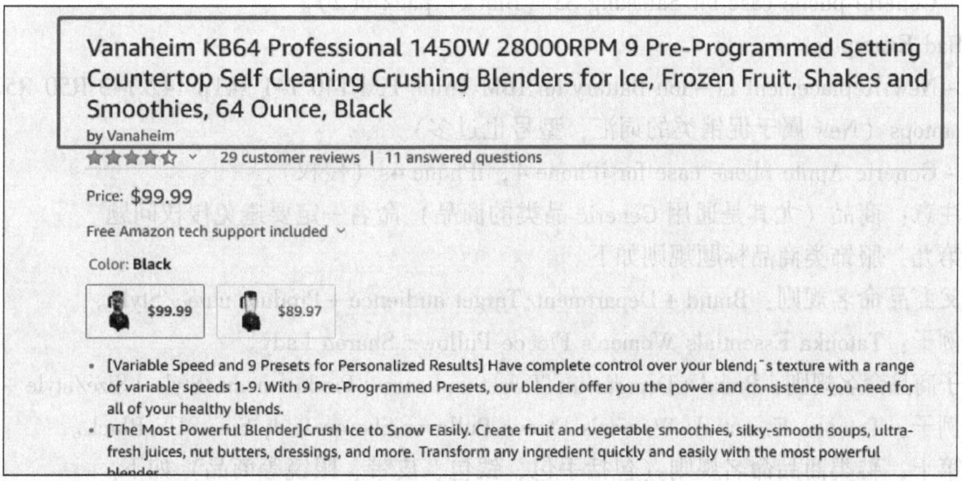

图 9.12

当然，不是所有的商品都具有上面所说的特性，所以也不用强求每个要点都写上。不过，满足这个范式的标题，在亚马逊眼里就是个不错的标题。

109

## 一、Listing 标题规则

Listing 标题规则可以归纳为如下十条。

第一，每个字的首字母必须大写（除了 a、an、and、or、for、on、the 之类的词），不能全大写或全小写。

第二，不能有任何特殊字符或标点符号（!，¥，&，…），不能在中文输入法状态下输入任何内容；如有数字描述，请用阿拉伯数字，不要使用文字，如要写 2 而不是二或 Two。

第三，如果含有批量销售，请在商品名称后面添加 pack of XX。

第四，商品标题中不能有商标符号。

第五，简明扼要，不能过长（单个上传不能超过 200 个字符，批量上传模板里不能超过 500 个字符：1 个英文字母、1 个标点或空格算作 1 个字符）。

第六，不要出现过多的商品细节（如多型号商品，建议不要超过 3 个型号），可以在描述商品特性时进行补充。

第七，商品中不能有自己的 SKU 或其他编码。

第八，不能有公司、促销、物流、运费或其他任何与商品本身无关的信息，举例如下。

a. "Free shipping"，"2days express delivery"。
b. "Best seller"，"hot item"，"latest design，New fashion"。
c. "Money-Back Satisfaction Guarantee"。
d. "Customizable please email me your idea or design"。
e. "Please go to my website for more colors and more designs"。
f. "Please tell me your size"。

Good Examples：

- Ultimate Ears Triple. fi 10Pro Earphones（Gun Metal Blue）。
- Generic phone case for Samsung S3（Black，pack of 2）。

Bad Examples：

- New Replacement Li-Ion Battery for IBM Think Pad T40 T41 T41p T42 T43 R50 R50e Series Laptops（New 属于促销类的词汇，型号也过多）。
- Generic Apple phone case for iPhone 4，iPhone 4s（侵权）。

注意：商品（尤其是通用 Generic 品类的商品）命名一定要避免侵权问题。

第九，服饰类商品标题规则如下。

父商品命名规则：Brand + Department/Target audience + Product name/Style。

例子：Tatonka Essentials Women's Fleece Pullover Sharon Lady。

子商品命名规则：Brand + Department/Target audience + Product name/Style + Size/style + Color。

例子：Tatonka Essentials Women's Fleece Pullover Sharon Lady Size 8US Black。

第十，鞋类商品命名规则（包括手包、钱包、皮带、眼镜等商品）如下。

父商品命名规则：Brand + Gender/Age Group + Product Line + Material + Shoe Type。

例子：KennethCole REACTION Women's Work Space Leather Pump。

子商品命名规则：Brand + Gender/Age Group + Product Line + Material + Shoe Type + Size。

例子：KennethCole REACTION Women's Work Space Leather Pump 7.5 M US。

注：目标客户（Department）为 Women's、Men's、Children's、Boys'、Girls'、Baby Boys'、Baby girls'、Unisex – Baby's 等。

## 二、注意事项

Listing 标题需要注意的事项有如下五点。

第一，标题不要使用重复关键词，也不要进行关键词的堆砌。

第二，不要滥用修饰类词汇，禁止用促销意味的语句，不要包含任何特殊符号。

第三，如果您的商品不是自有品牌，不要滥用其他人的品牌名，因为这种行为构成了侵权。

第四，不要出现卖家邮箱、电话号码等私人信息。

第五，不要包含任何主观评论，不要为了吸引消费者的眼球使用不实的商品关键词，因为就算你的 Listing 与消费者的搜索词匹配到了，这些点击也不会转化成销量。即使运气好消费者购买了，事后也非常有可能因为商品与描述不符而被退货。

# 第三节　编写好五点描述

在亚马逊 Listing 中，非常重要的一点是五点描述（Bullet Points），即对商品的主要卖点的罗列。五点描述写不好，相当于半途而废。你对商品本身的了解程度及对客户群体的了解程度，决定了你的商品卖点的水平高低，也决定着客户是否会被你的商品所吸引。

首先要明确一点，商品卖点应该告诉客户：你想要的我都有。图 9.13 所示的是某品牌果汁机的五点描述。

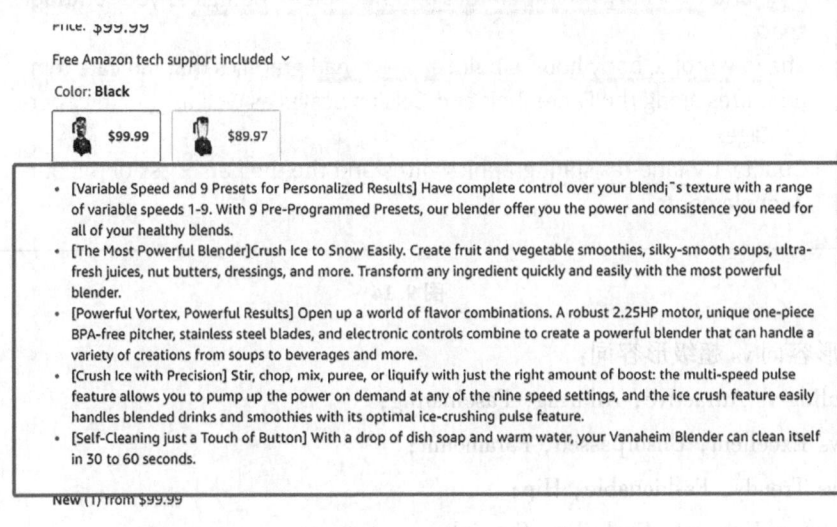

**图 9.13**

## 一、Bullet Points 的规律

Bullet Points 有如下五种规律。

跨境电子商务实操教程——基于亚马逊平台

第一，每行的最前面，尽量用简短的关键词去描述核心内容，提前抓住客户最想知道的点。比如，有些客户最想知道：商品到底支持哪些系统？商品的售后时间是多久？

第二，第一行一定是商品最重要的卖点，也就是解决客户的最大痛点。比如，Wifi Adapter，最重要的就是网速了，所以开头就可以说：Up to 600Mb/s WiFi speeds on 5GHz (433Mb/s) or 2.4GHz (150Mb/s) bands。

第三，针对新上架的商品，你要多参考几家同行卖得好的，看看他们的 Bullet Points 到底是如何写的？没必要完全一个字、一个单词地自己去码（言外之意，相同参数可复制）。

第四，除参考外，要注意商品参数。很多商品你要看具体参数是不是和你的一样，建议一定要参考你的商品的说明书、规格书、包装图等。

第五，另外，最后一行一般写售后保证之类的信息，当然如果觉得没必要，还可以写包装都有哪些内容。不过需要注意的是，很多包装信息都放到长描述（Product Description）里面。

## 二、编写 Bullet Points 的专业小技巧

### （一）用超级形容词来描述商品的特点或优点

如图 9.14 所示，"classic style" "trustworthy temperature and humidity readings" "low-profile body" "easy-to-read" "UV-fade-resistant" ……，这些精选的形容词，每一个都能提升这款温度计的质量和性能。

- This 9.125-inch analog patio thermometer and Hygrometer adds <u>classic style</u> and <u>trustworthy temperature and humidity readings</u> to your outdoor space.
- The <u>low-profile body</u> houses bold, <u>easy-to-read</u> graphics that indicate temperatures along the Fahrenheit and Celsius Scales as well as humidity percentage.
- Quality, <u>UV-fade-resistant</u> graphics withstand the the harshness of the outdoor elements.

图 9.14

普通形容词 vs 超级形容词：

Appealing vs Attractive, Alluring, Fascinating;

Best vs Excellent, Unsurpassed, Paramount;

Cool vs Trendy, Fashionable, Hip;

Different vs Unusual, Exclusive, Special;

Easy vs Effortless, Trouble-Free, User-Friendly;

Fabulous vs Tremendous, Magnificent, Remarkable;

Handy vs Functional, Ideal, Well-Suited;

Improved vs Enhanced, Superior, Refined;

Leading vs First – Rate, Top – Notch, Supreme;

Mouthwatering vs Tasty, Savory, Succulent;

New vs Innovative, Fresh, Inventive;

Powerful vs Forceful, Persuasive, Compelling;

Reliable vs Dependable, Steadfast, Trustworthy;

Safe vs Secure, Fully Guarded, Guaranteed;

Unique vs Distinctive, Rare, Matchless;

Vivid vs Vibrant, Brilliant, Stunning;

Wonderful vs Magnificent, Amazing, Astonishing。

### （二）针对不同的潜在买家

如图 9.15 所示，以笔记本电脑外置摄像头为例，它们的潜在客户来自各行各业，从专业录像的商业人士，到追求极致的社交玩家，这些 Bullet 很好地展示了这款商品给不同客户带来的优质体验。

- ♥ Excellent Image and Video Quality, full high definition 1536p web camera with 7 element optical glass lens, provides crystal clear image. Facialenhancement technology optimizes the image automatically, which makes you look more beautiful in the video.
- ♥ Superior Stereo Audio, build-in dual digital stereo MICS with automatic noise reduction makes the sound purer and clearer. Wide 100 Degree Angle View, no optical distortion. Great for webinars, and video conferencing.
- ♥ Manual Focus Design, to accommodate more live streaming scenes. Focus area up to 10M. Automatic low-light correction, capture clear image even in a dim area. Provide excellent quality video streaming on social gaming and social media such as Facebook, Twitch, YouTube. Perfect for daily video calling, webinars, live streaming

图 9.15

### （三）突出商品的具体用途

你知道为什么电视购物销售商品的效果那么好吗？

如图 9.16 所示，主要原因有两个：①他们进行了商品演示，并且强调了人们怎么在家里或公司里使用；②虽然 Bullet 不能演示商品，但是能突出商品的多种用途。

- Extremely soft, high-quality microfiber material absorbs and removes dust, oil smudges, fingerprints, and dirt.
- 100% Safe for cleaning all type of surfaces, including eyeglasses, sunglasses, camera lenses, computer screens, televisions, binoculars, telescopes, and other delicate surfaces.

图 9.16

### (四) 弄清楚 Bullet 是写给谁看的

很多时候，买东西和使用东西的不是同一个人。比如，父母为孩子买东西，成年孩子为父母买礼物，采购员为公司买东西。

图9.17所示的Bullet就包含了一些父母在意、但是儿童并不关心的信息。

- Insulated and tested to keep their lunch cold for 5 hours(just include an ice pack)
- <u>Easy-to-clean interior is leak-resistant</u>
- Side mesh pocket and front pocket for snacks, milk money & extras
- Clip handle attaches to any of our packs for no-hands carrying
- Tested to ensure safety from lead, phthalates

图 9.17

### (五) 证明你的商品的真正价值

虽然很多卖家都会说，他们的商品能与平台上的其他同类商品相媲美，但是最好能更进一步，真正地说清楚与其他商品的区别。

如图9.18所示，可以参考模板：comparable to（别的商品）that cost（别的商品价格）or more, you'll appreciate the（你的商品优点）—— all for under（你的商品价格）。

- Enjoy up to 4.5 hours of playtime (based on use) or use one earbud alone for up to 6 hours extended hours of play.
- Comes with three sizes of silicon tips for a perfect fit and is comparable to other ear pods on the market that Retail for over $150

图 9.18

### (六) 突出商品的与众不同

你可以说：不同于普通的同类商品，你的商品怎么怎么样。

如图9.19所示，将其换成英语就是：Unlike ordinary（商品类型），（你的商品名称）offers（你的商品与众不同之处）。

- Ideal for connecting portable audio devices, such as an Smartphones, tablets and MP3 players, to a car stereo, portable speaker or other 3.5mm-compatible output.
- Unlike ordinary PVC-wrapped cables, this thin and flexible(yet durable) TPE cable jacket allows for a slimmer/softer build & longer lasting performance. A beveled step-down design allows plugs to be fully connected, even when bulky cases are on your device.

图 9.19

### （七）让买家不再犹豫

将买家的注意力转移到商品的具体功能上，如能解决某个问题、能减轻他们的担忧等。

如图 9.20 所示，描述模板如下：Thanks to their（你的商品特色），these（商品名称）offer（商品的优点或用途）。

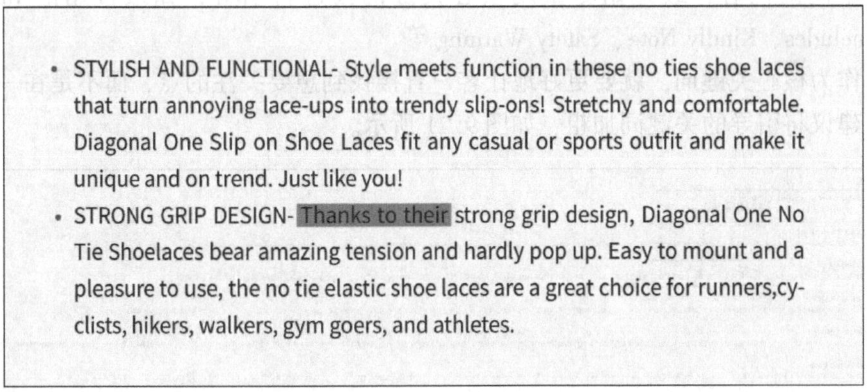

- STYLISH AND FUNCTIONAL- Style meets function in these no ties shoe laces that turn annoying lace-ups into trendy slip-ons! Stretchy and comfortable. Diagonal One Slip on Shoe Laces fit any casual or sports outfit and make it unique and on trend. Just like you!
- STRONG GRIP DESIGN- Thanks to their strong grip design, Diagonal One No Tie Shoelaces bear amazing tension and hardly pop up. Easy to mount and a pleasure to use, the no tie elastic shoe laces are a great choice for runners, cyclists, hikers, walkers, gym goers, and athletes.

图 9.20

## 三、注意事项

卖家在编写亚马逊 Listing 中的商品卖点描述时，需要注意如下事项。

第一，吸引买家眼球，展示商品的不同。

第二，迎合亚马逊算法，提升排名、曝光量。

第三，语言通俗易懂，检查拼写和语法，删除或替换重复单词。

第四，主要竞争对手卖点分析：可以模仿，但是不要抄袭。

第五，以概括性的单词开头。

第六，避免差评，写出不足。

第七，参数形象化。

小技巧：手机端显示前三个卖点，所以尽量将重要的卖点放在前三个。

# 第四节　编写一个好的长描述

亚马逊的长描述就是我们所说的 Product Description，既然有长描述相对应的就有短描述，也就是 Bullet Points，关于短描述在第三节有简单介绍，此处不再探讨。本书提出，卖家要编写一个好的 Product Description 让客户买起来。

接下来，我们来探讨一个优秀 Listing 的 Product Description 到底怎么写才能更吸引客户？

## 一、要有核心关键词进行引导

由于 Product Description 本身可能字数相对比较多，正常情况下客户没有那么多时间，也没有很好的耐心去完整看完，这样购物的时间成本太高了。

但是不能不去重视它，作为卖家，我们需要认真、仔细地把 Product Description 做到位。想要将商品卖点全方位有条理地罗列出来，就必须对整个 Product Description 进行合理的撰写。

对于不同的内容，最开始尽量用核心关键词去进行引导，如最常用的 Instructions、Package Includes、Kindly Note、Safety Warning 等。

既然作为核心关键词，就要更好地让客户直接找到想要关注的点，而不是在一堆字母中慢慢找，建议将引导的关键词加粗，如图 9.21 所示。

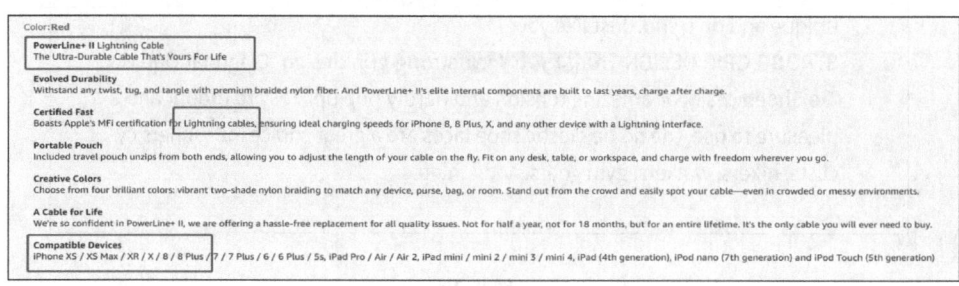

图 9.21

## 二、要学会 HTML 代码排版

亚马逊的 Deion 必须要用 HTML 代码排版，这一点区别于其他平台。HTML 代码排版也有很多版式，这要看卖家自己的需求。下面介绍最常用的两个 HTML 排版代码。

（一）换行 < br >

第一行内容 < br >——空一行。

第二行内容 < br > < br >——空两行。

具体情况如图 9.22 所示。

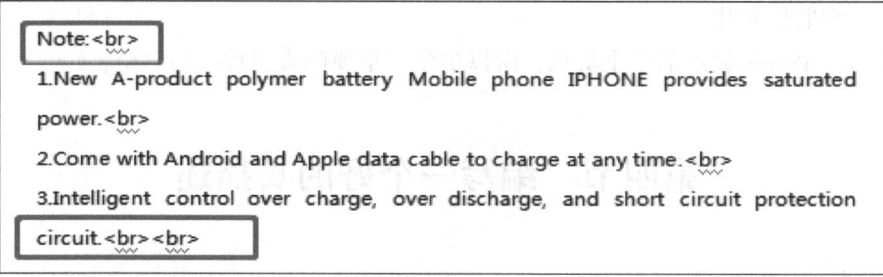

图 9.22

（二）加粗 < b > </b >

若有需要加粗的内容，则在要加粗的内容前面加个 < b >，后面加个 </b >，这样就轻而易举地实现了对整个内容的加粗，如图 9.23 所示。

其他的关于调整字体大小、颜色等排版代码，因为本身用得很少，本书这里不再讲解，可以上网学习。

<b>**Product information:**</b><br>
Input:DC 5V-2A<br>
Output:DC 5V-2A<br>
Battery capacity:10000mAh<br>
Mobile phone charging times: 5 times (Apple mobile phone 2000mAh test)<br>
Charging time: 3-4 hours<br>
Product Dimensions:4.10 in*2.57 in*0.63 in<br>
Item Weight:10.6 oz<br><br>
<b>**Package Includes:** </b><br>
1 x 10000mAh Power Bank <br>
1 x USB Charger Cable<br>

图 9.23

## 三、要多用分层数字符号

建议多用分层数字符号，以抓住客户最关心的部分并使其更具阅读欲望，常用的就是阿拉伯数字，如图 9.24 所示。

**SHARLLEN MFi Certified iPhone Charging Cable**

1.High Speed Charge & Sync Charge around 7% faster than many standard cables and sync at speeds.

2.SHARLLEN iPhone charging cable connector heads have good resistance to heat and corrosion,you'll see no signs of use.

3.Even after a longtime,they just keep their original appearance-still brand new and fashionable.

4.We bent this iPhone charging cable over 10000 times and saw no damage or change in performance.Heat-resistant connectors ensure complete safety and reliability.

图 9.24

不建议在前面添加各种“火星文”，如很多人喜欢用＊、－、口、√等，要把心思花在内容和排版上，而不是玩各种花样符号。

我们来看一个 26 个字母揉在一起的 Product Description，如图 9.25 所示。

**Product description**

Color:A0124-A01

Brighten your home with our playful Heritage Globe String Light. These lights create an inviting ambiance and are suitable for both indoors and outdoors. Our vintage inspired lights are versatile and durable and perfect for bringing color to your Christmas tree, mantel, railings, windows/doors, fence, and patio. The 20 pre-lit incandescent bulbs provide a warm inviting glow to any holiday display. Each 20-foot strand has plug-ins at both ends, allowing you to connect up to 4 strands.

图 9.25

可见，没有分层或排版的 Product Description 会降低客户的阅读体验。所以，想要客户知道你的商品最好，就必须关注 Product Description 的内容描述及排版的问题。

## 四、要再次突出商品卖点

由于 PC 端和移动端 Listing 展示的内容顺序有点不一样（Product Description 在移动端是最先展示在客户面前的），所以有些商品卖点我们需要再次突出强调一下，虽然可能 Bullet Points 也提过。

店铺运营者一般会以 Instruction 或 Features 为主，当然有些与商品本身特性相关，如图 9.26 所示。

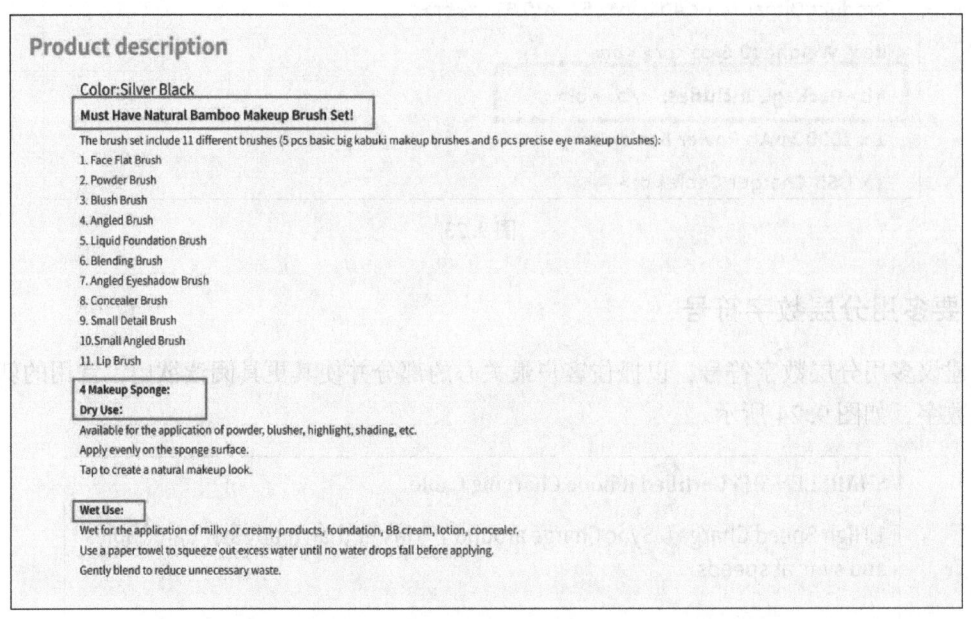

图 9.26

## 五、要考虑客户使用场景

有些商品因为在操作上可能不太容易，甚至有些需要下载 App 或安装各种驱动，如果你在 Product Description 上不做说明，那么就等着客户来找你麻烦吧。

相信总有一些国外客户确实不太喜欢动脑筋，你就告诉他怎么简单怎么操作，不需要买个商品还得折腾半天。

# 第五节　如何撰写亚马逊的关键词

我们的商品首先要能够被客户找到，然后客户才能购买。客户在亚马逊上查找商品的主要方式是通过关键词进行搜索。大家都知道优质的关键词能给 Listing 带来较高的曝光、点击和转化，好关键词是转化的神助攻。下面就来介绍关键词（Search Terms）要怎么写才会变成一把利器。

## 一、Search Terms 的重要性

亚马逊关键词也被称为 Search Terms（搜索条件），也有些类别叫 Keywords，是亚马逊

为卖家提供的一个在标题、描述、属性之外的关键词拓展功能。正确填写商品的关键词可以提高客户的购买概率，不能漫不经心地填写和简单地复制，必须要经过认真总结和梳理。关键词体现出来的信息，可以有商品的款式、颜色、材质、功能、包装、用途及其他方面的优势，越具体越好，越是客户关心的越好，越能与竞争对手产生差异化越好。

## 二、Search Terms 该如何填写

如图 9.27 所示，在 Search Terms 栏填写大量的关键词或词组，甚至是填满。每个关键词或词组间用英文的逗号或空格隔开，为的是模糊匹配和词组匹配，增加被搜索到的概率，抓取的是泛流量。

图 9.27

## 三、Search Terms 的书写技巧

Search Terms 的书写技巧主要有以下四点。

第一，关键词之间用英文逗号或空格隔开：亚马逊官方推荐使用空格，当然我们也可以尝试用逗号，最终看效果。

第二，站在客户的立场思考：卖家要尽可能地站在客户的立场上去筛选和整理关键词，把客户最想知道的、最希望知道的、最迫切知道的关键词排到前面去，剩下的再按照与商品相关性的强弱写到 Search Terms 中。

第三，相同的商品，每个国家和地区的称呼不一样：可能每个国家、每个地区、每一类的人对同一个商品的称呼都不一样，这也导致同一个商品可能有多个商品名称关键词。比如，有人把移动电源也称为充电宝、旅行充电器，灯有 Lamp 和 Light 两种称呼。

第四，抓住季节性关键词：如果所卖商品适合节日使用或送人，那么要提前修改关键词，一般是在节日前的半个月或一个月，就在关键词中加入与节假日有关的词组，如圣诞节、万圣节、网购星期五等。

## 第六节　图片文案

目前，亚马逊的美国、加拿大、德国、英国、法国、意大利、西班牙、日本、墨西哥、新加坡、阿联酋、印度、荷兰 13 大国际站点已向中国卖家全

（视频课程）

面开放，因此吸引了越来越多的中小型企业在亚马逊平台上开店。但是，随之而来的是亚马逊卖家之间的竞争愈演愈烈。亚马逊卖家如何在这个激烈竞争的市场中立于不败之地，有很多方面需要研究，其中商品图片尤为重要。

众所周知，亚马逊对于图片的要求是非常严格的，在亚马逊上传的每个商品都必须附上一张或多张清晰直观、便于理解的商品图片。商品图片要能够准确地展示此商品，商品的信息体现得越丰富，对客户越有吸引力。可能的话，卖家要尽量多放置几张不同角度、不同细节的图片。图片是卖家给客户展示商品最直接有效的方式，所以图片的质量非常重要，卖家一定要引起重视。如果图片质量和标准没达到亚马逊的要求，那么平台有权拒绝卖家上传的图片。

## 一、商品图片的要求

### （一）商品主图

亚马逊对商品的主图有如下五点要求（图9.28展示了亚马逊允许和禁止的主图）。

第一，主图的背景必须是纯白色的（亚马逊搜索和商品详情界面也是纯白色的，纯白色的RGB值是255∶255∶255）。

第二，主图不能是绘图或插图，而且不能包含实际不在订单内的配件和道具。

第三，主图不能带Logo和水印（商品本身的Logo是允许的）。

图9.28

第四，商品必须在图片中清晰可见，如果有模特，那么模特不能是坐着的，最好是站立的（欧洲站不能使用真人模特）。

第五，模特不能是假人模特，必须是真人模特或有立体感的商品图片，不能包含裸体信息。

### （二）主图示例

主图是否可行，可以通过图片示例来了解。如图9.29所示，左边为亚马逊认可的主图，右边则为不合格的主图。

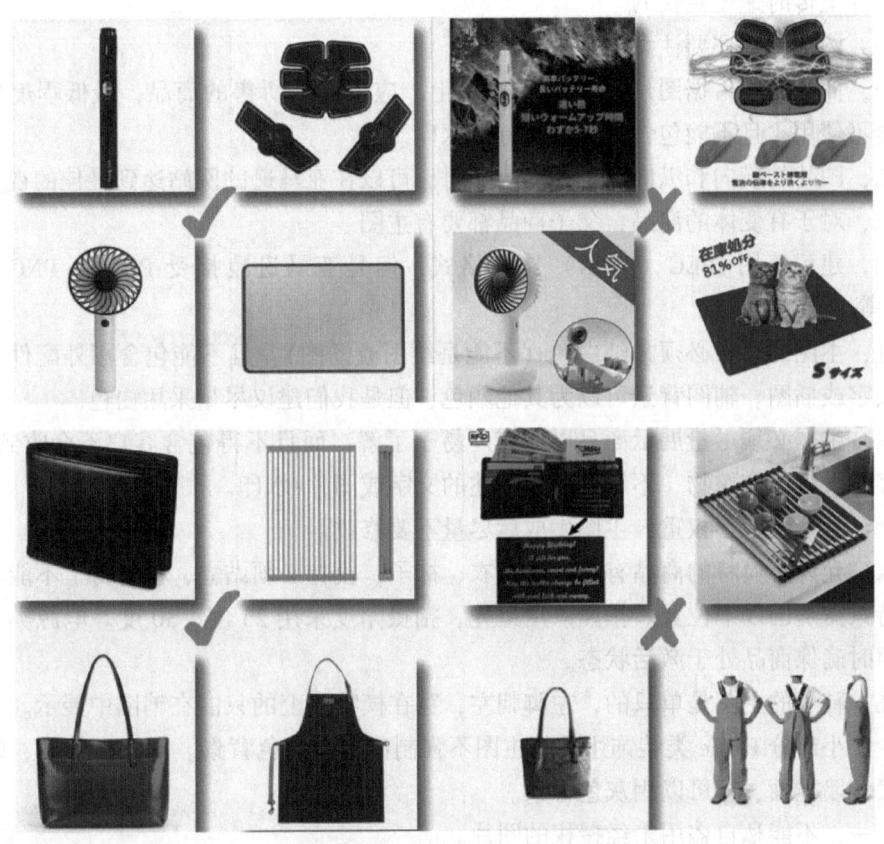

**图9.29**

### （三）商品辅图

亚马逊商品的辅图则要注意如下五点。

第一，辅图应该对商品进行不同侧面的展示，对在主图中没有凸显出来的商品特性进行补充。亚马逊商品Listing中卖家可以最多添加八张辅图。

第二，辅图最好也跟主图一样是纯白色的背景，但这不做强制要求，不是纯白色的问题也不大。

第三，辅图不能带Logo和水印（商品本身的Logo是允许的）。

第四，商品必须在图片中清晰可见，如果有模特，那么模特不能是坐着的，最好是站立的。

第五，如果要使用模特就用真人模特，不能使用假人模特，不能包含裸体信息。

**（四）图片尺寸**

图片的长度或宽度任意一边大于 1000 像素时，该图片就有放大功能（放大功能被亚马逊证实对商品销量的提高有一定的帮助）。

图片的最短边如果小于 500 像素，上传时会被亚马逊系统直接拒绝。

**（五）图片格式**

JPEG、TIFF、GIF 等格式的图片是可以在亚马逊上传的（推荐 JPEG 格式的图片，这个格式的图片上传时速度更快）。

此外，图片格式还要注意以下几点。

第一，商品必须占据图片面积的 85% 以上，应仅展示所售的商品，最低程度使用支撑物或完全不使用，且不能包含文本、徽标或水印。

第二，图片的横向和纵向比例是 16∶9 时，可以在亚马逊的网站达到最佳的视觉效果。

第三，对于有变体的商品，父子商品都要有主图。

第四，建议使用 JPEG（.JPG）文件格式，但是亚马逊也接受 PNG（.PNG）或 GIF（.GIF）等文件格式。

第五，主图的背景必须为纯白色（不能是绘图或插图），且不能包含额外配件、不属于商品的文字或插图。辅图背景可以为其他颜色，但是我们建议尽量采用白色。

第六，主图必须尽量展示商品以便客户易于了解，而且不得包含客户不会收到的配件、可能使客户误解的支撑物、不属于商品描述的文字或图片/水印。

第七，考虑到隐形权重，主图生成后尽量不要修改。

第八，允许有模特的商品有泳衣、内衣、袜子，模特必须站立，模特身上不能有非售物品，模特只露嘴巴以下位置。拍照只用柔光，拍摄角度采用 25 度~30 度。电源类、电子类商品拍照时确保商品处于激活状态。

第九，鞋子的主图是单只的，左脚朝左，穿在模特脚上的只能在辅图中展示。

第十，小部分 Home 类装饰用品的主图不强制使用纯白色背景。床上四件套、蚊帐、窗帘、沙发、墙挂画、灯可以用灰色背景。

第十一，不能私自盗用未经授权的图片。

## 二、优秀商品图片的标准

商品图片的作用不仅仅是向客户展示商品外观，哪怕你用到的角度再多，展示出来的也只是比较片面的东西，你还应该向客户展示你的商品卖点、商品优势，以及客户为什么买的是你的商品，而不是别人家商品的理由。你将这些理由通过 9 张 Listing 图片展现得越清晰、越直观、越规范，客户对你的商品就会有越深的印象、越强的好感，才会更信任这个商品，才会产生购买行为，这是我们的商品图片产生价值的根本原因。

## 三、品牌卖家制图流程

前期准备：分析、确定商品卖点。

首先，我们要根据不同国家的偏好来调整图片的风格。以服饰类商品为例，美国偏好以欧美模特作为商品的展示体,但日本偏好以淑女秀气的亚洲模特作为商品的展示体。对于场景图来说,北美、欧洲与日本的建筑风格是截然不同的,北美、欧洲偏向于带壁炉及宽敞客厅的装饰风格,但是日本偏向于小型清新的装饰风格(如图9.30所示)。

图 9.30

整体布局:总分总结构,主图+5张卖点图+包装图或场景图,如图9.31所示。

图 9.31

如图9.32所示,科技类的商品,卖点图片要与五点描述一一对应,效果加成。

如图9.33所示,时尚类的商品细节图,要抓住客户的喜好,全方位地展示商品,好的商品会说话。

如图9.34所示,对于生活类的场景图,要真实反映商品的颜色和使用场景,尽量不要出现P图的痕迹。

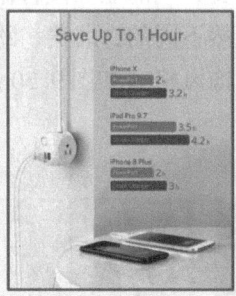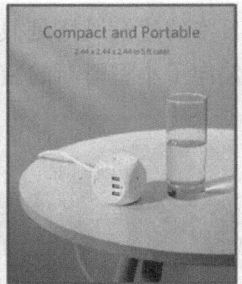

图 9.32

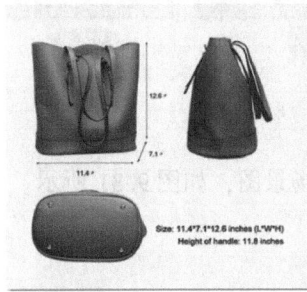

图 9.33

（扫码看彩图）

图 9.34

## 四、卖点表达：文案＋图标＋配图

### （一）文案

文案标题表达图片主题，副标题解释或进一步阐释标题，如图 9.35 所示。

## (二）图标

图标用于展示小卖点，如图 9.36 和图 9.37 所示。

图 9.35

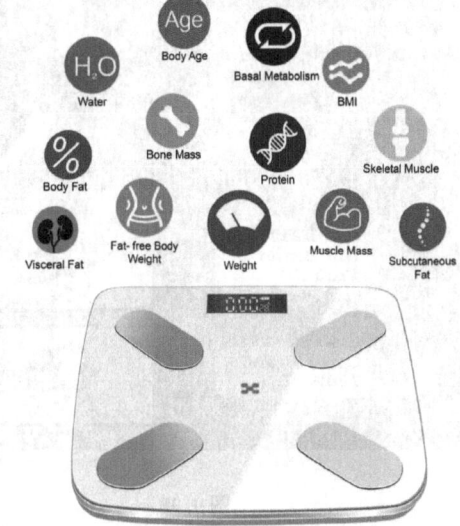

图 9.36

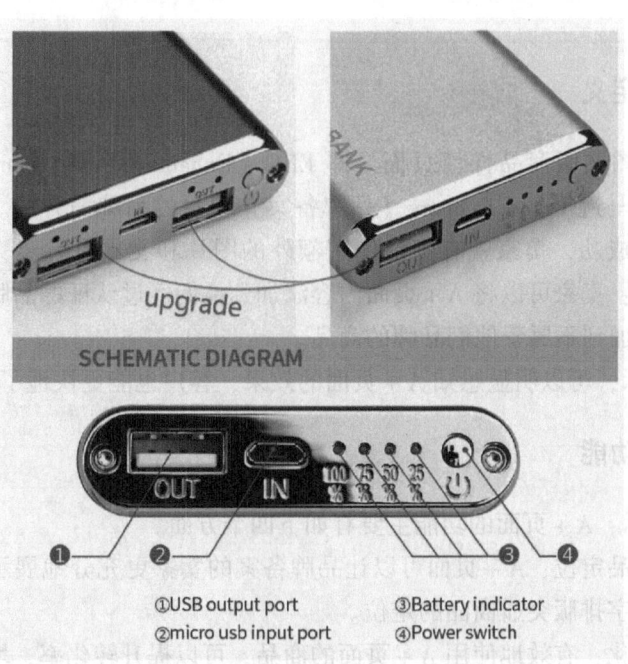

图 9.37

### (三) 配图

如图9.38和图9.39所示，配图用于演示、对比、衬托商品，要统筹规范，统一字号、字体、颜色等；一图一卖点；图面整洁有序。

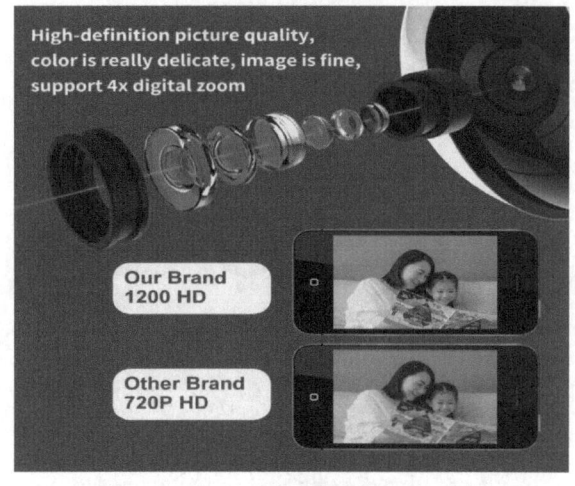

图9.38

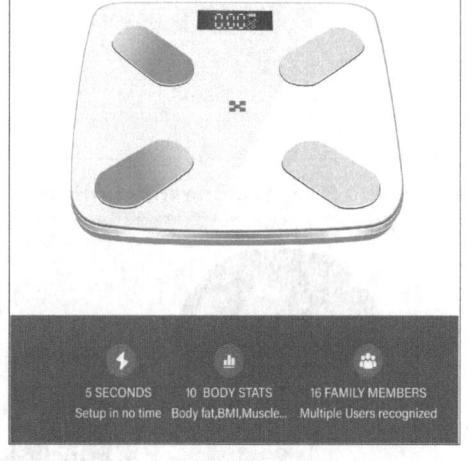

图9.39

## 第七节　A+页面

### 一、A+页面的定义

A+页面就是图文版商品详情页面，即EBC（Enhanced Brand Content），EBC对那些通过亚马逊Brand Registry（品牌备案）项目的品牌商开放。一旦在亚马逊品牌备案成功，卖家就有资格使用额外的图片和文本进一步完善商品描述部分。注意：卖家可以将A+页面内容添加到他们经过认证的品牌商品目录当中，但不能将A+页面添加到不属于他们品牌的商品。

（视频课程）

如图9.40所示，可以明显感知A+页面的效果，客户也能更快地了解商品。

### 二、A+页面的功能

如图9.41所示，A+页面的功能主要有如下四个方面。

第一，突显商品定位：A+页面可以让品牌备案的卖家更充分地展示商品特色和细节功能，透过图片和文字排版突显商品的定位。

第二，提升转化：有效地使用A+页面的商品，可以提升转化率，增加流量和销量。

第三，减少退货：A+页面里对商品的详细介绍也能让客户更加了解商品以提高购买概率，也能降低退货率。

图 9.40

第四,提升客户的品牌意识:A+页面中展示品牌的黄金位置可以渗透客户的潜意识,提升其品牌意识。

图 9.41

总之,最重要的一点就是 A+页面能够大大提高商品的展示效果,使卖家更易出单。

### 三、创建 A + 页面的前提条件

如图 9.42 所示,创建 A + 页面的前提是必须成功完成亚马逊品牌备案(Brand Registry)。简单来说,亚马逊品牌备案需要符合以下条件:

第一,在美国或其他国家递交商标的回执或证书;

第二,商品本身需要丝印商标 Logo,商品包装需要能够看到商品商标 Logo(特别注意:后期制作的图片将无法通过品牌注册);

第三,拥有自己的官网[能够显示你的商标 Logo、商品(也需要看到 Logo)、联系方式(和亚马逊后台联系方式一样)、完整的网站];

第四,拥有自己的品牌名称、商品唯一识别标志(Model No);

第五,在亚马逊卖家中心提交注册信息。

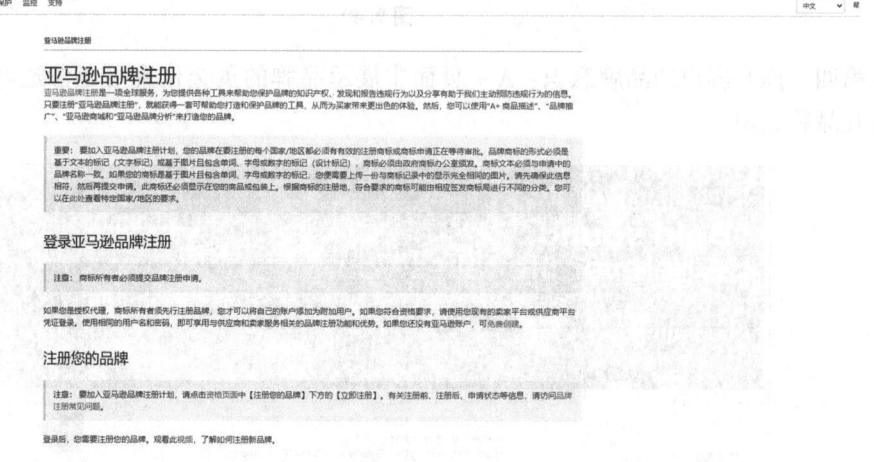

图 9.42

完成亚马逊品牌备案后,你就可以创建 A + 页面了。

### 四、适合创建 A + 页面的商品

总的来说,所有商品都适合创建 A + 页面,但应该首先为以下的商品创建 A + 页面:

第一,有推广计划的商品;

第二,高价值的商品;

第三,功能复杂或创新的商品;

第四,需要有品牌支持的商品;

第五,退货率高或由于缺乏充分介绍而导致差评率高的商品。

注意:一个好的 A + 页面首先应该吸引客户的眼球,消除客户的购物疑虑,突出商品特点,同时还要注意不宜过度宣传。

### 五、A + 页面的创建过程

#### (一)北美站和欧洲站 A + 页面的创建过程

第一步:如图 9.43 所示,进入卖家后台→广告→A + 页面板块,单击右上角"开始创建 A + 商品描述"按钮。

图 9.43

第二步：首先为准备创建 A+ 页面的商品设置一个商品描述名称，以便后期区分并查找；其次在"语言"栏选择对应的语言，一般美国站会默认选择"美国英语"；最后单击"添加模板"按钮，如图 9.44 和图 9.45 所示。

图 9.44

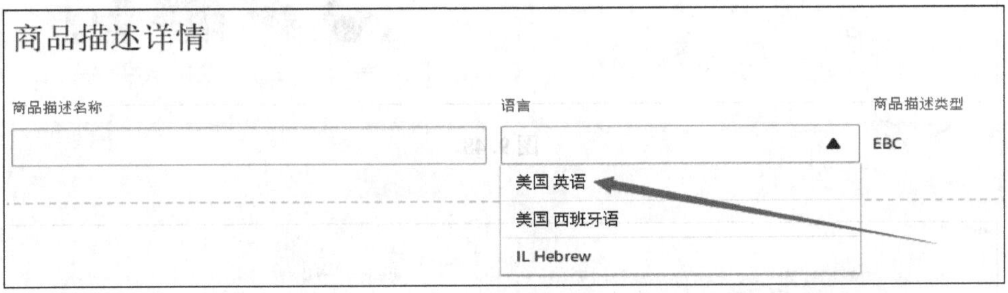

图 9.45

第三步：单击"添加模板"按钮以后，后台将展示出 17 个示例模板（如图 9.46～图 9.49 所示），可以依据自己的实际情况选择合适的模板。

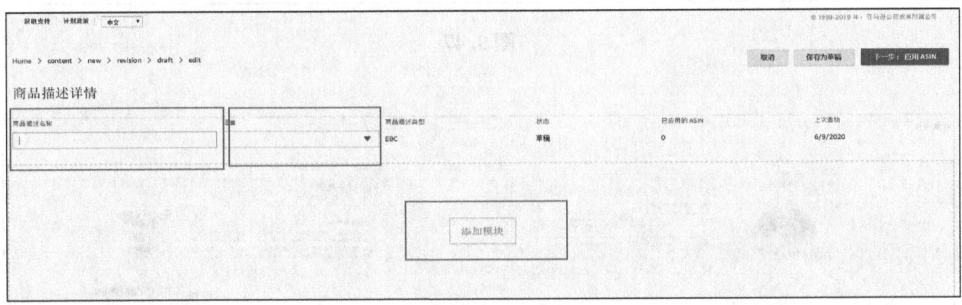

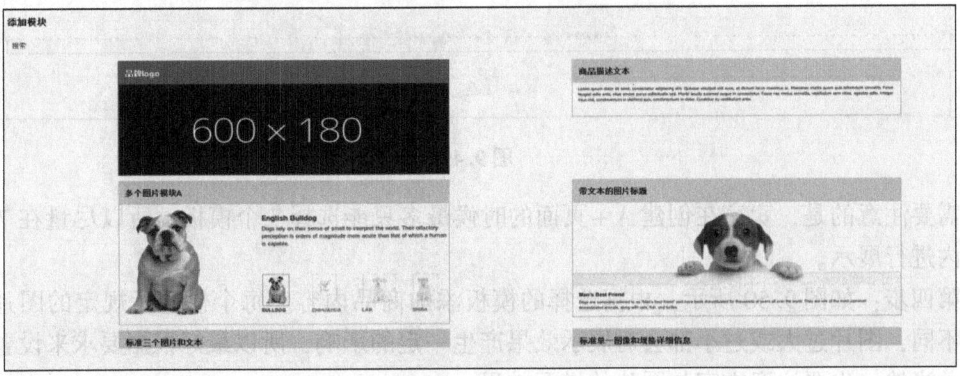

图 9.46

图 9.47

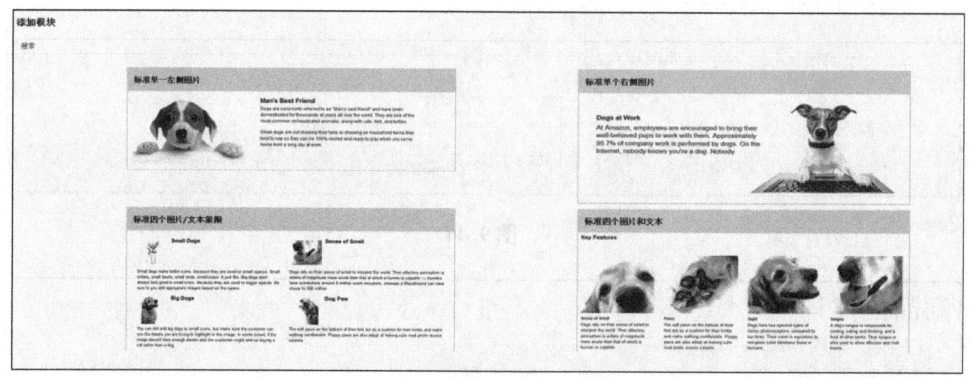

图 9.48

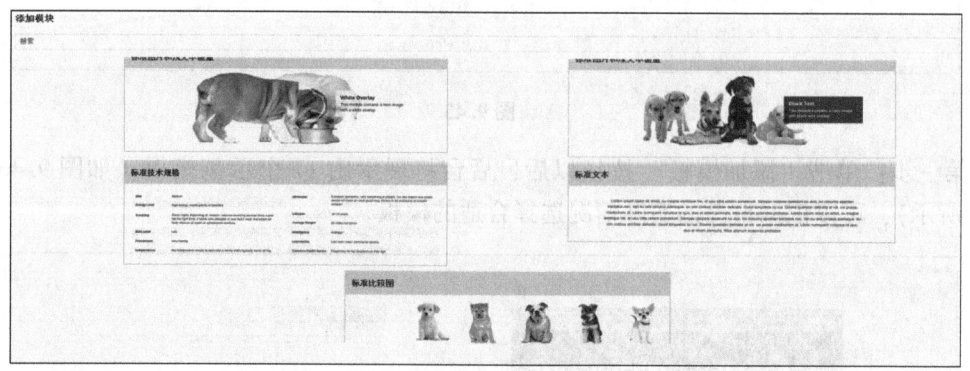

图 9.49

需要注意的是，卖家在创建 A+ 页面的时候最多只能选择 7 个模板，所以尽量在 7 个模板以内进行展示。

第四步：如图 9.50 所示，根据选择的模板添加商品内容。每个模板所规定的图片大小有所不同，图片过大或过小都会对展示效果产生一定的影响，所以最好根据要求来设置图片大小。当然，也要注意文字与图片的搭配效果。

第九章 玩转亚马逊 Listing

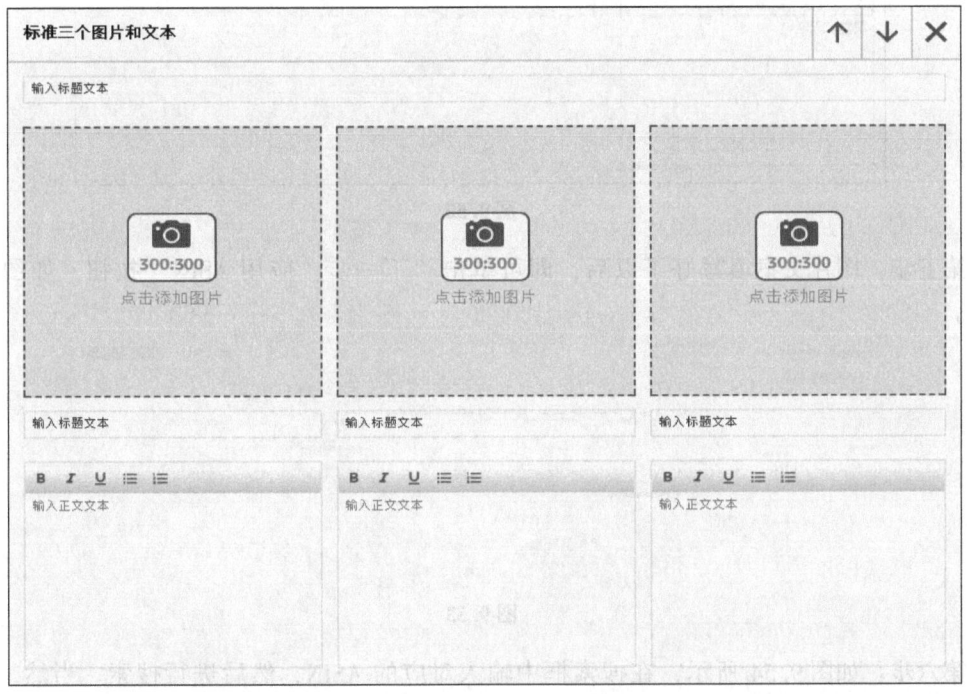

图 9.50

在添加图片的时候需要注意一点，亚马逊要求每张图片都要填写图片关键词，这是描述图片所描绘内容的简单句子，如图 9.51 所示。

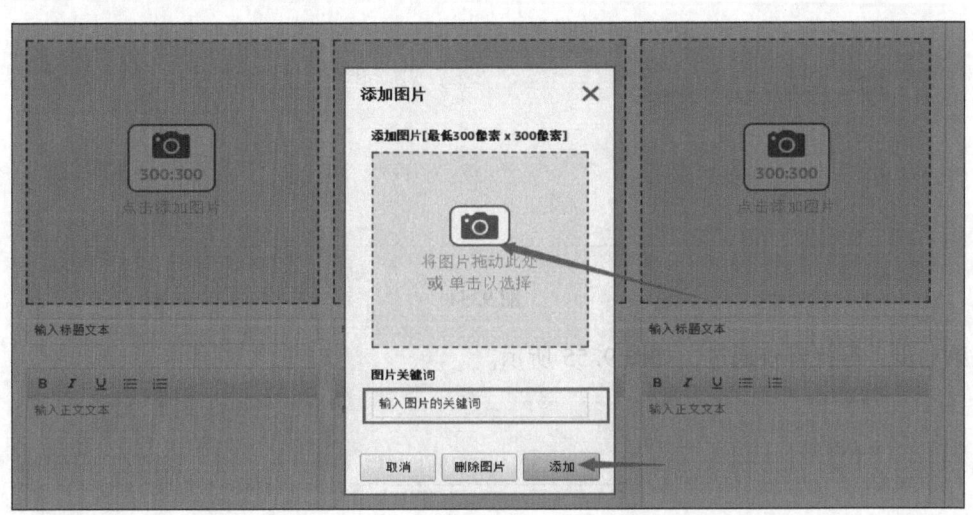

图 9.51

如图 9.52 所示，在添加文字的时候，若卖家想要实现文字换行、文字加粗、变为斜体等，则可以直接选择要改变形式的文字，再单击上方的模式按钮进行调整。当然每一个文字框都有字数限制，在写文案的时候也是需要注意的。

图 9.52

第五步：图片文案填写好了以后，即可单击"下一步：应用 ASIN"按钮，如图 9.53 所示。

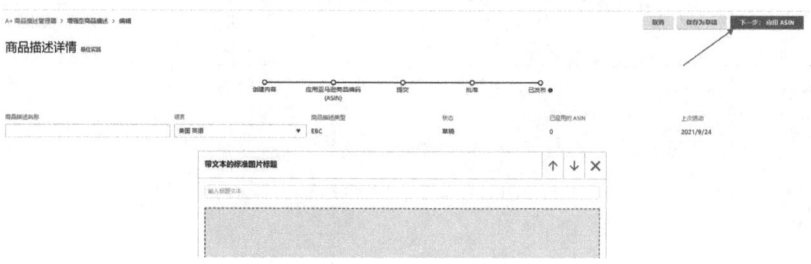

图 9.53

第六步：如图 9.54 所示，在搜索框中输入对应的 ASIN，然后进行搜索。当然，一个 A+页面可以同时展示多个 ASIN，所以输入相关的 ASIN 并应用，确定对应 ASIN 无误后，即可单击"下一步：查看并提交"按钮。

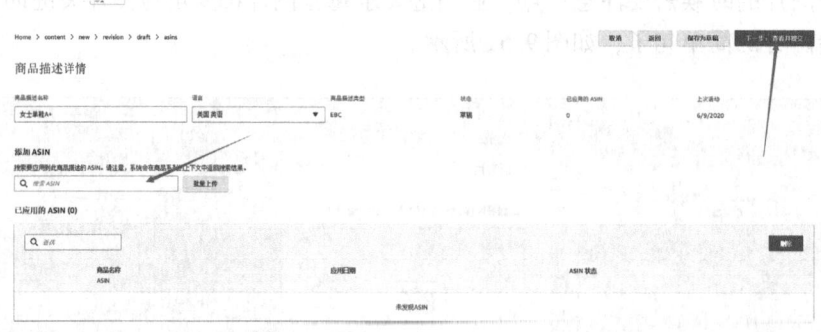

图 9.54

第七步：等待审核通过，如图 9.55 所示。

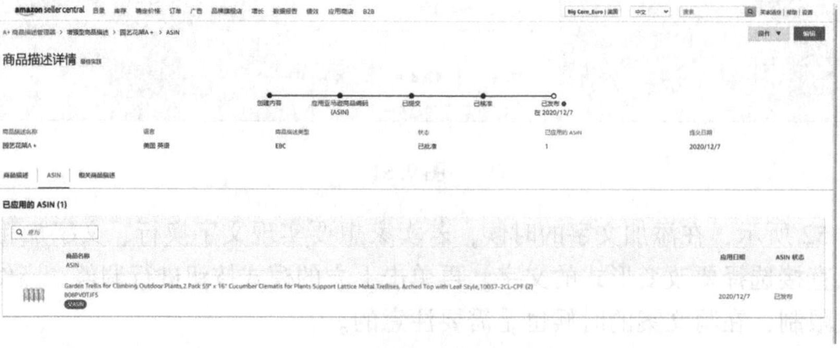

图 9.55

提交时的等候时间：批准或拒绝的一般等待时间为 7 天，有时候在提交的当天就会展示在前台界面；然而，如果在旺季前提交，等待通过的时间可能会延长。如果亚马逊发现违规或拒绝的理由，你需要做出调整，然后重新提交。总的来说，一次最多可以有 20 个请求等待处理。

### （二）日本站 A+ 页面的创建过程

日本站与其他站点不同，日本站的 A+ 页面是不需要进行品牌备案就可以直接创建的。

第一步：如图 9.56 所示，进入"管理库存"页面，找到要创建 A+ 页面的商品，选择下拉列表中的"编辑图文版商品描述"选项进入另一个界面（如图 9.57 所示），然后单击"开始创建 A+ 商品描述"按钮进行 A+ 页面的编辑。

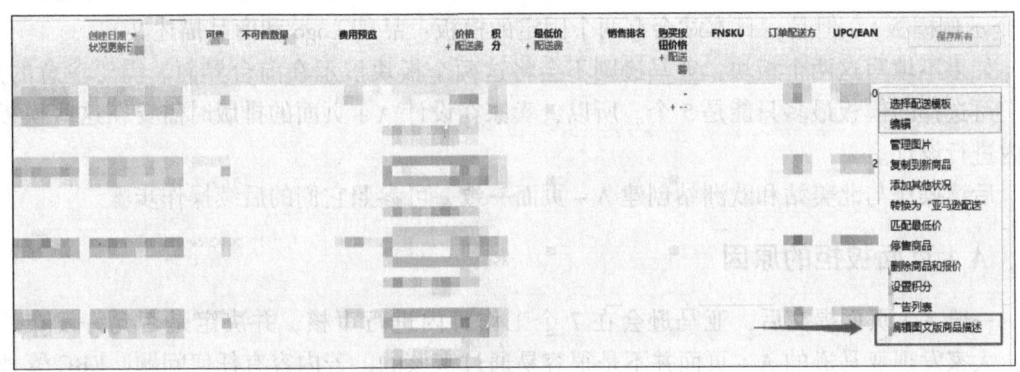

图 9.56

图 9.57

第二步：给创建的 A+ 页面命名，并且选择对应的语言；如果你想让 A+ 页面展示其他语言，也可选择其他语言；可选择的语言有日本日语、简体中文和美国英语，一般情况下会默认选择日本日语，如图 9.58 和图 9.59 所示。

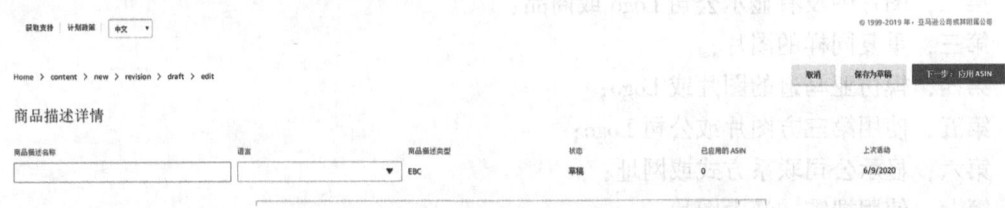

图 9.58

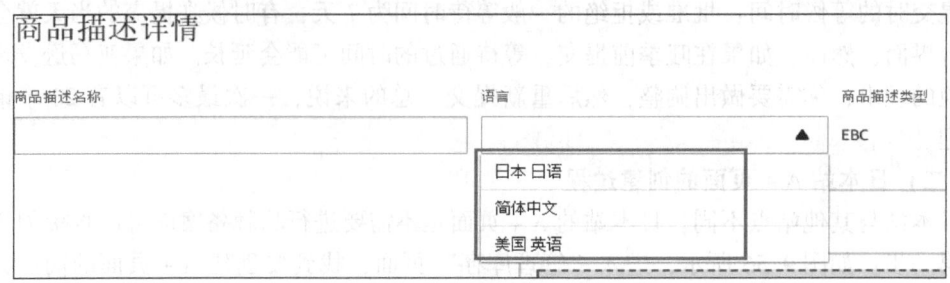

图 9.59

第三步：选择对应的模板。日本站和其他站点一样，可以有不同的模板进行选择（共 16 个示例模板）。但是，日本站会有两个固定的模板：品牌 Logo 和商品描述文本。

如果不填写这两个板块，亚马逊则不会将这两个板块展示在前台界面。需要注意的是，我们可选择的模板最多只能是 5 个。所以，卖家在设计 A+ 页面的排版时需要在这些模板范围内进行设计。

后续操作与北美站和欧洲站创建 A+ 页面一致，可参照它们的后续操作步骤。

## 六、A+ 页面被拒的原因

一般 A+ 页面提交后，亚马逊会在 7 个工作日内进行审核，并决定是否允许发布。然而，大家发现亚马逊的 A+ 页面并不是很容易通过审核的，若内容有任何问题，EBC 管理页面上都会跳出警告，并告知卖家违规内容。A+ 页面被拒的原因分为文字表述问题与图片问题两方面。

一方面，文字表述问题主要有如下几种：
第一，介绍自己是卖家或分销商，并给出公司的联系方式；
第二，写出排他性文字，如 "Only sold by authorized resellers"；
第三，写出价格歧视性文字，如 "Cheapest on Amazon"；
第四，写出发货信息，如发货时间、免费发货等；
第五，提及竞争对手的商品或卖家授权；
第六，写出煽动性促销语，如 "Best Seller" "On Sale"；
第七，写入客户评价或其他广告语；
第八，写入商品保质期或返修条款；
第九，违法或违反道德表述。

另一方面，图片问题主要有如下几种：
第一，图片分辨率太低；
第二，图片中没有显示公司 Logo 或商品；
第三，重复同样的图片；
第四，模仿亚马逊的图片或 Logo；
第五，使用第三方图片或公司 Logo；
第六，显示公司联系方式或网址；
第七，使用裸露、暴力图片；
第八，使用侮辱性图片；

第九，图片包含水印。

总而言之，亚马逊 A + 页面可以提高店铺转化率、浏览量、销量，减少客户退货和差评，并且 A + 页面还能树立品牌形象、形成品牌效应，促使客户重复购买。因此，完成品牌备案的卖家可以利用 A + 页面去提高店铺销量。

# 第十章　Listing 上传实操讲解

要想在亚马逊上售卖商品，前提是要建立 Listing。Listing 上传实操分为单一上传和批量上传。

## 第一节　Listing 的单一上传

如图 10.1 所示，进入卖家后台，选择"Inventory"下拉列表中的"Add a Product"选项，单击"Create a new product listing"按钮，在列表中选择商品详细品类，在搜索框中输入关键词可以搜索品类，单击"Select"按钮确认品类。

（视频课程）

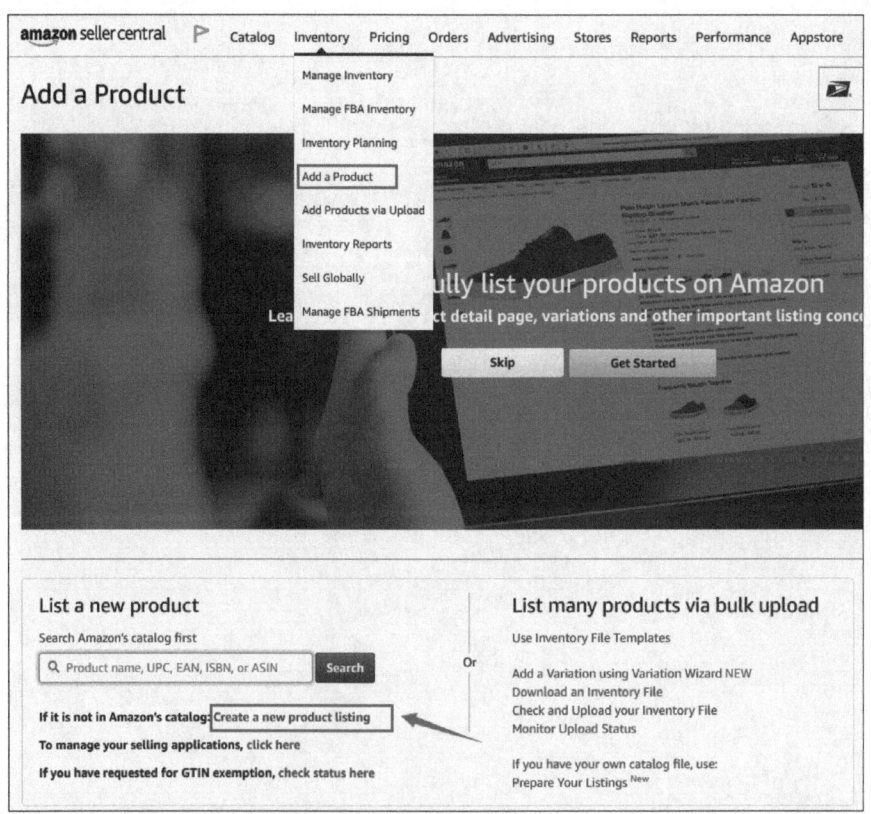

图 10.1

如果不确定商品属于什么品类，则可以使用品类搜索功能，确定正确的品类。如图 10.2 所示，在搜索框中输入关键词，找到适合商品的品类，按照正确的品类添加新商品。

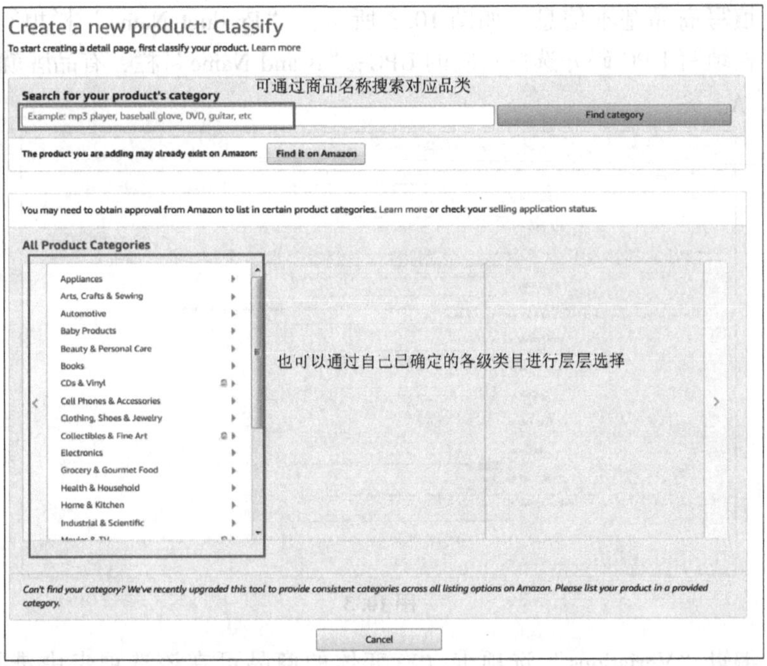

第十章 Listing 上传实操讲解

（1）

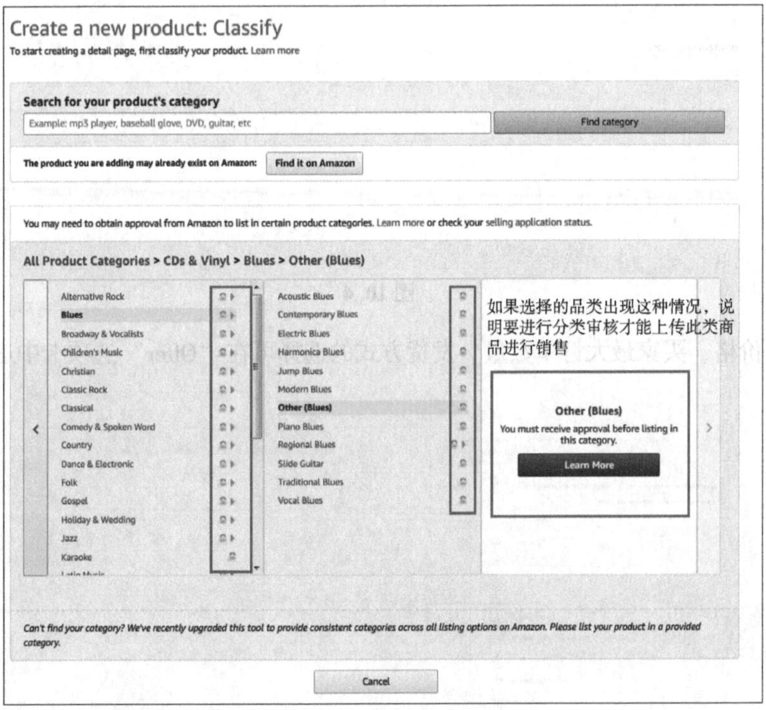

（2）

图 10.2

按照提示填好所有的商品信息，带红色星号的为必填信息，但是建议没带红色星号的也尽量填写完整。商品的基本信息要尽量齐全，如 SKU、标题、描述、品牌、生产厂商、功能、图片、价格、关键词、UPC 码等。在首次创建商品的过程中，图片不会马上上传，要等商品信息都输入完毕后，单击"Save and finish"按钮时图片才会上传。

第一步：填写商品基本信息。如图 10.3 所示，"Product Name"栏填写商品的标题；"Product ID"栏填写 UPC 码并选择对应的 UPC；"Brand Name"栏，有品牌就填写品牌，无品牌可填写 N/A。

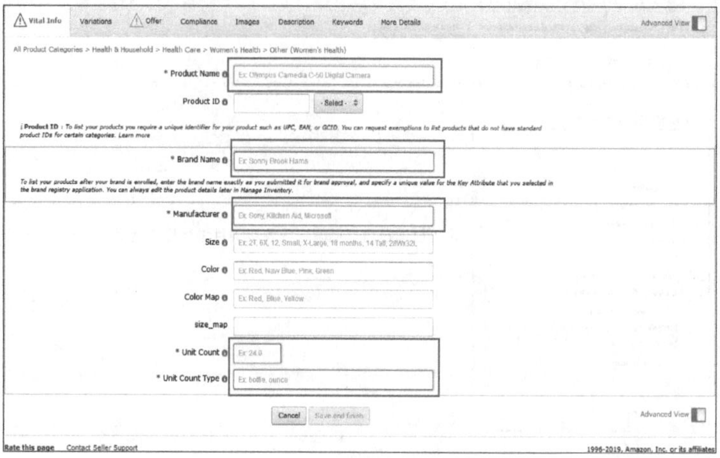

图 10.3

第二步：编辑"Variations"选项卡（有变体的商品可在该选项卡中进行编辑，如图 10.4 所示）。

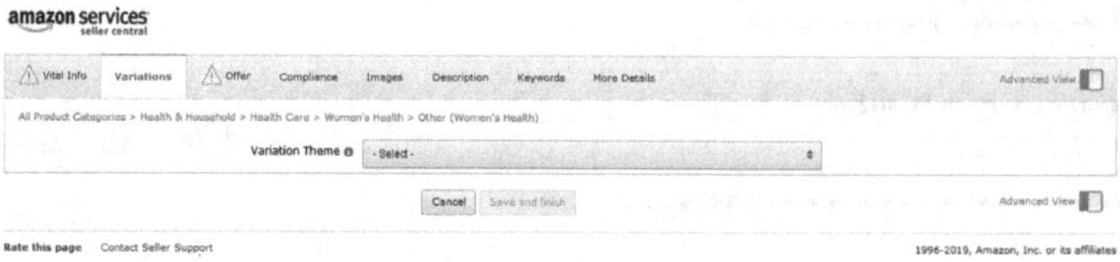

图 10.4

第三步：价格、买家最大订单数量、发货方式的选择可在"Offer"选项卡中进行填写，如图 10.5 所示。

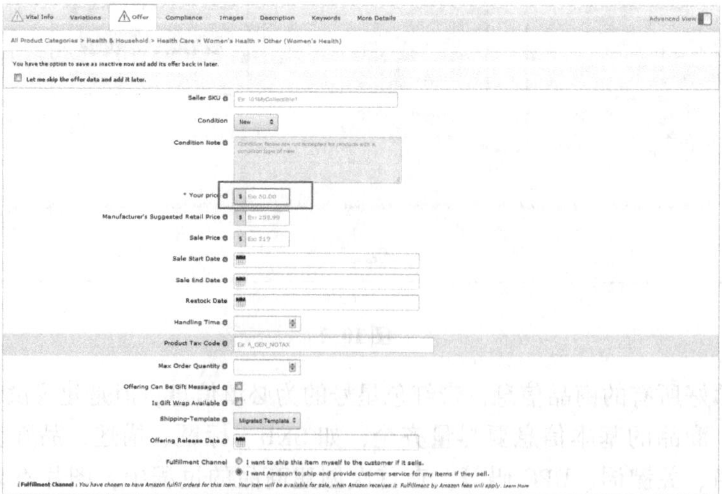

图 10.5

第四步：商品参数的填写。如果商品带电，这里就需要填写一些关于商品电池的相关信息；如果不带电，这里可以先不填写，如图 10.6 所示。

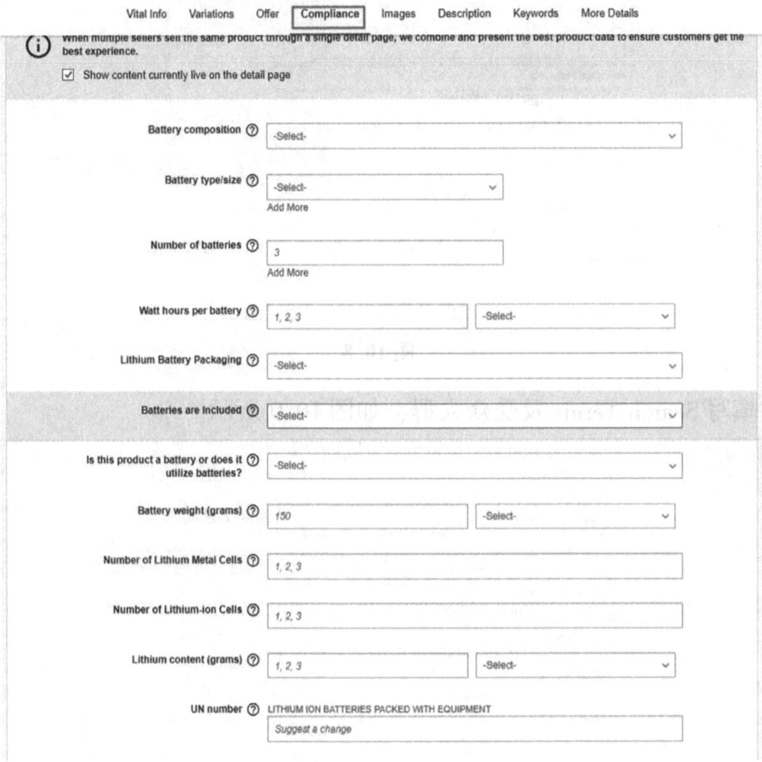

图 10.6

第五步：商品图片的上传。第一张图片为主图，后面的图片为辅图，总共可以上传 9 张图片，如图 10.7 所示。

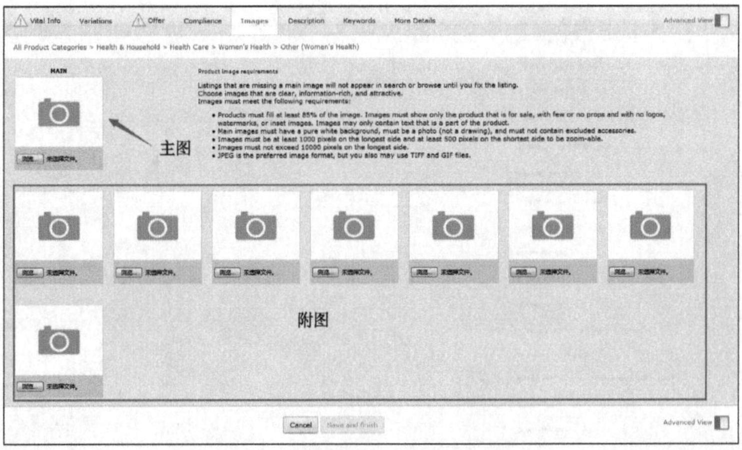

图 10.7

第六步：对商品进一步描述，填写商品描述（Product Description）及卖点（Key Product Features），如图 10.8 所示。

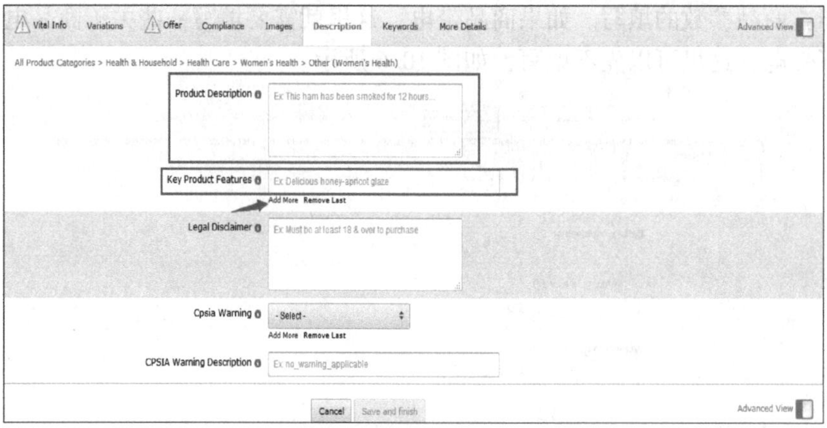

图 10.8

第七步：填写 Search Terms 及受众人群，如图 10.9 所示。

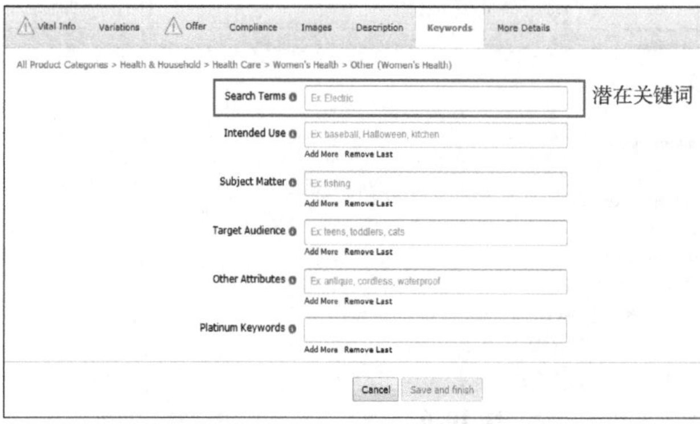

图 10.9

第八步：填写商品其他信息，包括商品的包装尺寸、重量及温馨提示等，如图 10.10 所示。

图 10.10

上传成功后，在"Manage Inventory"页面会出现新上传的商品。但是，我们在上传商品的过程中可能会遇到亚马逊对商品的审核——分类审核。

# 第二节　分类审核

## 一、分类审核的原因

（视频课程）

首先，亚马逊为了最大限度地满足客户需求，扩大销售的类目并进行分类审核，为客户提供更好的服务。其次，在需要进行分类审核的品类中的商品最能反映客户对于安全、商品质量、品牌和进出口限制等方面的要求，也能突显亚马逊是个以客户为主的平台。

分类审核的入口：选择后台主页 Help→搜索"Approval"→单击"Categories and Products Requiring Approval"按钮→选择类目。

可售类目分为限制类目及非限制类目。限制类目需要进行分类审核，如服装、珠宝、食品、手表、汽配、美妆个护等；非限制类目在前期不需要进行分类审核，但不排除后期上传之后可能需要进行安全审核，如电子、家居等，如图 10.11 所示。

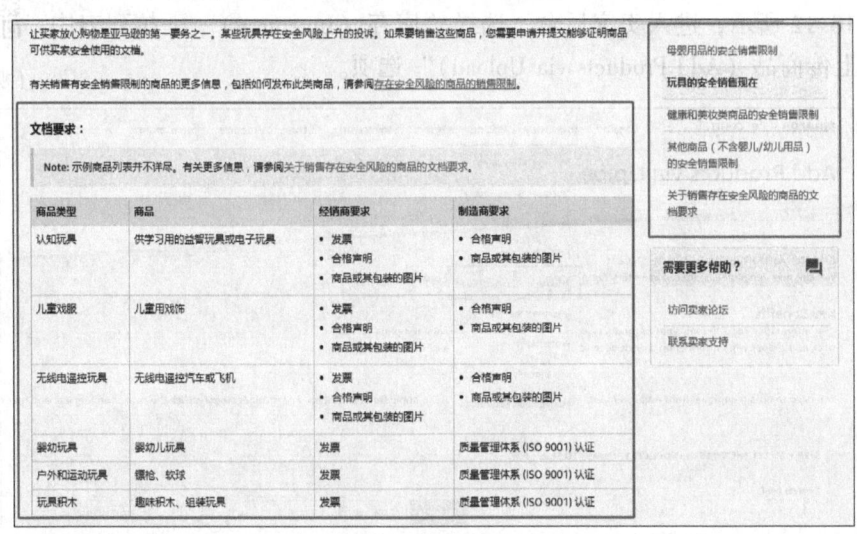

图 10.11

## 二、分类审核的常规要求

### （一）分类审核的常规硬性要求

分类审核的常规硬性要求有如下六点。

第一，账号的销售计划必须是专业卖家计划。

第二，符合亚马逊要求的商品图片 5 张。

第三，订单缺陷率 <1%。

第四，发货前订单取消率 <2.5%。

第五，延迟发货率 <4%。

第六，按照亚马逊的要求提供可能需要的发票、收据、检测证书等。

**（二）常用分类审核相关资料要求**

常用分类审核相关资料要求有如下四点。

第一，5张图片：建议是JPEG格式的；图片中商品以外的背景为纯白色（255∶255∶255），商品占图片85%以上；图片不带边框、水印；不能是电子合成的图片；不能有与商品无关的其他配件。

第二，经过授权的正规UPC码收据、发票、装箱单：必须是90天内的有效单据（具体类目有效日期不同）；含有供应商的地址及联系方式；含有进货商的地址及联系方式。

第三，相关证书：电子类的CE证书；化妆品、护肤品类的FDA证书；珠宝类的镍含量证明。

第四，企业网站：必须是一级域名的企业网站。

## 第三节　Listing的批量上传

### 一、第一步：登录后台

如图10.12所示，进入卖家后台，选择"库存（Inventory）"下拉列表中的"批量上传商品（Add Products via Upload）"选项。

（视频课程）

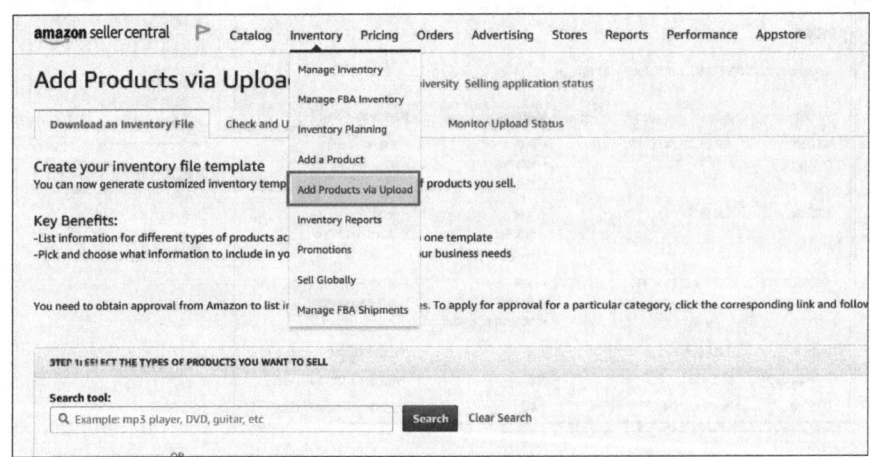

图10.12

### 二、第二步：下载库存文件

下载的路径比较简单，总的路径为："批量上传商品（Add Products via Upload）"→"下载库存文件（Download an Inventory File）"→"库存文件（INVENTORY FILES）"。在"Product Category"中，单击每个商品分类的按钮（如Baby、Beauty、Books等），卖家就可以找到要上传类目所对应的模板，然后将模板下载到电脑上（如图10.13、图10.14和图10.15所示）。下载的模板一般是Excel格式的，一共包含6个表格。

第十章 Listing 上传实操讲解

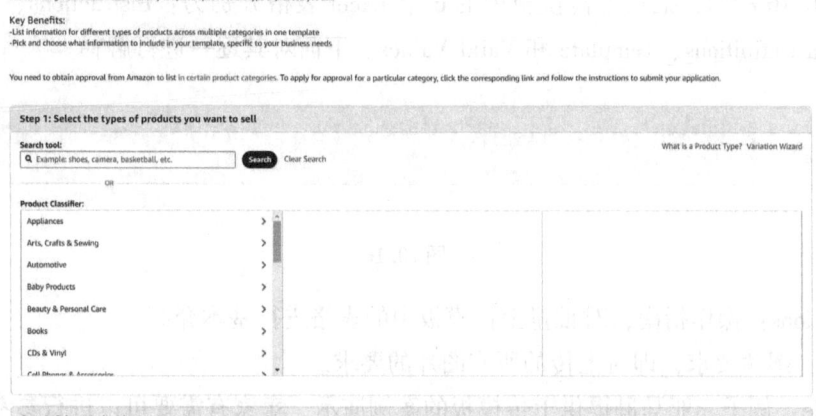

图 10.13

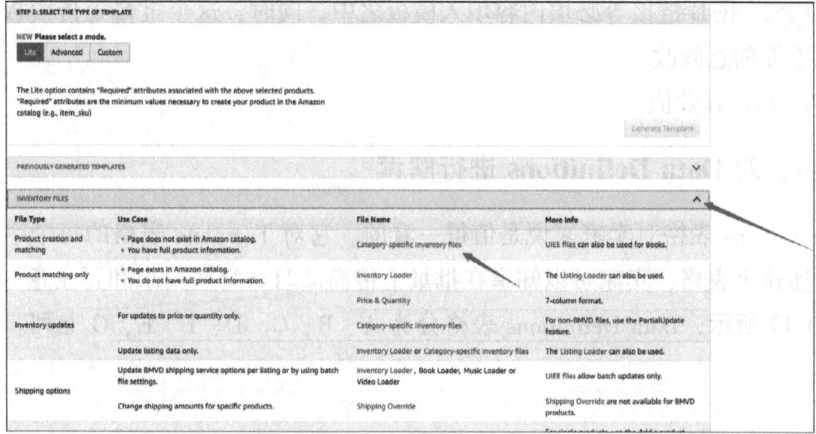

图 10.14

| Product Category | Downloadable Documents | |
|---|---|---|
| Automotive Parts & Accessories* (See also: Tires) | Inventory File Template | BTG |
| Baby | Inventory File Template | BTG |
| Beauty | Inventory File Template | BTG |
| Books | Inventory File Template | -- |
| Camera & Photo | Inventory File Template | Use the BTG for Consumer Electronics |
| Cell Phones (Wireless) | Inventory File Template | Use the BTG for Consumer Electronics |
| Clothing and Accessories | Inventory File Template | BTG |
| Consumer Electronics | Inventory File Template | BTG |
| Grocery & Gourmet Food | Inventory File Template | BTG |
| Health & Personal Care | Inventory File Template | BTG |
| Home & Garden | Inventory File Template | BTG |
| Industrial and Scientific | Food Service File template | BTG |

图 10.15

## 三、第三步：大致了解6个表格的作用

如图10.16所示，批量上传模板中的6个Excel表格分别为：Instructions、Images、Example、Data Definitions、Template和Valid Values。下面对其逐一进行解释。

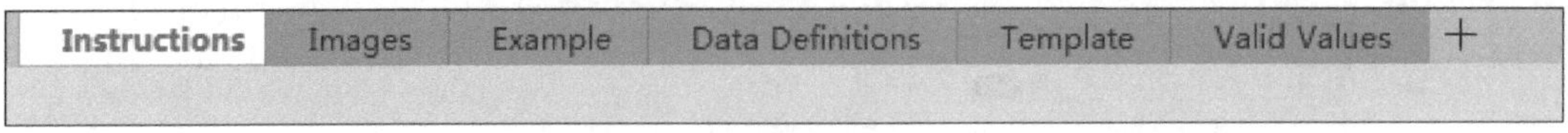


图10.16

Instructions：操作指南，对批量上传模板中的表格进行基本介绍。

Images：图片要求，即对上传的所有图片的要求。

Example：例子，亚马逊提供上传模板的案例演示，卖家有需要可以进行参考。

Data Definitions：数据定义，对批量上传模板的每个字段进行解释。

Template：模板，即批量上传模板。卖家需要使用的就是这个模板，需要将商品的标题、价格、UPC、图片链接等必填内容填入模板之中。同时，这个批量上传模板的格式是固定的，卖家不能随意修改。

Valid Values：有效值。

## 四、第四步：对Data Definitions进行解读

Data Definitions表格对卖家来说是值得一看的。它对Template表格的每个字段进行了详细解释。读懂这个表格，卖家可以知道在批量上传商品时有哪些要求和要注意的地方。

如图10.17所示，Data Definitions表格分为A、B、C、D、F、E、G七列。下面，对每列进行解读。

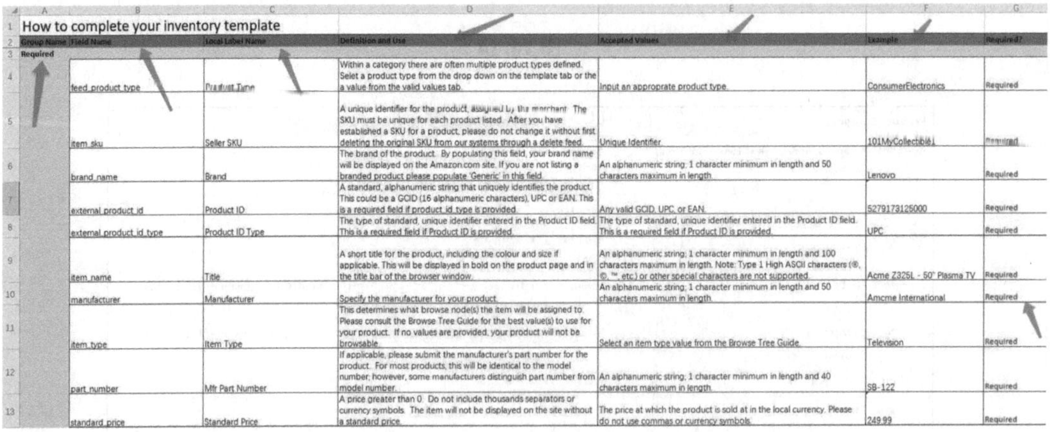

How to complete your inventory template

| Group Name | Field Name | Local Label Name | Definition and Use | Accepted Values | Example | Required? |
|---|---|---|---|---|---|---|
| Required | | | | | | |
| | feed_product_type | Product Type | Within a category there are often multiple product types defined. Selet a product type from the drop down on the template tab or the a value from the valid values tab. | Input an appropriate product type. | ConsumerElectronics | Required |
| | item_sku | Seller SKU | A unique identifier for the product, assigned by the merchant. The SKU must be unique for each product listed. After you have established a SKU for a product, please do not change it without first deleting the original SKU from our systems through a delete feed. | Unique Identifier | 101MyCollectible1 | Required |
| | brand_name | Brand | The brand of the product. By populating this field, your brand name will be displayed on the Amazon.com site. If you are not listing a branded product please populate 'Generic' in this field. | An alphanumeric string; 1 character minimum in length and 50 characters maximum in length. | Lenovo | Required |
| | external_product_id | Product ID | A standard, alphanumeric string that uniquely identifies the product. This could be a GCID (16 alphanumeric characters), UPC or EAN. This is a required field if product_id_type is provided. | Any valid GCID, UPC, or EAN. | 5279173125000 | Required |
| | external_product_id_type | Product ID Type | The type of standard, unique identifier entered in the Product ID field. This is a required field if Product ID is provided. | The type of standard, unique identifier entered in the Product ID field. This is a required field if Product ID is provided. | UPC | Required |
| | item_name | Title | A short title for the product, including the colour and size if applicable. This will be displayed in bold on the product page and in the title bar of the browser window. | An alphanumeric string; 1 character minimum in length and 100 characters maximum in length. Note: Type 1 High ASCII characters (®, ©, ™, etc.) or other special characters are not supported. | Acme Z325L - 50" Plasma TV | Required |
| | manufacturer | Manufacturer | Specify the manufacturer for your product. | An alphanumeric string; 1 character minimum in length and 50 characters maximum in length. | Amcme International | Required |
| | item_type | Item Type | This determines what browse node(s) the item will be assigned to. Please consult the Browse Tree Guide for the best value(s) to use for your product. If no values are provided, your product will not be browsable. | Select an item type value from the Browse Tree Guide. | Television | Required |
| | part_number | Mfr Part Number | If applicable, please submit the manufacturer's part number for the product. For most products, this will be identical to the model number; however, some manufacturers distinguish part number from model number. | An alphanumeric string; 1 character minimum in length and 40 characters maximum in length. | SB-122 | Required |
| | standard_price | Standard Price | A price greater than 0. Do not include thousands separators or currency symbols. The item will not be displayed on the site without a standard price. | The price at which the product is sold at in the local currency. Please do not use commas or currency symbols. | 249.99 | Required |

图10.17

A 列 Group Name：组名称。

B 列 Field Name：字段名称，指批量上传模板的字段名称，如图 10.17 中的 item_sku、external_product_id 等字段名称。

C 列 Local Label Name：本地标签名，其实跟 B 列一样，是指 Template 表格的另一个字段名称，如图 10.17 中的 Seller SKU、Product ID 等字段名称。

D 列 Definition and Use：定义和使用，即对 Template 表格的每一个字段名称的定义进行详细解释。

E 列 Accepted Values：有效值，即填写到 Template 表格的字段名称里的可接受数值范围，也就是可接受的填写内容。例如，"external_product_id"这个字段，可填写内容是"Any valid GCID, UPC, or EAN"，也就是说，任何有效的 GCID、UPC 或 EAN 码都可以填写在"external_product_id"里面。

F 列 Example：例子，亚马逊举例说明在各个字段名称可以填写哪些内容。

G 列 Required?：要求，指对该字段是否有填写要求。这里分为三项：Required 是指必填；Preferred 是指优先填写，建议卖家最好填写上；Optional 是指选填。

## 五、第五步：Template 的上传步骤

对 Data Definitions 表格有所了解后，接下来卖家就要使用 Template 上传商品了。

前文提到，卖家根据销售的商品类目下载模板。所以，品类不同，Template 的格式和要填写的内容也是不一样的。卖家要按照 Data Definitions 的要求，输入必填信息。

另外，表格中"main_image_url"一栏是需要填写主图图片地址的。卖家可以先将图片处理好，再将图片上传到互联网的某个空间里面（卖家可以将图片免费存储在网站，图片上传成功后，卖家找到图片，鼠标右键单击"属性"可以获取图片地址，然后再将图片地址复制到对应的商品的"main_image_url"一栏）。

另外，卖家如果需要上传其他图片，也可以用相同的方法将图片地址放在 other_image_url1—other_image_url8 里面。

## 六、第六步：检查表格

将所有的商品信息都填入 Template 后，卖家可以在"上传您的库存文件"页面使用"检查库存文件"功能，对整个模板进行检查。卖家选好文件类型、要检查的文件并填写"邮件提醒"栏后，单击"检查库存文件"按钮进行检查。如果模板有错误，即么系统会有处理报告提示，卖家可自行下载该报告，根据报告的标注或提示进行更改。详情如图 10.18 所示。

## 七、第七步：上传表格

经初步检查无误后，卖家继续在"上传您的库存文件"页面进行表格上传。如图 10.19 所示，选择相应的文件类型和要上传的文件并填写"邮件提醒"栏。

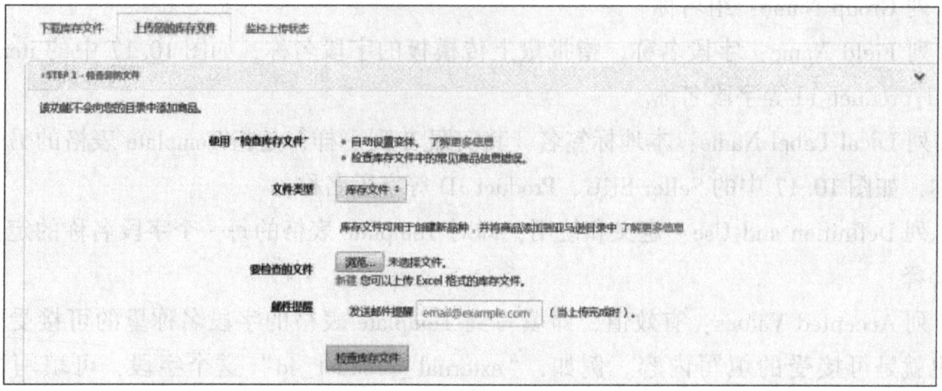

(1)

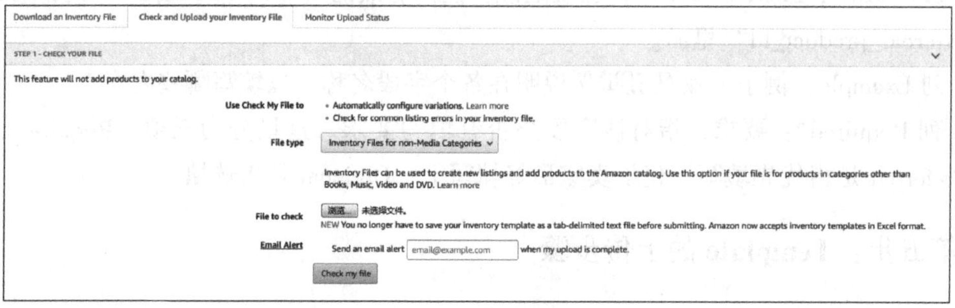

(2)

图 10.18

(1)

(2)

图 10.19

## 八、第八步：下载错误处理报告

如图 10.20 所示，上传表格之后，卖家可切换到"监控上传状态"页面，可查看最近的批量上传结果和下载错误处理报告。

图 10.20

## 九、第九步：批量上传错误代码

如图 10.21、图 10.22、图 10.23 所示，卖家可以在后台搜索栏中找到错误处理报告（Error code explanations），其中每个错误代码对应不同的错误信息。通过对比，卖家可以对填写到某个字段的信息进行修改。

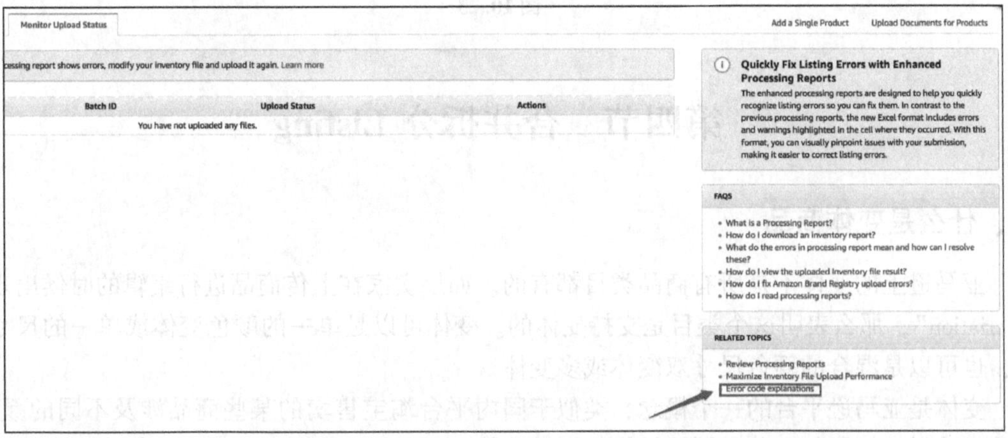

图 10.21

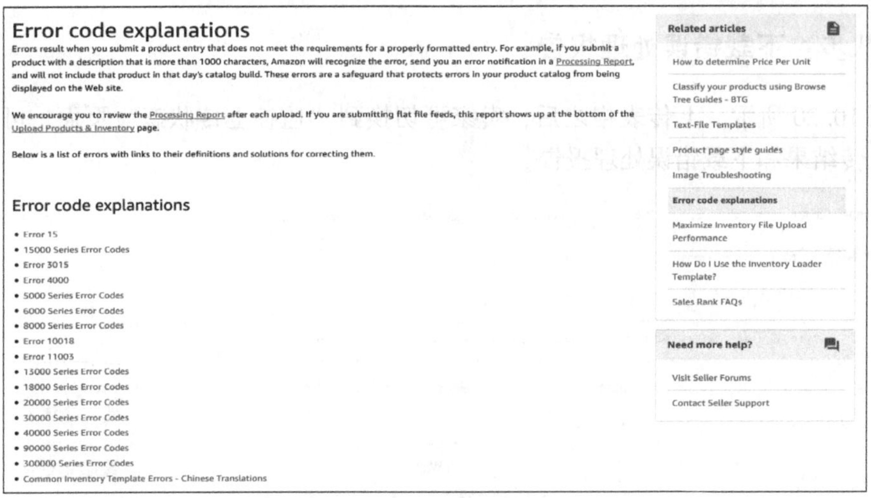

图 10.22

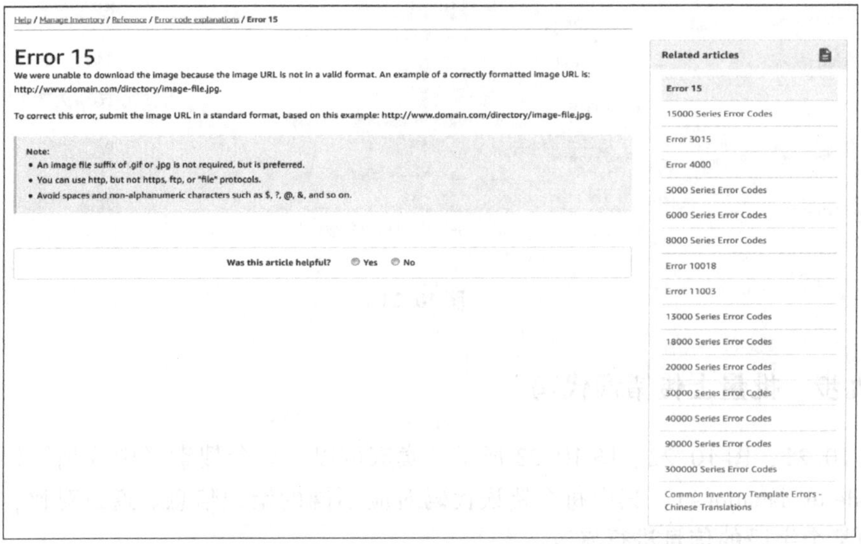

图 10.23

## 第四节　合并拆分 Listing

### 一、什么是变体商品

亚马逊上的变体不是所有商品类目都有的。如果卖家在上传商品进行编辑的时候出现了"Variation",那么表明这个类目是支持变体的。变体可以是单一的颜色变体或单一的尺寸变体,也可以是混合的颜色尺寸双变体或多变体。

变体是亚马逊平台的一个概念,类似于国内平台淘宝售卖的某些商品涉及不同的颜色、尺寸、式样。如果每一种不同的规格都用单独的一个链接,客户要购买不同规格的商品就需要进行进一步搜索,那么客户的购物体验是非常差的,而且这样的操作会使得卖家的店铺杂乱无章。但是，如果卖家能够通过一种功能把这些规格集中在同一个 Listing 下，客户就可以在这个 Listing 里选择自己想要的颜色、尺寸、式样、材质等，从而定位到自己想要的商品。

## 二、变体关系及好处

若卖家需要销售具有变体的商品（如服装类、鞋靴类、珠宝首饰类等有尺寸、颜色等区别的商品），则需要创建具有变体关系的父子商品。

亚马逊变体分为子体和父体，不同的 Listing 可以通过一个父体拼成一个全新的 Listing。父体就像一个纽带，把所有子体拼在一起。

父商品是一系列变体商品的集合名称（虚拟存在于后台，用于连接各个子商品的非真实商品），子商品是具有变体特性的实际商品。

创建变体后，所有商品在同一个"Detail Page"页面显示，每一个子体的 Review、Q&A 都会加总，体现在这个新的 Listing 上面，包括整体的 Review Rating 的星级。当然，子商品的销量也会统一计入父商品当中，这会有利于提升您的商品在亚马逊网站上的搜索排名，也有利于带动变体里其他商品的销量。

## 三、通过后台将单独的亚马逊商品合并成父子变体

进入亚马逊管理后台，选择"Inventory（库存）"下拉列表中的"Add a Product（添加新商品）"选项，选择与要合并的商品同样的细分类目，然后单击"Categories and Products Requiring Approval（选择类目）"按钮进入编辑页面；进入以后，可以先单击"Variations（变体）"按钮，选择你要做变体的类型，如图 10.24 所示。

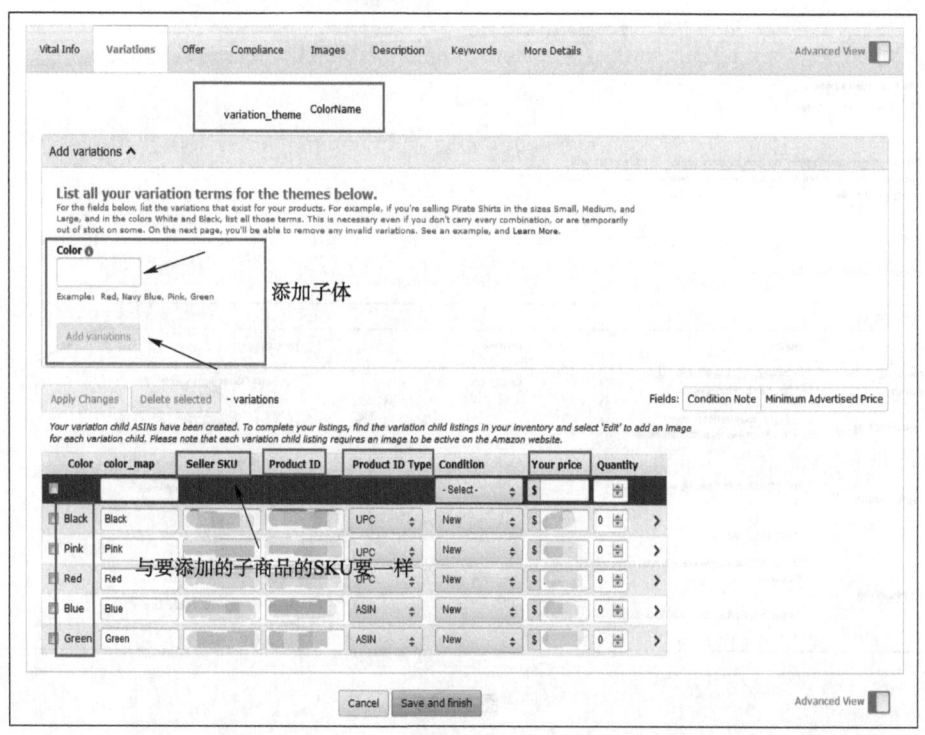

图 10.24

填写好"Variations（变体）"以后，可以再返回"Vital Info（重要信息）"界面，将重要的信息填写好；填写完毕后，单击"Save and finish（保存和完成）"按钮即完成操作。

如果后台编辑变体这一栏无法编辑，则表明该类目不支持变体（如图 10.25 所示），那么卖家也可以尝试通过模板合并变体。

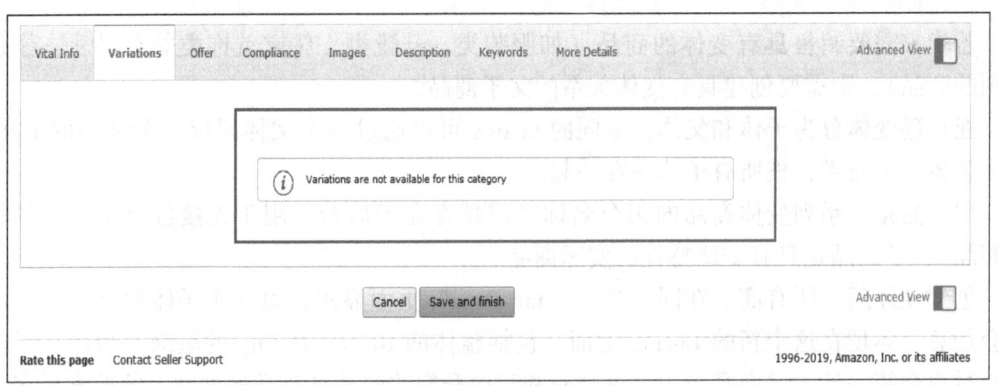

图 10.25

### 四、通过模板将单独的亚马逊商品合并成父子变体

那么，如何通过模板将单独的亚马逊商品合并成父子变体呢？其操作步骤如下所述。

第一步，如图 10.26、图 10.27 所示，通过 Inventory→Add Products via Upload→INVENTORY FILES→File templates，选择并下载对应的模板。

图 10.26

You are registered with Release Package 4.1

Use the following template versions.

Inventory file templates in Simplified Chinese (库存文件模板)

| File templates | Style guides | Browse Tree Guide (BTG) | Approval required |
| --- | --- | --- | --- |
| Automotive & Powersports (Parts & Accessories)<br>Automotive & Powersports (Tires & Wheels) | Automotive & Powersports (PDF)<br>Motorcycles & ATVs (PDF) | Automotive and Powersports BTG | View requirements |
| Baby | Baby (PDF) | Baby BTG | No |
| Beauty | Beauty (PDF) | Beauty BTG | |
| Books | Use Book Loader<br>Use UIEE Format to List Books | Books BTG | For Books, approval is required only for listing in "Collectible" condition. |
| Camera & Photo | See Consumer Electronics. | See Consumer Electronics. | No |
| Cell Phones & Accessories (Wireless) | See Consumer Electronics. | Cell Phone & Accessories BTG | No |
| Clothing & Accessories | Clothing & Accessories (PDF) | Clothing & Accessories BTG | View requirements |
| Collectible Coins | Collectible Coins (PDF) | There is no separate BTG available for this category. | View requirements |
| Computers | See Consumer Electronics. | See Consumer Electronics. | No |
| Consumer Electronics | Consumer Electronics (PDF)<br>Consumer Electronics Store Style Guide | Consumer Electronics BTG | No |
| Entertainment Collectibles | Entertainment Collectibles (PDF) | BTG available upon approval to sell in this category. | View requirements |
| Eyewear (See Clothing & Accessories) | Eyewear | Clothing & Accessories BTG | View requirements |



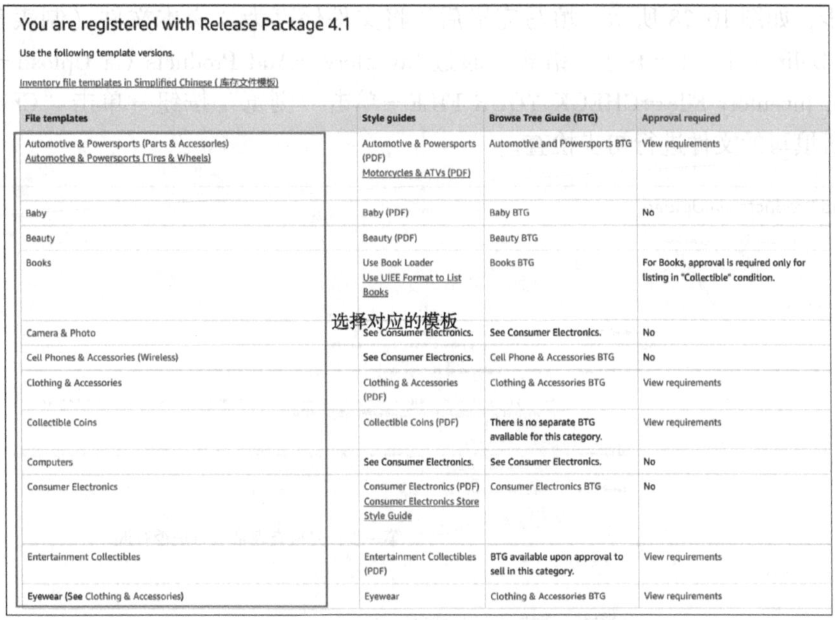

图 10.27

父商品填写所有必填项，如 Seller SKU、Brand Name、Product ID、Manufacturer 等信息，以 Health 模板为例，如表 10.1 所示。

表 10.1　父商品填写一览表

| Seller SKU | Brand Name | Product ID | Product ID Type | Item Name (aka Title) | Manufacturer |
| --- | --- | --- | --- | --- | --- |
| item_sku | brand_name | external_product_id | external_product_id_type | item_name | manufacturer |
| 父体 SKU | 品牌名 | | | 随意编辑即可 | 制造商名 |
| 子体 SKU | 品牌名 | 对应表格里 external_product_id_type 填写 | ASIN | 标题 | 制造商名 |
| 子体 SKU | 品牌名 | 对应表格里 external_product_id_type 填写 | ASIN | 标题 | 制造商名 |

注意：父商品首次上传，填写 Update，子商品填写 PartialUpdate。父子变体部分填写时，父商品不填写 Parent SKU、Relationship Type、Variation Theme 或其他变体主题，如表 10.2 所示。

表 10.2　父商品填写一览表

| Variation | | | | Basic |
| --- | --- | --- | --- | --- |
| Parentage | Parent SKU | Relationship Type | Variation Theme | Update Delete |
| parent_child | parent_sku | relationship_type | variation_theme | update_delete |
| Parent | | | | Update |
| Child | 父体 SKU | Variation | Color | PartialUpdate |
| Child | 父体 SKU | Variation | Color | PartialUpdate |

第二步，如图 10.28 所示，填写完毕后，将文件保存为"文本文件（制表符分隔）或 Text（Tab Delimited）（*.txt）"格式，通过 Inventory→Add Products via Upload→Check and Upload your Inventory File→CHECK YOUR FILE→单击"浏览"按钮→单击"Check my file"按钮，对所填写的文件进行初步检查。

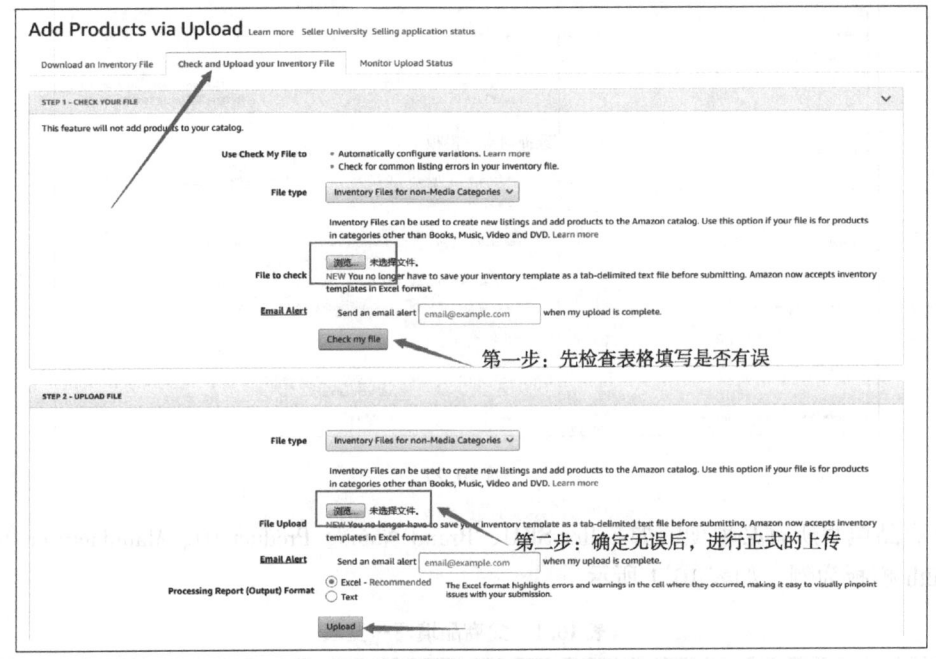

图 10.28

注意：检查结果在 Monitor Upload Status 中显示（如图 10.29 所示）。

图 10.29

如果检查结果无误，那么可通过 Check and Upload your Inventory File→UPLOAD FILE→单击"浏览"按钮→单击"Upload"按钮，进行上传操作。

上传成功后，可在"Manage Inventory"页面查看变体信息。

注意：上传过变体的表格一定要命名并保存，后期如果拆分变体可直接用。

## 五、通过后台将亚马逊父子变体商品拆分

当有些亚马逊子商品销量较差，影响整个 Listing 评分时，卖家就会想要下架这些销量差的子商品，打造销量好的子商品作为独立 Listing，或者几个销量好的子体继续作为一个变体，这时就需要拆分父子变体商品。

## 第十章 Listing 上传实操讲解

### （一）删除父商品

在"Manage Inventory"页面找到想要解除父子变体的商品，选择父体的"编辑"下拉列表中的"删除商品和报价"选项，即可将整个变体拆分开来，子商品全部独立出来（如图 10.30 所示）。

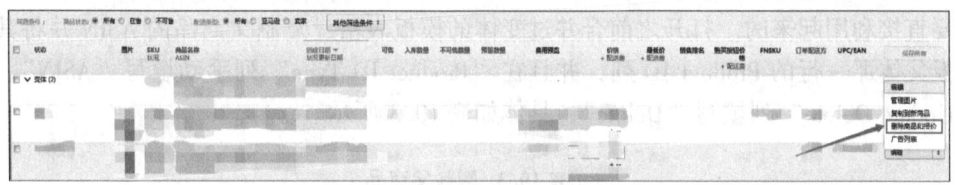

图 10.30

注意事项：拆分父子变体关系，即将子商品变成独立商品，尽量使用模板更新。如果在"Manage Inventory"页面删除父商品，亚马逊可能会抓取错误，导致父子商品信息全部被删除（如图 10.31 所示）！请谨慎操作！

图 10.31

### （二）拆分部分子商品

如图 10.32 所示，在"Manage Inventory"页面找到想要拆分出来的子商品所归属的父商品，进入父商品的编辑页面单击"Variation"按钮，在"Add variations"对话框中勾选你要拆分的子商品，再依次单击"Delete selected"按钮和"Save and finish"按钮，即可将选择的子商品拆分出来。

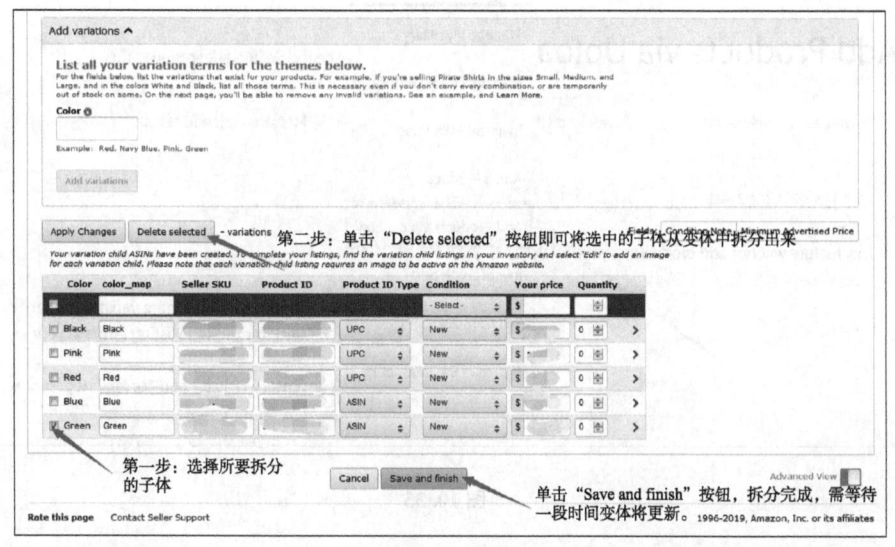

图 10.32

## 六、通过模板将亚马逊父子变体商品拆分

### （一）删除父商品

本书提及在合并变体的时候，上传的表格要及时保存，作用就在于其在拆分变体的时候是需要直接利用起来的。打开之前合并过变体的模板表格，复制父商品的 ASIN 并将其粘贴在模板父体那一行的 Product ID 列，并且在"Product ID Type"列手动填写"ASIN"，父体的"Update Delete"列填写"Delete"，具体如表 10.3 所示。

表 10.3 删除父商品

| Product ID | Product ID Type | Update Delete |
|---|---|---|
| external_product_id | external_product_id_type | Update_delete |
| 复制粘贴父商品 ASIN 编码 | ASIN | Delete |
|  |  |  |
|  |  |  |
|  |  |  |

按照以上操作填写完毕那三项信息之后，将文件保存为"文本文件（制表符分隔）"格式，进入后台 Inventory（库存）→Add Products via Upload（批量上传商品）→Check and Upload your Inventory File（上传您的库存文件）→UPLOAD FILE（上传文件）→Inventory Files for non–Media Categories（库存文件）→Click Browse（单击"浏览"按钮）（选择"修改好的文本文件格式的批量表"）→Upload（上传），如图 10.33、图 10.34 所示。上传成功后，在"Manage Inventory"页面确认该父商品是否已删除。

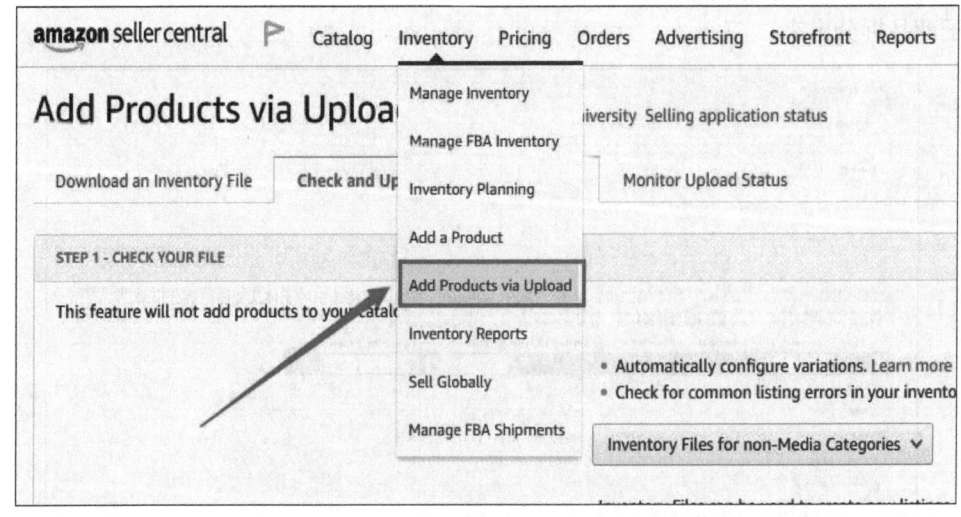

图 10.33

图 10.34

## （二）拆分部分子商品

在原有的批量表格中找到要删除的子商品，在选中的子体的"Update Delete"这一栏内填写"Delete"，在父体的"Update Delete"这一栏内填写"PartialUpdate"，具体如表 10.4 所示。

表 10.4 拆分部分商品

| Parentage | Relationship Type | Variation Theme | Update Delete |
|---|---|---|---|
| parent_child | relationship_type | variation_theme | update_delete |
| Parent | | → | PartialUpdate |
| Child | Variation | Color | PartialUpdate |
| Child | Variation | Color → | Delete |
| Child | Variation | Color | PartialUpdate |

表格填写完成以后，后续操作同模板删除父商品一样。上传成功后，在"Manage Inventory"页面确认该子商品是否已拆分。

# 第十一章　亚马逊推广促销

## 第一节　A9 算法（搜索规则）

### 一、A9 算法的定义

如图 11.1 所示，作为构成亚马逊平台根基的一环，A9 算法就像是生活中的物理规则一般，看不见摸不着，但却是真实存在的。而正是对规则的探索和利用才成就了当下社会的繁荣。所以，面对亚马逊平台的 A9 算法，卖家自然也要学习并合理利用它来促进商品销量的提升。

（视频课程）

图 11.1

A9 算法可以简单地理解为亚马逊站内的搜索规则。既然它是搜索规则，那么首要的判断条件就是相关性，也就是呈献给客户的搜索结果要和搜索词及客户的预期相关，这就涉及了一个问题——A9 算法会抓取 Listing 的什么信息来与客户的搜索词进行匹配呢？

对于一般新手卖家而言，上传商品时涉及的标题和搜索关键词是 A9 算法抓取信息的重点对象。但是容易被新手忽略的是上传商品时所填写的 Listing 类目，这也是 A9 算法判断相关性的重要一环。

有不少卖家都会认为，包含 Listing 少的类目竞争就少，从而选择一个和商品相关性不高的小类目。这种观念在一定程度上是正确的，但是小类目决定了其总体流量不会很高，而一个和类目不太相关的商品在其中能获得多少流量和转化可想而知。而从 A9 算法的角度来看，即便是客户搜索了卖家所设定的关键词，也会因为卖家的商品不属于相关类目而被算法降低 Listing 的搜索权重，导致其只能在搜索结果中靠后展示。所以卖家在类目的选择上，可以尝试稍小一些的类目，但是一定要保证类目和商品的高相关性。

当然，上面介绍的商品标题和搜索关键词的确是 A9 算法主要抓取并匹配的信息，这里建议卖家还要注意以下几点。

第一，标题既是 A9 算法抓取的重点，也是展示给客户的第一面。简洁精准并包含有关商品详细信息的标题，既能保证 A9 算法高效准确地识别卖家 Listing，也能保证展现给客户后不会因为繁杂而降低转化率。

第二，多的相关词去撞库。后期可以逐渐总结出适合自己 Listing 的精准关键词，不需要多，一般两三个主词即可，太多不同的主词反而会降低 A9 算法分配到每个词上的权重。

第三，最后还有一个容易被忽视的地方，那就是商品介绍和五点描述中的关键词，这也是 A9 算法抓取的信息之一。和标题类似，关键词也是展现在客户眼前的一面，所以也要注意精准地用好关键词，并且还需要美观的排版（参见图 11.2）。

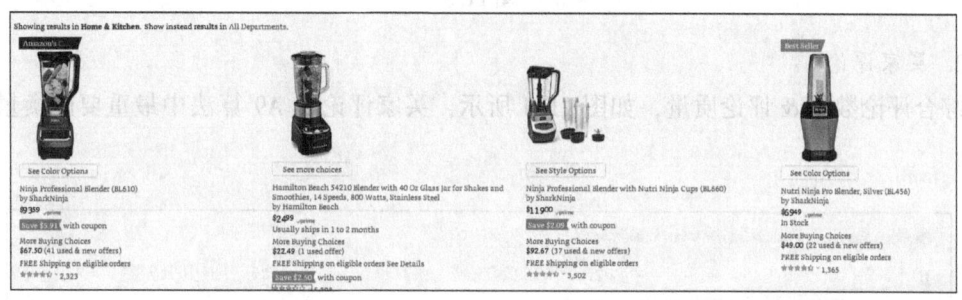

图 11.2

A9 算法是如何判断 Listing 的竞争力，从而增加客户下单概率的？

算法的意义就是让机器能如同人一般思考，A9 算法判断商品竞争力的思路也不例外。我们可以想想平时买东西的时候会考虑哪些因素，这也就是 A9 算法的判断标准，具体如下。

第一，首先是价格。相对的低价从来都是电商们的优势。A9 算法在同等条件下会考虑给相对低价的 Listing 更好的展示位置。价格的优势可以在很大程度上弥补其他的不足，毕竟价格对于消费者来说是最敏感的因素。

第二，其次是转化率。给了卖家足够的展示曝光，却没有成交，A9 算法如果是个人肯定会很生气，进而会减少分配的流量，把这些流量给能够促成下单也就是高转化率的 Listing。而事实就是如此，转化率低，A9 算法给到的流量也少。所以，卖家要考虑到亚马逊是个购物网站，促成客户下单才是第一要务，至于在哪个 Listing 下单并不重要。

第三，最后是商品的评价（Review）。Review 的数量和质量也是 A9 算法在分配流量时的重要参考因素。Review 维护好了，客户下单的意愿更高，A9 算法分配的流量也更多，可谓一石二鸟。

## 二、A9 算法运行中的影响因素

### (一) 转化率

1. 销量排名

排名好的商品销量会更高；同理可得，商品销量高，排名也会更好（如图 11.3 所示）。

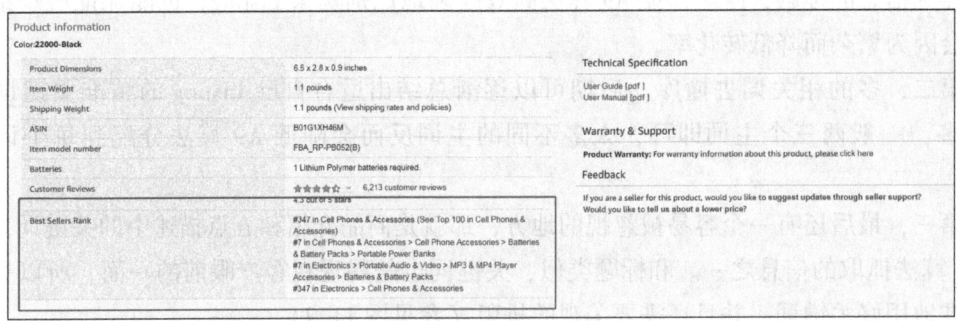

图 11.3

2. 买家评论

综合评论数量 & 评论质量，如图 11.4 所示，买家评论是 A9 算法中最重要的衡量因素之一。

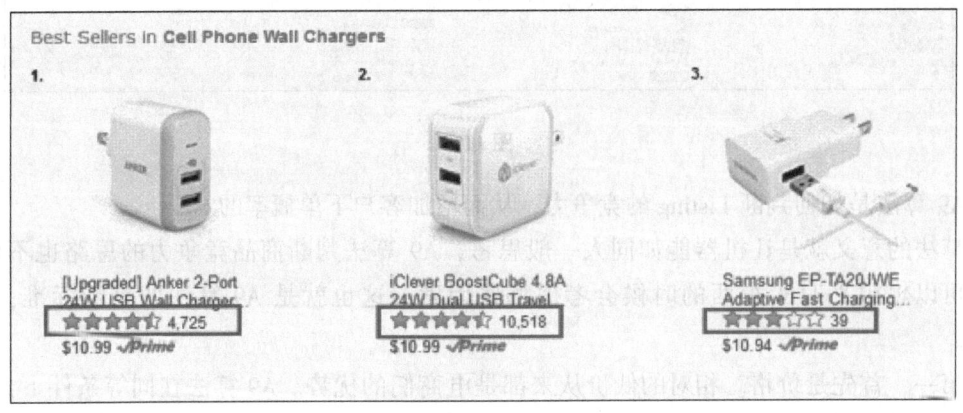

图 11.4

3. Q&A

虽然官方没有直接表明它是有关于排名的，但是这个数据却放在 Listing 的顶端标题的下方，很明显表示它也是影响转化率的一种因素（如图 11.5 所示）。

4. 图片尺寸和质量

亚马逊要求商品图片必须是高清图，其像素为 $1000 \times 1000 px$。这是因为当图片像素在 $1000 \times 1000 px$ 以上时，展示出来的效果才具备缩放功能。

5. 价格

决定预估转化率的最重要的因素就是价格，同时价格也是亚马逊决定 Buy Box 归属的主要因素。如图 11.6 所示,在跟同款商品竞争的时候,如果所有参数都差不多,那么价格就显得尤为重要了。

 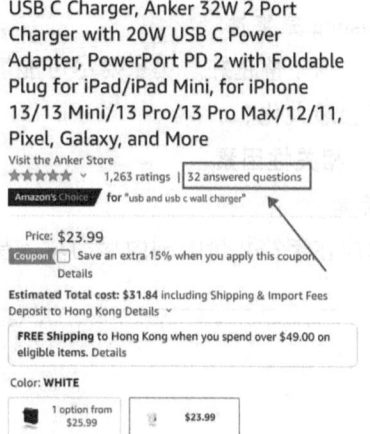

图 11.5

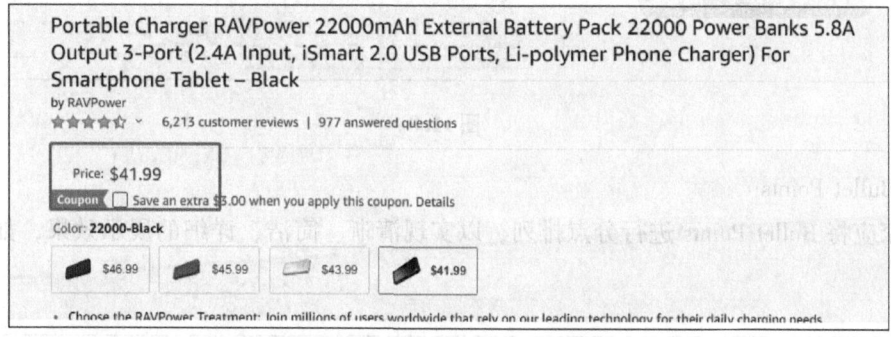

图 11.6

6. 父子关系商品

如图 11.7 所示,亚马逊偏好排名有多个选项的 Listing,若将同类商品合并到同一个主要的商品页面,可以最大限度地量化客户评价。

图 11.7

### 7. 页面停留时间和跳转率

页面停留时间和跳转率也是影响因素之一。亚马逊也会抓取客户在一个卖家页面停留的时间,以确认是否符合客户的消费习惯。

### 8. Listing 完整性

Listing 越完整越好。卖家要尽可能填好清单页面的每一个部分,使商品出现在搜索结果前列的机会最大化。

## (二) 相关性因素

### 1. 标题

卖家应在字符数量限制内尽力填入更多的、准确的关键词,如图 11.8 所示。

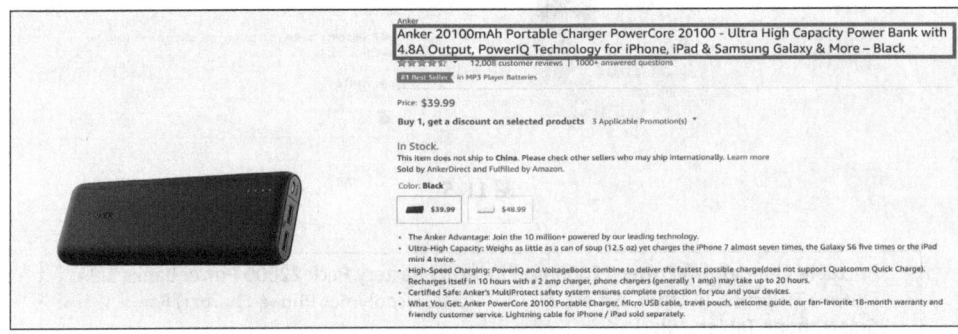

图 11.8

### 2. Bullet Points

卖家应将 Bullet Points 进行分点排列,以实现清晰、简洁、详细的展示效果,如图 11.9 所示。

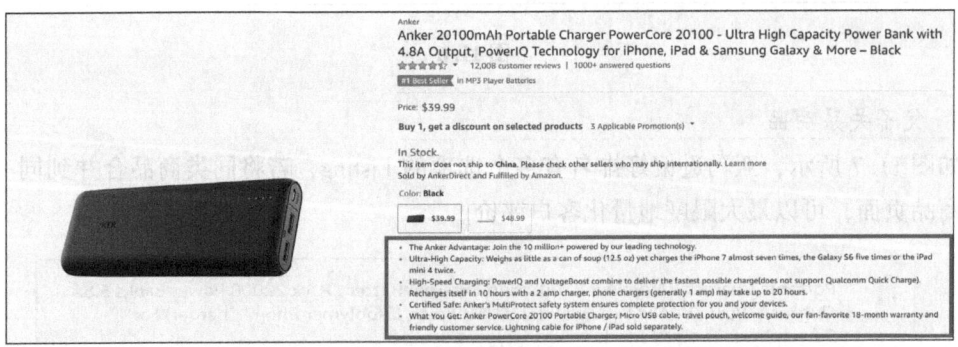

图 11.9

### 3. 商品描述

商品描述要深入、引人注目、容易浏览,包括大量图片和题注,以及没有列在正常技术部分的额外参数。

### 4. 品牌和制造商

品牌和制造商显然会影响客户对商品质量的判断,所以卖家要列清楚品牌和制造商。

5. 技术参数

技术参数会影响客户的需求，特别是注重细节和特殊需要的客户。所以，卖家必须详细列出商品技术参数。

6. 类目和子类目

在商品的分类中，卖家要选择一个正确的类目以获得最多的流量（如图11.10所示）。

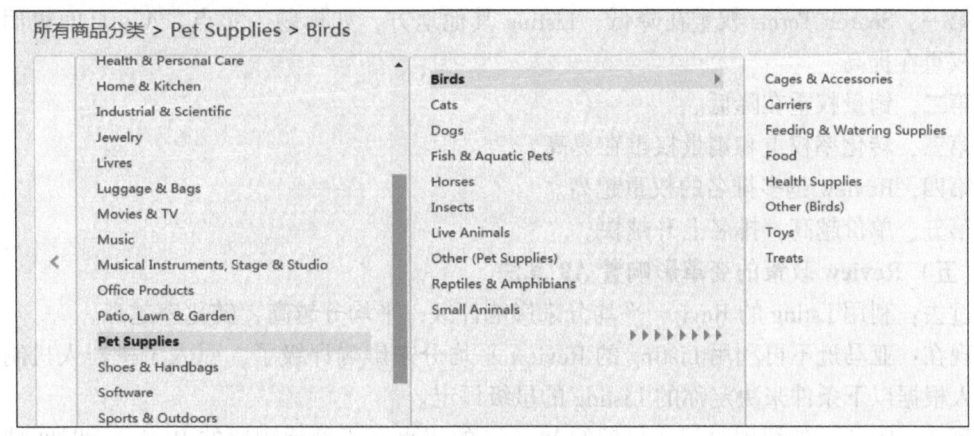

图 11.10

7. Search Terms

Search Terms 即关键词，位于商品刊登界面的"Keywords"一栏，通过填写、搜索关键词让客户找到想要的商品。Search Terms 是唯一不被亚马逊在前端公开显示，却影响着 Listing 的搜索权重的关键词。目前在亚马逊的规则下，Search Terms 只识别250个字符。

（三）买家留存率

1. 订单处理速度

一笔订单的处理速度会直接影响客户的购物体验。不好的购物体验可能会给卖家带来不好的评价。

2. 可售库存

可售库存（Sellable Inventory）即网站前台显示的库存。低库存率的供应商可能会有高退款率及取消订单率。

3. 完美订单率

完美订单是指订单得到了完美的履行，在整个订单完成周期内，每一步作业都严格按照对客户的承诺执行。完美订单率（Perfect Order Percentage，POP）可作为企业零缺陷物流承诺的评判指标，是用来衡量多少订单完美地从"加入购物车"到"送达客户手中"的指标。

4. 订单缺陷率

订单缺陷率（Order Defect Rate，ODR）是衡量卖家提供良好客户体验能力的主要指标。客户负面反馈、索赔保障，以及任何一种运输问题和信用卡退款，都会造成订单缺陷率的提升。

5. 退出率

退出率即客户访问亚马逊卖家的页面停留一定时间以后再退出页面的比率。

6. 包装选择

包装不仅有功能性作用，还能促进商品销售。亚马逊 FBA 提供免费抗损包装。

### （四）A9 算法新调整

目前，A9 算法的新调整主要有如下五点。

第一，Search Terms 权重在降低，Listing 其他地方，如标题、卖点、A+页面里面的关键词权重在提高。

第二，销量权重在降低。

第三，转化率权重和销量权重在提高。

第四，Review 越多排名的权重越高。

第五，单价越高，排名上升越快。

### （五）Review 政策的变革影响着 A9 算法

过去：利用 Lsting 的 Review 平均分来影响评级，平均分越高，转化率越高。

现在：亚马逊不再利用 Listing 的 Review 平均分来影响评级了，引入了机器人机制，由机器人根据以下条件来决定你的 Listing 的星级评定。

第一，Review 的留评时间。早期的 Review 的权重高于最近刚留的 Review，时间越久评级越高。

第二，Review 的点赞越多，权重越高。如果你的好评都有几十个赞，就算来个差评也不会对你的 Review 评分有太大影响，不至于从 4.5 降到 3.5；如果你的 Review 都没有赞或赞很少，那么差评对你的 Review 评分就是跳水式打击，星级一落千丈，从此没单。同时，如果你的好评点赞数多，也可以抵抗其他竞争对手恶意差评带来的打击。

第三，没有 VP 的 Review 对排名的影响会降到最低，以前 Top Reviewer 的评论权重也会下降甚至删掉，VP 排名权重会升至最高。

## 第二节　亚马逊站内广告

我们知道，亚马逊站内推广的其中一个形式就是 CPC（站内广告），很多卖家都感觉 CPC 很有难度：第一，CPC 运营不是一蹴而就的事情，需要长时间积累经验，方可有一套自己的运营手法；第二，如果 CPC 的广告成本销售比（Advertising Cost Of Sales，ACOS）控制不当，也就意味着你的花费将会超出你的想象。本章节我们就来学习亚马逊站内广告如何布局，这其中包括自动广告和手动广告的匹配形式，以及运营中的工作原理，尤其是在打手动广告之前我们如何选词，打了广告之后我们如何分析广告报表等。

（视频课程）

### 一、站内广告前台显示

### （一）品牌推广广告

对于品牌推广广告，其条件为注册品牌并且在亚马逊进行了品牌备案，广告例子如图 11.11 所示。

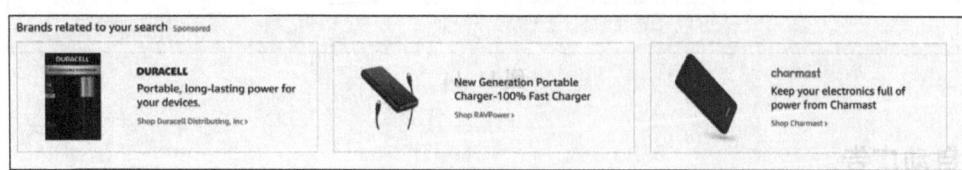

图 11.11

## （二）商品推广广告

商品推广广告，则无任何条件，其展示页面的中间部分如图 11.12 所示。

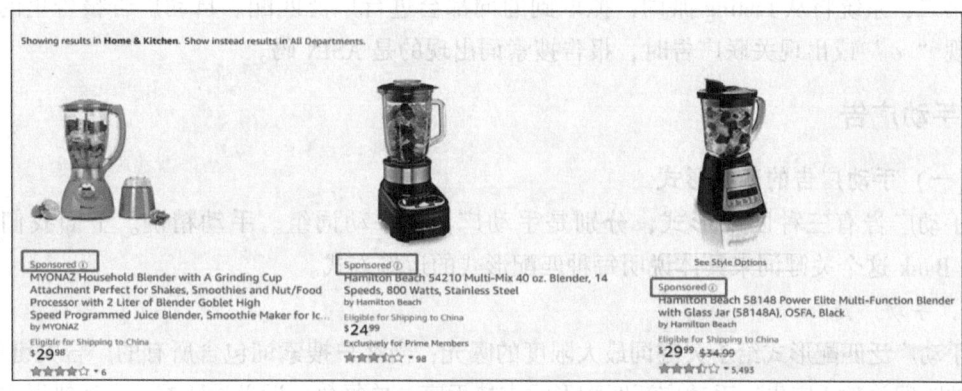

图 11.12

其展示页面的底部如图 11.13 所示。

图 11.13

其详情页的底部如图 11.14 所示。

图 11.14

## 二、自动广告

自动广告的匹配形式只有一种，亚马逊平台默认的是自动广泛。

自动广告的工作原理如下。

第一，亚马逊根据卖家的商品信息，将卖家的广告投放到所有相关的客户搜索页面。

第二，系统将从 Listing 抓词，抓取到的词都会进行广泛匹配。自动广告报告里的关键词出现"＊"或出现关联广告时，报告搜索词出现的是 ASIN 码。

## 三、手动广告

### （一）手动广告的匹配形式

手动广告有三种匹配形式，分别是手动广泛、手动词组、手动精确。下面我们就以 Power Bank 这个关键词来具体说明每种匹配形式的运作方式。

1. 手动广泛

手动广泛匹配形式给予关键词最大限度的曝光；当客户搜索词包含所有的广告关键词时，就会被匹配并激活广告；手动广泛匹配形式支持无序、单复数、近义词匹配，支持错误拼写。

Keyword：Power Bank；

精准匹配：Power Bank；

无序匹配：Bank Power；

长尾匹配：Anker Power Bank、Power Charger Bank、Power Bank 10000mah；

单复数匹配：Power Banks；

错误拼写：Power Pank；

近义词匹配：Battery Bank。

2. 手动词组

手动词组匹配形式给予关键词相对限制的曝光，也相对精准；客户搜索词需要与关键词相同，或者在关键词前后添加搜索词；手动词组匹配形式支持单复数匹配，不支持无序匹配、错误拼写。

Keyword：Power Bank；

精准匹配：Power Bank；

无序匹配：Bank Power；

长尾匹配：Anker Power Bank、Power Charger Bank、Power Bank 10000mah；

单复数匹配：Power Banks（支持复数就不支持长尾）；

错误拼写：Power Pank；

近义词匹配：Battery Bank。

3. 手动精确

手动精确匹配方式最大限度地限制曝光，但也是最精准的；其只支持单复数匹配，其他的都不支持。

Keyword：Power Bank；

精准匹配：Power Bank；

无序匹配：Bank Power；

长尾匹配：Anker Power Bank、Power Charger Bank、Power Bank 10000mah；

单复数匹配：Power Banks；

错误拼写：Power Pank；

近义词匹配：Battery Bank。

**（二）手动广告的工作原理**

手动广告的工作原理有如下两条：

第一，当客户的搜索内容与卖家提供的关键词相匹配时，会展示卖家的广告；

第二，人为筛选关键词，可选择匹配模式，不同关键词可以提供不同出价。

**（三）CPC 选词**

我们在第九章的关键词获取途径小节中提到过一些选词的方法和工具，这里再进行补充说明。

可以用米库找到类目前 1000 位的数据并导出为表格，把表格中标题复制到词频进行分析。网站分析词频列举如下。

Writewords：www. writewords. org. uk/word_count. asp。

Merchantwords：www. merchantwords. com/。

keywordtooldominator：www. keywordtooldominator. com/v1/amazon – keyword – tool。

Free amazon keyword tool：App. scientificseller. com/keywordtool。

AMZ Track：www. amztracker. com/sign – in. php。

AMZ Helper：www. amzhelper. com/usermanage/index. php。

Keepa：keepa. com/。

亚马逊前台搜索框下拉框：Sur time。

谷歌关键词规划师：KW finder。

需要注意的是，用以上工具找出来的关键词不能直接用于打广告，要进行筛选和排除无效的关键词，以免后期浪费金钱。筛选出的关键词也可以利用精准流量元素法来组成自己的小词库。

**（四）CPC 报表分析**

亚马逊 CPC 主要是通过关键词进行投放的。卖家可在后台下载 CPC 的报表，并从报表中了解客户主要通过哪些关键词搜寻到自己投放的广告，以及投放的广告的具体表现。之后卖家可将这些关键词收集到一个表格中并进行筛选，对标题进行优化，或者放到广告的关键词词库中。

1. 广告报表下载路径

第一步，如图 11.15 所示，进入后台，选择"数据报告"下拉列表中的"广告"选项。

图 11.15

第二步，如图 11.16 所示，单击"创建报告"按钮，然后单击"下载"按钮。

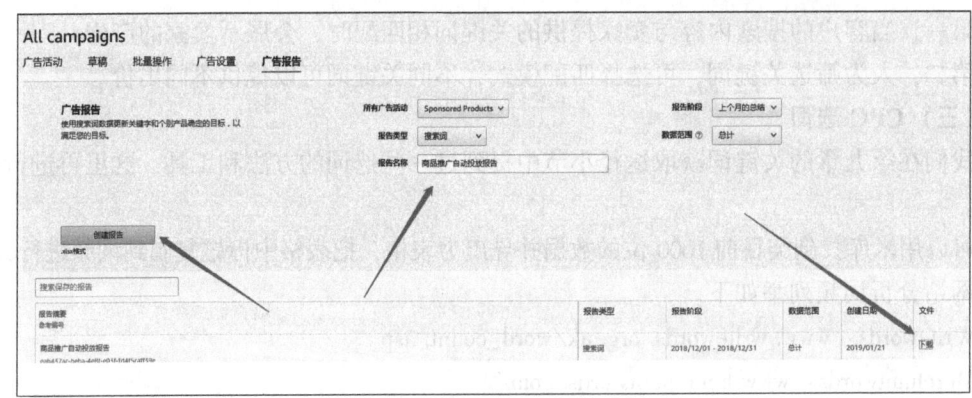

图 11.16

报表中主要包括的数据：投放、客户搜索词、展现量、点击量、点击率、每次点击成本、花费、7 天总销售额、投入产出比。

2. 广告报表分析

（1）广告报表需注意的问题。

对于广告报表，需注意如下问题。

第一，无曝光。这说明亚马逊觉得你设置的关键词和商品没有相关性。我们应该排除一个误区：并不是我们设置的所有关键词都能被亚马逊展示。

第二，有曝光有点击，没有销量。Listing 详情页面没有做好，Review 星级不够好。

第三，有曝光，无点击。搜索结果页面标题可以展示的字符数内没有突出关键点，价格、主图、Review 等无优势。

（2）广告报表的筛选。

在筛选广告报表的时候，我们应该很清晰地知道每一个阶段所要实现的目标。比如，你是想要曝光量、点击率，还是想要订单转化率、降 ACOS 值，每一个阶段所要实现的目标不一样，那么我们做出的动作也不一样。筛选广告报表主要参考的指标有曝光量、点击率、订单转化率、ACOS 值。每个值要设定一个参考标准，如我们通常设定曝光量为 1000，点击率为 0.5%。

第一，针对自动广告：

将曝光量≥1000、点击率≤0.5%、订单为 0 的词和有出单的词全部加入对应商品的手动广告活动（手动广泛，手动词组，手动精确）；

将曝光量≥1000、点击率≤0.5%、订单为 0 的词加入对应商品的手动广告活动，并分别添加到三种不同形式的广告组里的精准否定词库。

第二，针对手动广告：

将订单量≥3 的词挑出来单独创建一个广告组，设置为手动精准匹配，同时在广告组内设置对应的精准否定；

将点击量≥10、订单为 0 的词加入对应商品的三种不同形式的广告组里的对应否定词库；

将曝光量≥1000、点击率≥0.5%、订单为 0 的词和有出单的词全部加入对应商品的手动广告活动，并分别添加到三种不同形式的广告组里，进行词组匹配和精准匹配，并在对应的广告组里进行精准否定。

最后，需要强调的是卖家要保证广告活动预算充足。

### （五）广告活动实操

1. 自动广告设置

第一步，如图 11.17 所示，进入后台，选择"广告"下拉列表中的"广告活动管理"选项。

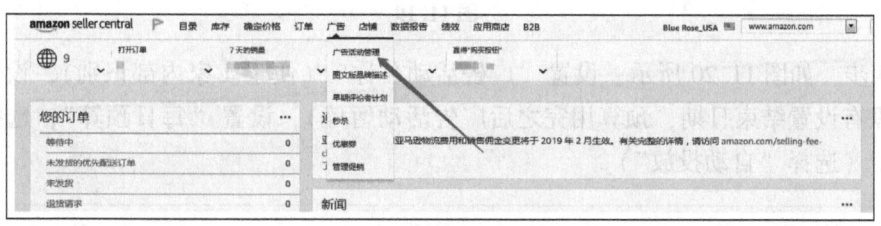

图 11.17

第二步，如图 11.18 所示，单击"创建广告活动"按钮。

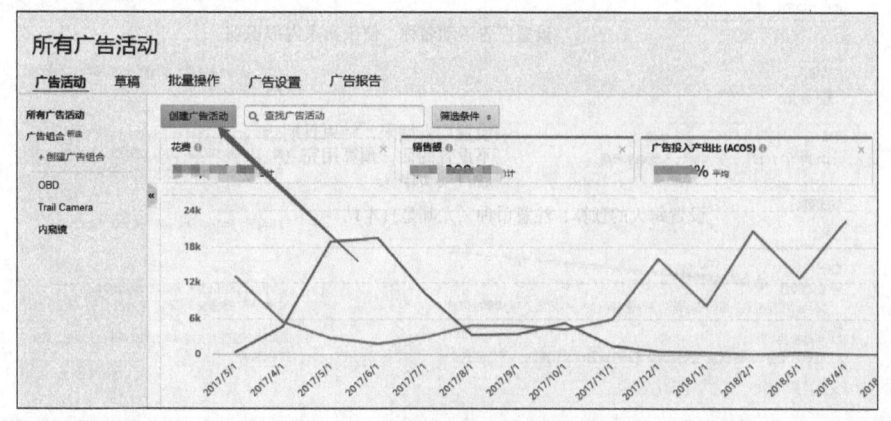

图 11.18

第三步，如图 11.19 所示，选择广告类型——"商品推广"（"品牌推广"是进行品牌注册和在亚马逊进行了品牌备案才可以选择的）。

图 11.19

第四步，如图 11.20 所示，设置"广告活动名称"（便于卖家内部识别），设置广告期限（若没有设置结束日期，预算用完之后广告活动暂停），设置"每日预算"，选择广告投放的类型（选择"自动投放"）。

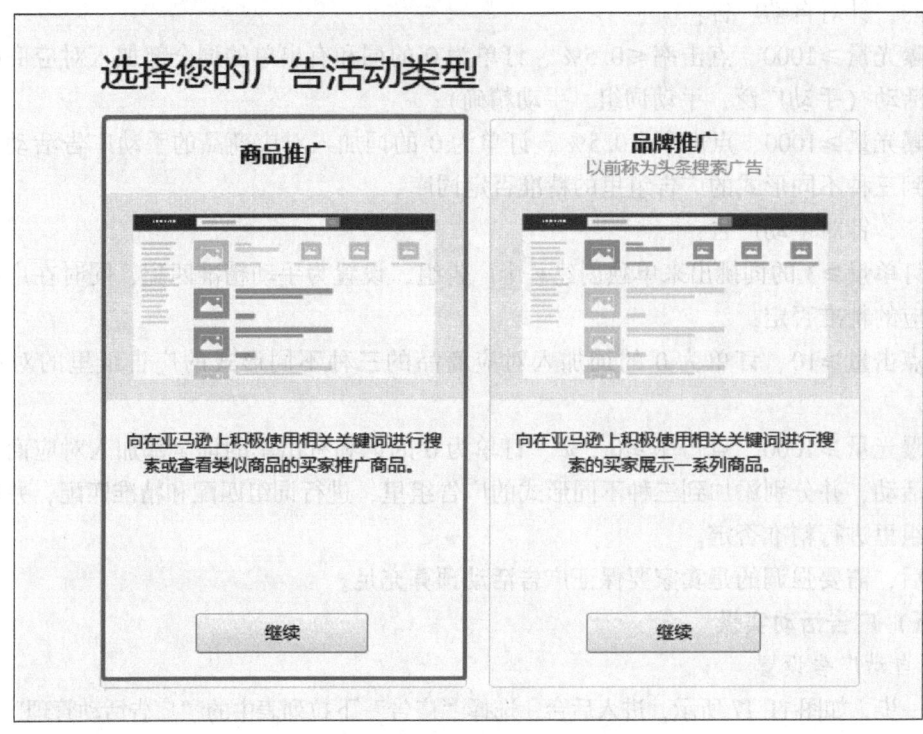

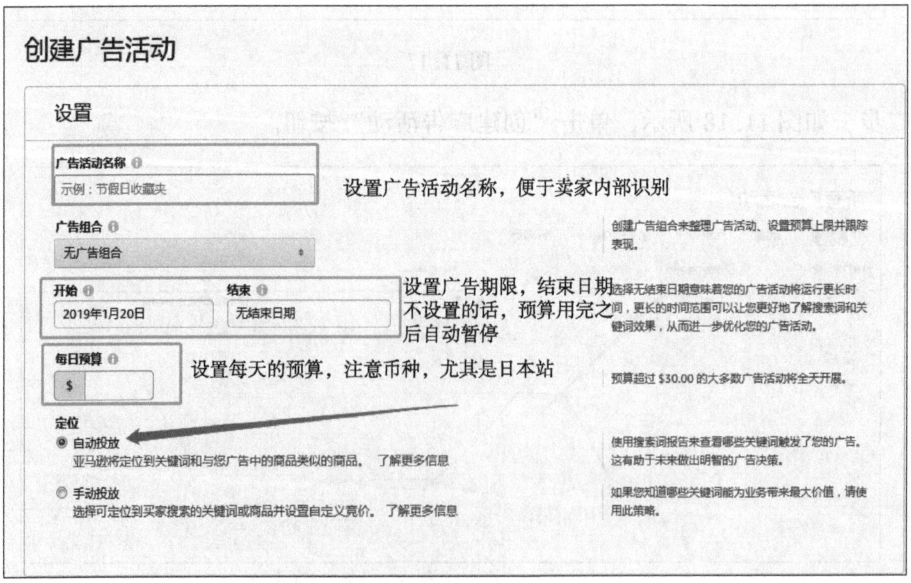

图 11.20

第五步，如图 11.21 所示，设置"广告组名称"（店铺中的每一个商品要分组去打广告）并添加要打广告的商品。

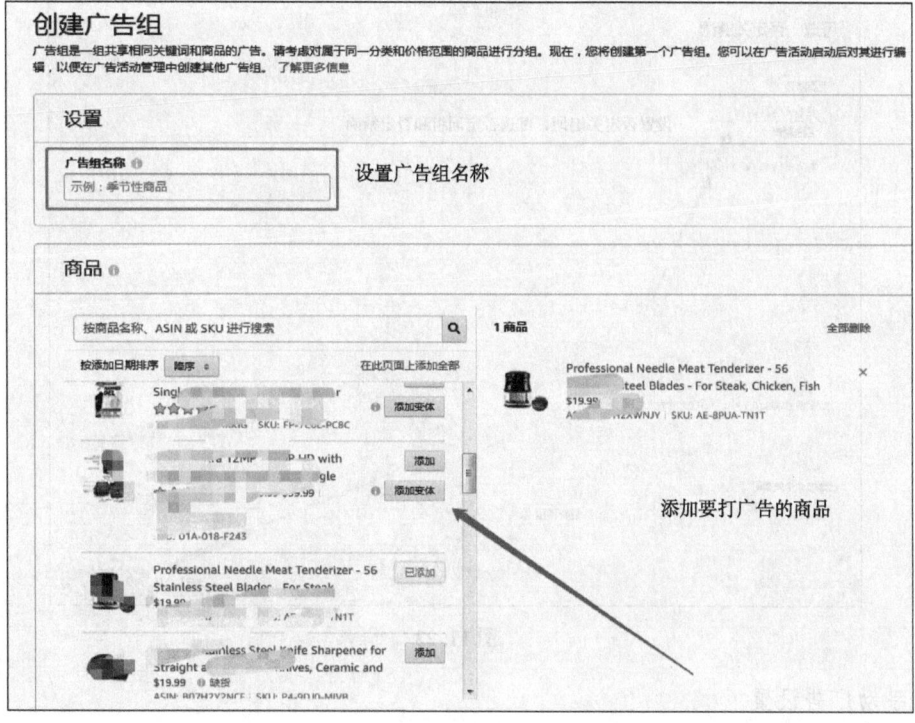

图 11.21

第六步，如图 11.22 所示，设置"默认竞价"（关键词竞价），自动广告默认所有关键词一个竞价。

图 11.22

第七步，通过设置否定关键词来排除无效流量，否定关键词有两种匹配类型：否定词组和否定精确，然后单击"启动广告活动"按钮，如图 11.23 所示。

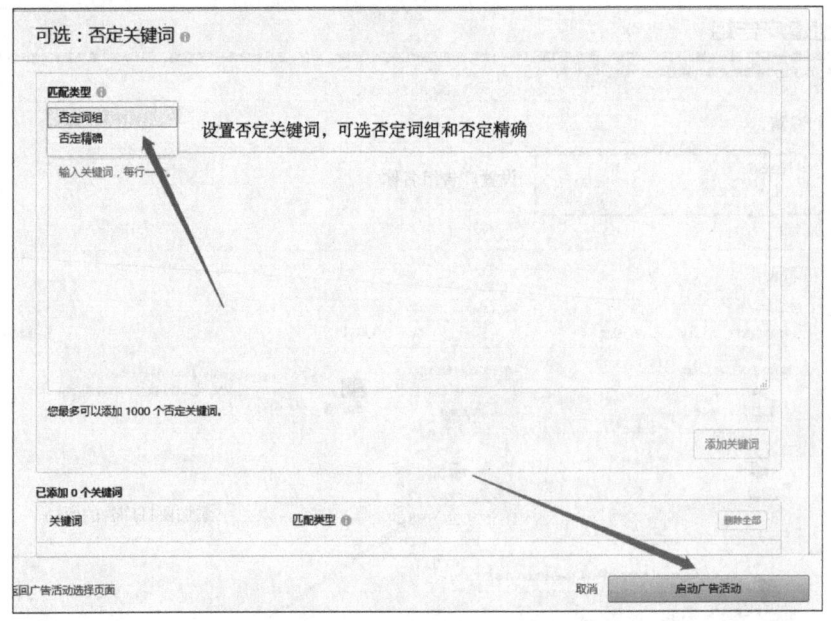

图 11.23

2. 手动广告设置

手动广告设置的前五步设置方法与自动广告设置前五步相同，投放方式选择手动投放即可。继相同的前五步以后，下面介绍后续步骤。

第六步，如图 11.24 所示，设置"默认竞价"（关键词竞价）并选择"广告活动的竞价策略"。

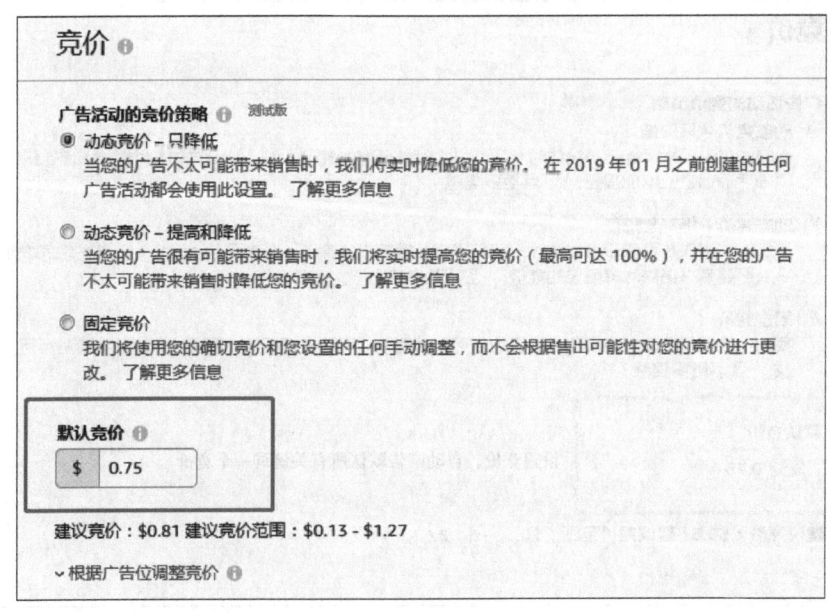

图 11.24

第七步，如图 11.25 所示，选择投放类型——关键词投放。

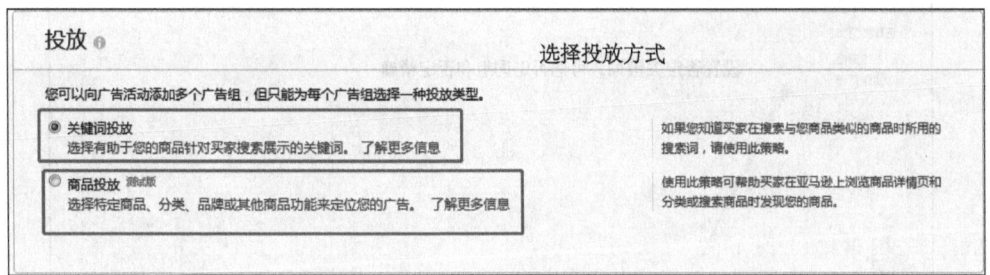

图 11.25

第八步，如图 11.26 所示，在选择关键词投放的时候，可以选择亚马逊建议的关键词，也可以输入自己选择的关键词，并且给每一个关键词设置不同的竞价。

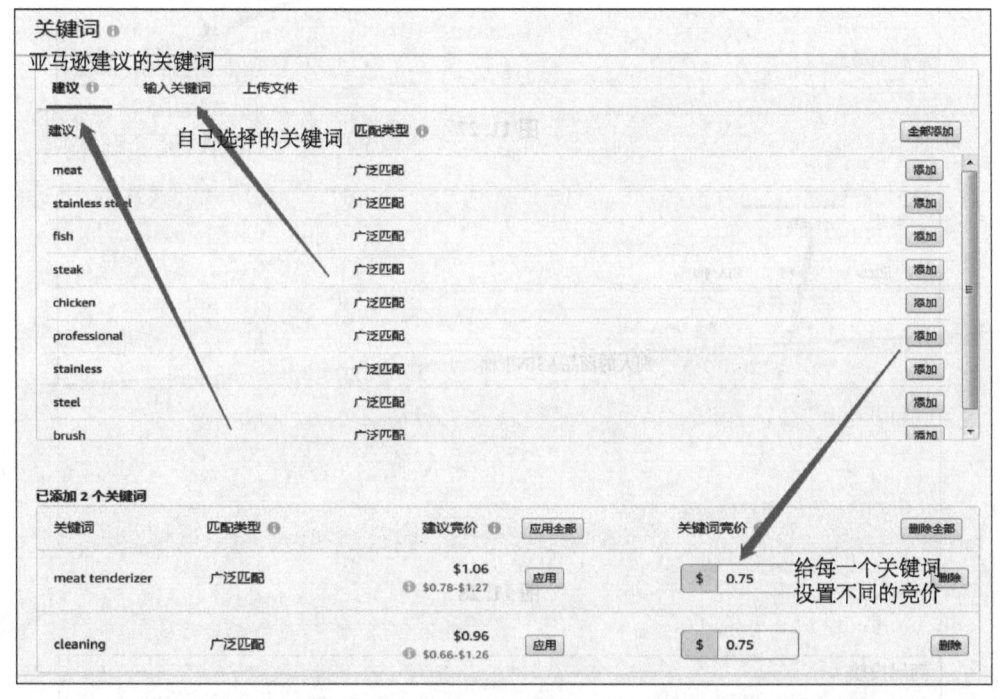

图 11.26

第九步，如图 11.27 所示，通过设置否定关键词来排除无效流量，否定关键词有两种匹配类型：否定词组和否定精确，然后单击"启动广告活动"按钮。

第十步，如图 11.28 和图 11.29 所示，如果选择商品投放，可以选择将商品按细分类目投放，也可以将商品投放到别人的商品的 ASIN 下面。

第十一步，如图 11.30 和图 11.31 所示，与否定关键词一样，商品投放也可以进行否定，可以选择"排除品牌"（不让自己的商品投放到别人的品牌下面），也可以选择"排除全部"（把想否定的商品名称、ASIN 或 SKU 进行搜索），然后单击"创建广告活动"按钮。

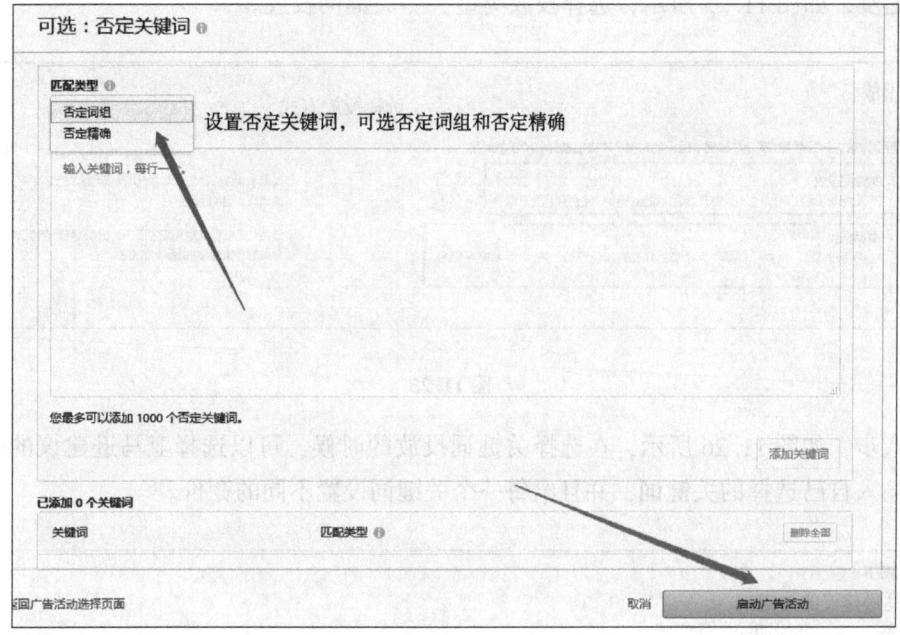

图 11.27

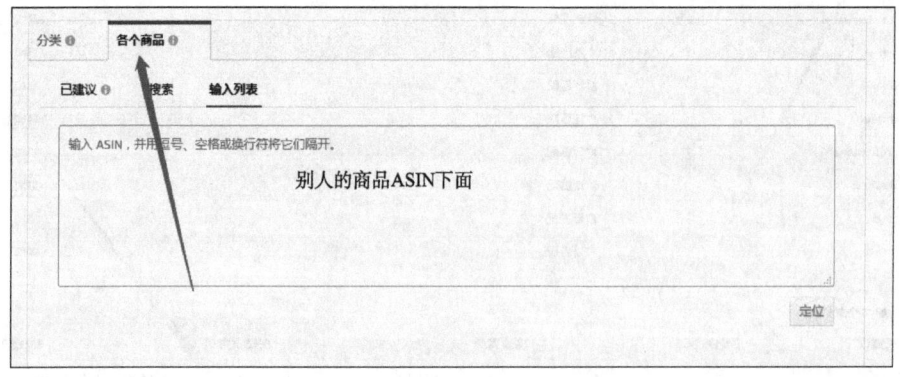

图 11.28

图 11.29

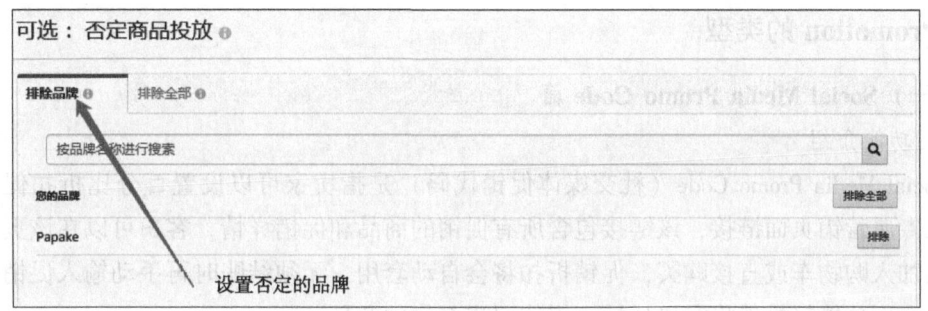

图 11.30

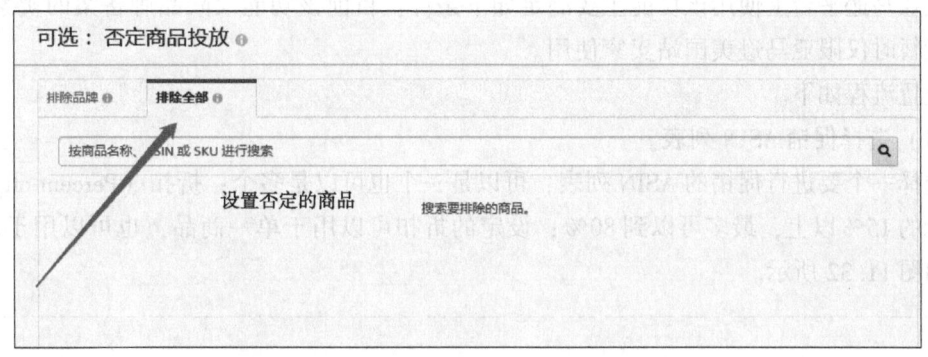

图 11.31

## 第三节　Promotion（促销）

### 一、Promotion 基本概述

在亚马逊的运营中，人们往往会使用各种方式或工具来使商品销量有一个质的飞跃，除站外折扣网站推广外，站内比较常用的工具有秒杀（Deal）、（视频课程）
优惠券（Coupons）、站内广告（CPC）和促销（Promotion）。

秒杀可以起到使商品排名及商品销量在短时间内迅速上升的作用，但是如果秒杀效果不好，对排名及销量也会有一定的影响。优惠券在搜索结果上的显示标记可大幅提高商品能见度以吸引买家，并进而提高商品转化率和销售额。站内广告起到直接引入站内精准流量的作用。促销起到鼓励进入店铺的客户购买更多数量的商品来拉升销售总金额的作用。通过促销活动的推广，可以为商品引来可观的流量，但是亚马逊卖家在做促销时需要注意参加促销的商品的价格等数据，以及最佳设置方式和最佳时间点。

当前亚马逊促销活动的方式有 Social Media Promo Code、Percentage Off、Buy One Get One 三种，这三种促销方式的特点从中文的翻译上就可得知——社交媒体促销代码、满减及折扣、买一赠一。

当然，在设置促销活动之前要注意一点，商品要有 Buy Box 才能进行促销。

## 二、Promotion 的类型

### （一）Social Media Promo Code 篇

1. 功能介绍

Social Media Promo Code（社交媒体促销代码）是指卖家可以设置百分比折扣促销，创建卖家专属营销页面链接，该链接包含所有促销的商品和促销详情。客户可以在该页面直接把商品加入购物车或直接购买，促销折扣将会自动套用，无须结账时再手动输入促销码。

这个新功能轻松地将客户从社交媒体引流至你的商品。

2. 功能使用

在亚马逊平台上使用该功能主要满足如下条件：目前该功能仅限品牌备案的卖家使用；该功能暂时仅限亚马逊美国站卖家使用。

设置流程如下。

（1）选择促销 ASIN 列表。

选择一个要进行促销的 ASIN 列表，可以是一个也可以是多个；折扣（Percent off）必须为现价的 15% 以上，最多可以到 80%；设定的折扣可以用于单一商品，也可以用于多项商品，如图 11.32 所示。

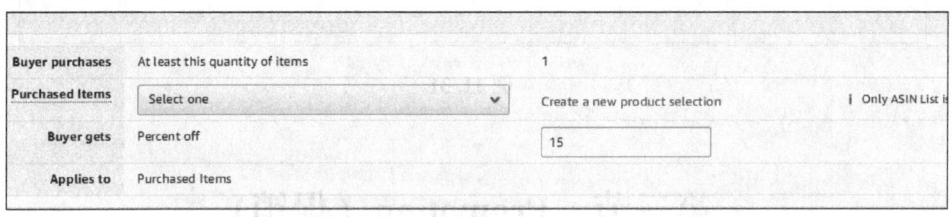

图 11.32

（2）设置促销时间。

此促销商品的最长促销时间只有 30 天，所以结束时间（End Date）要早于 30 天，如图 11.33 所示。

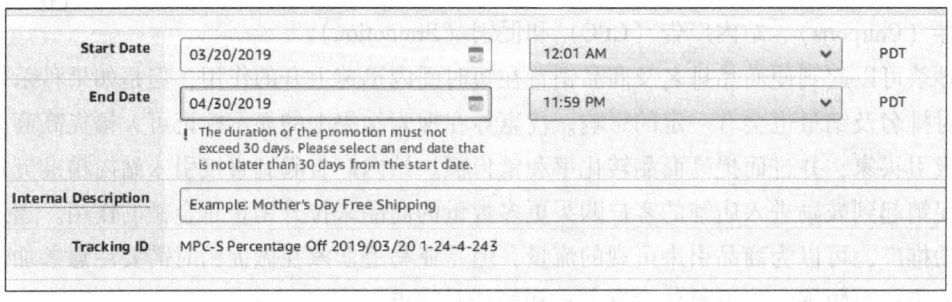

图 11.33

（3）设置促销代码使用类型。

如图 11.34 所示，促销代码使用类型有以下三类。

① "One unit in one checkout"：一个订单中的一个商品，表示促销代码仅针对符合条件

的 ASIN 的一件商品有效一次。

② "Unlimited units in one checkout"：一个订单中的无限件商品，表示促销代码对单个订单中符合条件的 ASIN 的多件商品有效。

③ "Unlimited units in unlimited checkouts"：无限个订单中无限件商品，表示促销代码对多个订单中符合条件的 ASIN 的无限件商品有效。

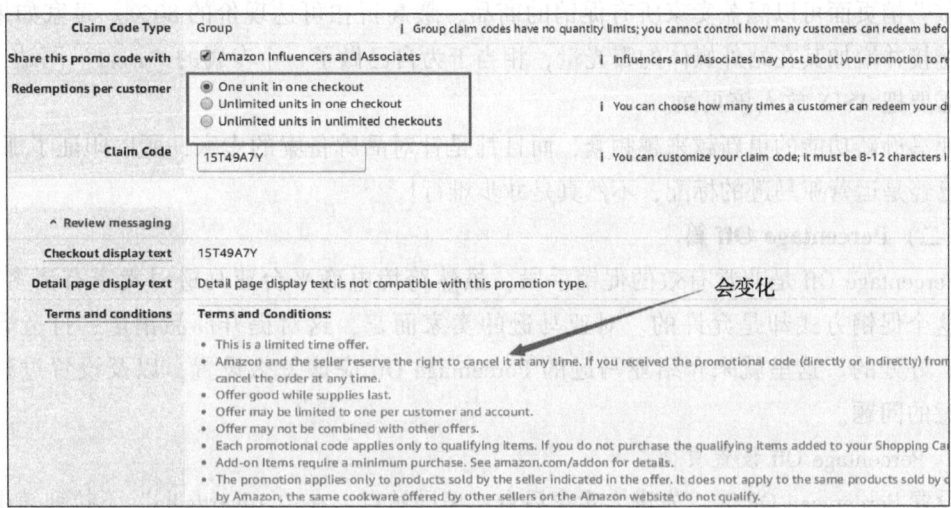

图 11.34

注：不同的促销代码使用类型对应的文档内容是不一样的。

（4）生成营销页面链接。

设置完成以后就会生成一个营销页面链接，如图 11.35 所示。

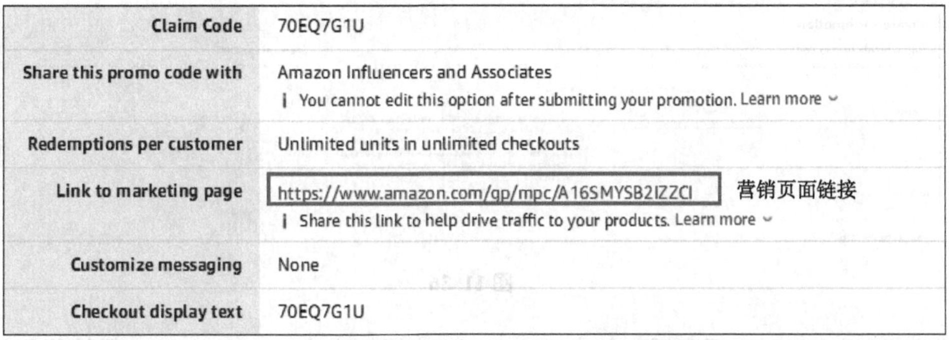

图 11.35

（5）设置促销开始时间。

促销设置中可以设置开始时间，但至少需要 4 个小时才能生效。

3. 功能优点

（1）为卖家提供新的站外引流渠道。

卖家可以将创建的营销页面的链接分享到站外社交媒体，避免了在站外放置商品链接的风险，提高了安全引流效率。

（2）为中小卖家打开站外流量入口。

虽然站外引流话题一直在被讨论，但是多少中小卖家对其可望而不可即，毕竟想开 Facebook 广告是需要一笔费用的。但是，现在亚马逊提供了该功能，中小卖家也可以设置该链接并发布到站外，打造自己的促销主页。

（3）为亚马逊卖家清库存提供新方法。

该营销页面可以涵盖卖家所有促销的商品，最高折扣可达现价的 80%。卖家如果运营好此链接并增加其在站外媒体的曝光量，相当于为自己做了一个专属的"Deal"网站，清库存只需要把 ASIN 放入该页面。

亚马逊新功能的更新越来越频繁，而且都是针对品牌备案的卖家，所以印证了那句话：备案已经是运营亚马逊的标配，不然真是寸步难行！

（二）Percentage Off 篇

Percentage Off 是非常有效的促销手段，虽然跨境电商平台亚马逊对卖家有诸多限制，但是这个促销方式却是允许的。对亚马逊的卖家而言，这对提升商品销量、打造爆款都是很有好处的。这里就来介绍亚马逊的 Percentage Off 应该怎么设置，以及设置过程中需要注意的问题。

1. Percentage Off 设置页面

设置 Percentage Off 时，先进入卖家后台：美国站点，在"Advertising"下拉列表中选择"Promotions"选项进入图 11.36 所示的页面；而欧洲站点，则是在"Inventory"下拉列表中选择"Manage Promotion"选项进入该页面。

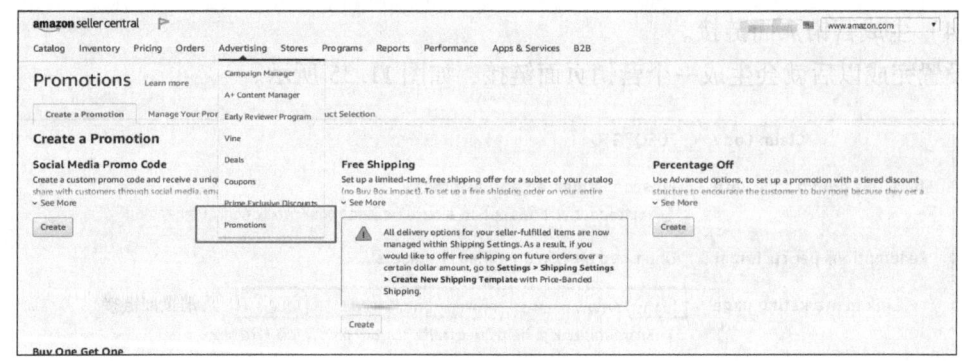

图 11.36

进入"Promotions"页面后，单击"Create"按钮，进入 Percentage Off 促销规则设置页面，如图 11.37 所示。

Percentage Off 促销规则设置共分为以下四个步骤。

（1）第一步，Conditions 设置。

这里主要需要填写 Buyer purchases、Purchased Items、Buyer gets、Applies to 及 Advanced Options 五项内容。下面依次来说明如何填写。

①Buyer purchases。

如图 11.38 所示，这个下拉列表里有三个选项，可以根据实际的促销活动进行选择，具体说明见下文。但需要提醒卖家的是，在设置 Promotion 时，必须要注意 Conditions 的第一项填写内容 Buyer purchases，它决定着整个 Conditions 的设置，填写顺序是从上到下，因为上层的设置都会影响到下方的选项。

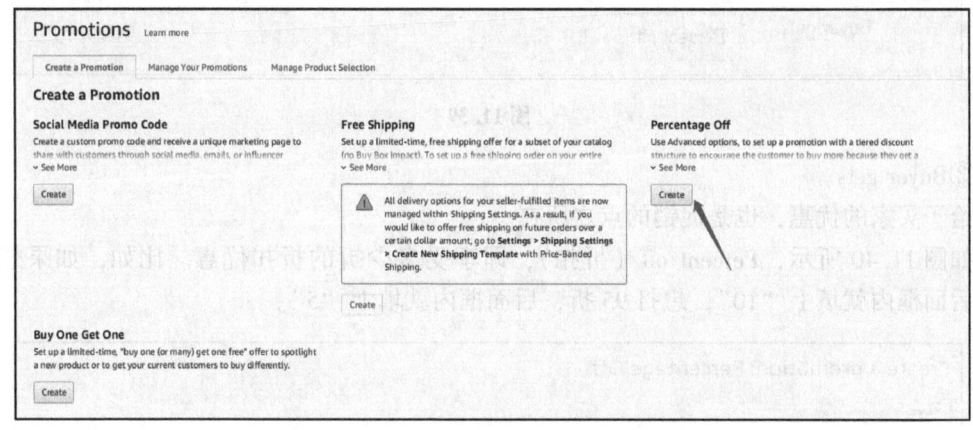

图 11. 37

图 11. 38

A. At least amount（in $）（金额至少为 X $），表示此促销方案只有在客户购买至少 X $的商品时方适用，即客户最少要花费 X $才能享受此促销活动的优惠。

B. At least this quantity of items（至少购买 X 个商品），表示此促销方案只有在客户至少购买 X 个商品时方适用，后面的框内您必须填入数字。

C. For every quantity of items purchased（每 X 个商品），表示客户一次购买 X 个商品就可以享受优惠。假如设定 X = 5，那么一次购买 5 个该商品的客户就可以享受优惠。

②Purchased Items。

卖家识别哪些商品享有 Promotion，也就是识别要参与促销的商品。当你只想对在售商品中的部分商品进行促销时，则需要先创建商品列表（如图 11. 39 所示），以便系统可以识别哪些商品包含在促销的内容里面。那么系统如何找到这些商品呢？系统可以通过卖家提供的 SKU 列表、ASIN 列表、品牌名称等找到这些商品。也就是说，卖家可以从不同的角度创建促销商品的列表，并将其提供给系统。

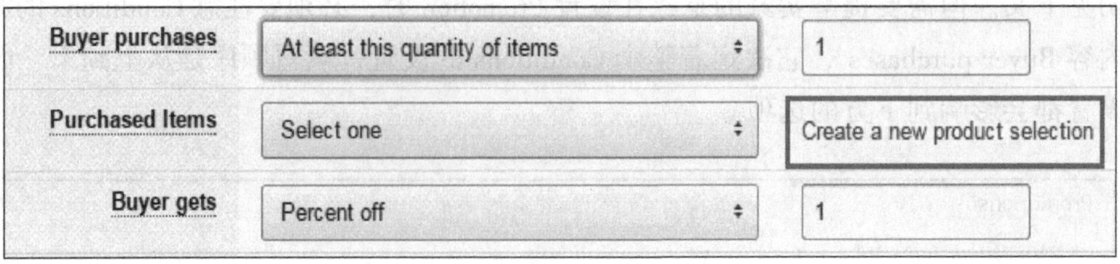

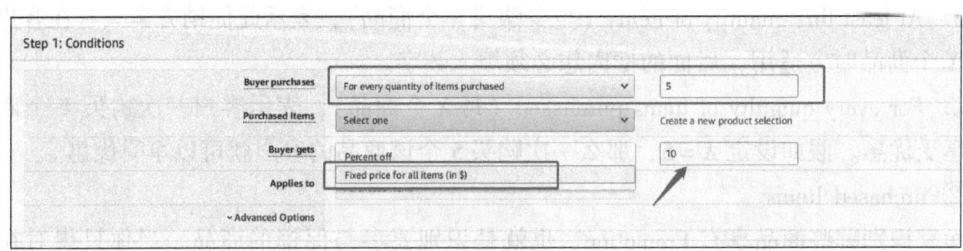

图 11.39

③Buyer gets。

给予买家的优惠，也是促销的点之所在。

如图 11.40 所示，Percent off（折扣），即享受多少折的折扣优惠。比如，如果想打 9 折，后面框内就填上"10"，想打 95 折，后面框内就填上"5"。

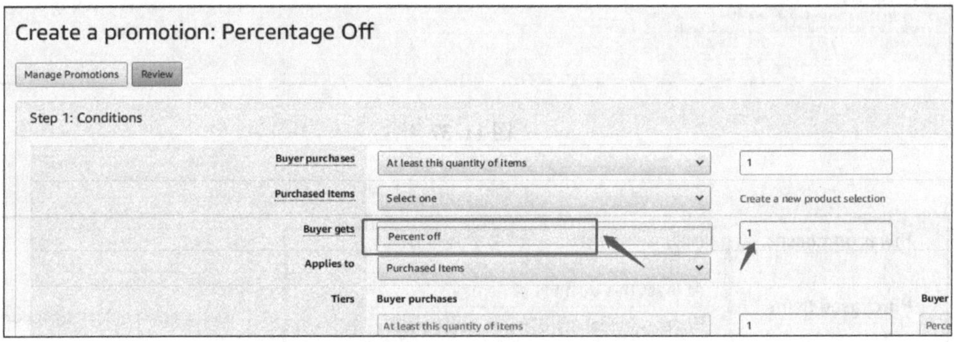

图 11.40

注：如图 11.41 所示，当"Buyer purchases"选择"For every quantity of items purchased"时，"Buyer gets"下拉列表中就会多一个"Fixed price for all items（in $）"选项，即所有商品的固定价格，后面框内填入的数字代表最终买下该商品花费的金额。比如，"For every quantity of items purchased"后面的框内填"5"，然后选择"Buyer gets"下拉列表中的"Fixed price for all items（in $）"选项，后面框中填"10"，表示购买 5 个该商品只需 10$，所以在设置这个的时候一定要特别小心。

图 11.41

④Applies to。

如图 11.42 和图 11.43 所示，"Applies to"下拉列表有以下两个选项。

A. Purchased Items（购买的商品）。系统一般默认的就是该选项。

B. Qualifying Item（指定的商品）。如果选择了这个选项，单击"Select an ASIN"按

钮，表示当买家购买了某个选定的商品后才能享受优惠。

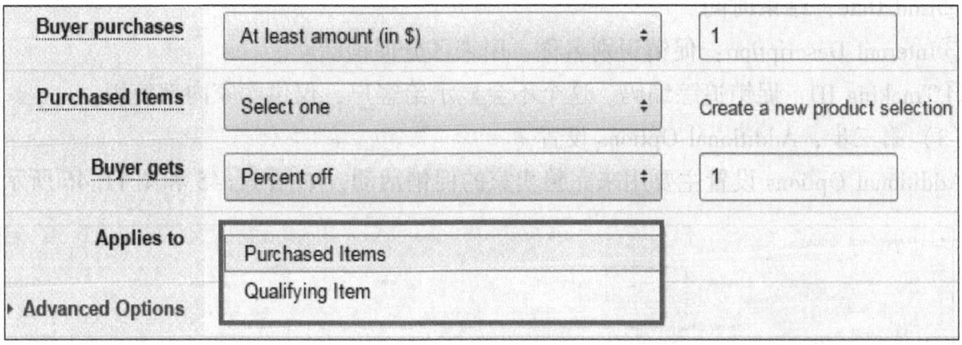

图 11.42

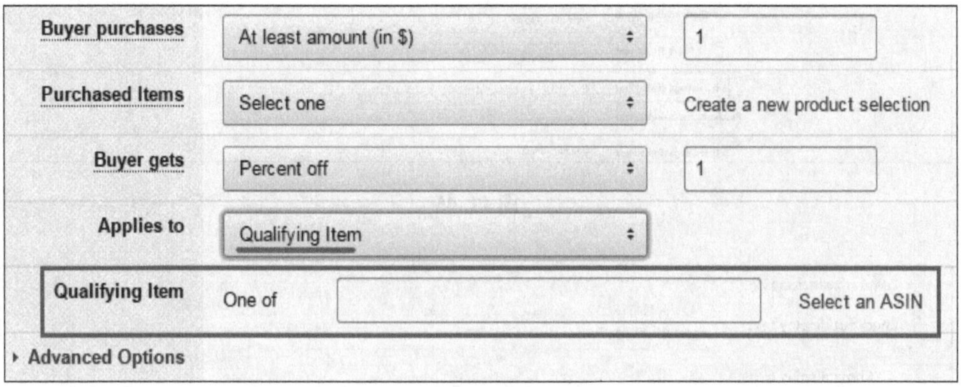

图 11.43

⑤Advanced Options。

在 Advanced Options（高级设置）这里，卖家可以根据自己的需要添加多个促销的区间，如满 50 减 5 元、满 100 减 15 元等。

（2）第二步，Scheduling 设置。

这个比较简单，就是设置促销的起止时间（Start Date、End Date），如图 11.44 所示。这里需要注意的是，该设置在促销活动创建之后 4 小时才会生效。此外，这个时间是美国时间，也就是说要到美国的这个时间才会生效。当然，你可以到"管理促销"页面去查看目前这个促销的状态是"Pengding"还是"Active"。

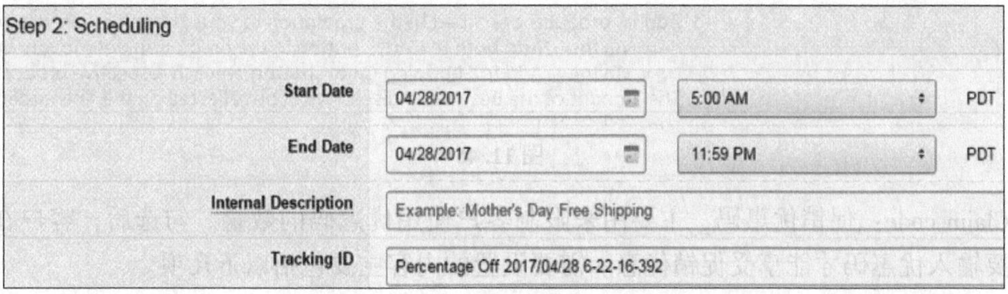

图 11.44

①Start Date：开始时间。
②End Date：结束时间。
③Internal Description：促销识别名称，用来区分促销活动。
④Tracking ID：促销追踪编码。这个不会显示给客户，仅供卖家内部使用。
（3）第三步，Additional Options 设置。
Additional Options 设置主要用来完善卖家的促销活动，如图 11.45 和图 11.46 所示。

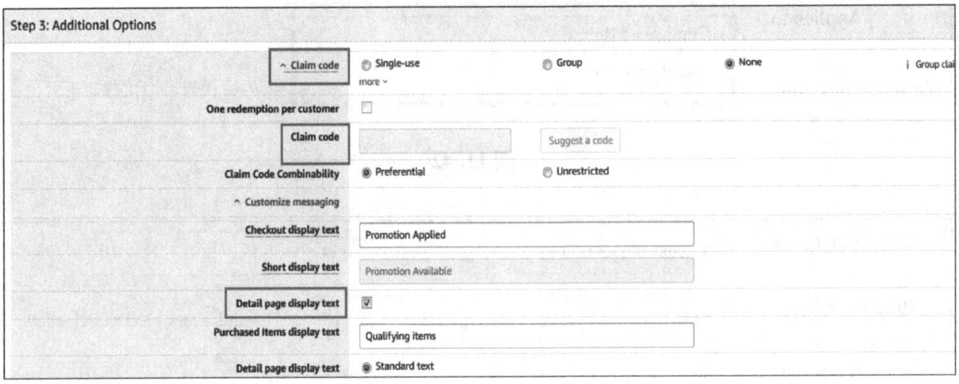

图 11.45

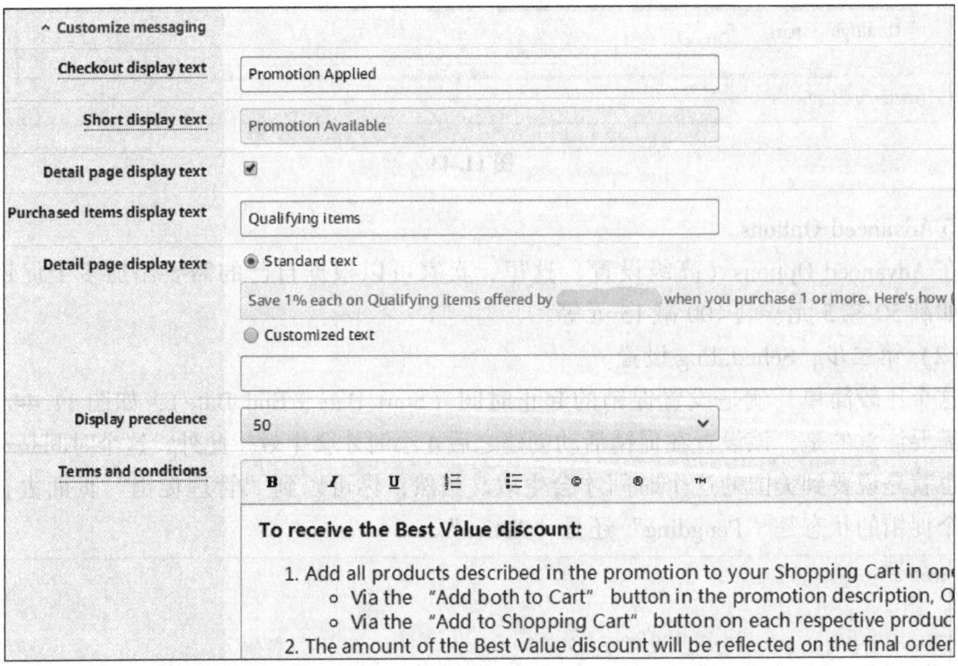

图 11.46

Claim code：促销优惠码，主要用来限制客户使用优惠码的数量。勾选后，客户在结账时需要输入优惠码才能享受促销优惠。需要设置的内容主要包括以下几项。

①One redemption per customer：勾选后表示每位客户只能使用一次优惠码。

②Claim code：可以自己输入，或者系统生成。

③Claim Code Combinability：优惠码类型，有两个选项，分别是 Preferential（优先使用型）及 Unrestricted（无限制型）。建议新手卖家选择系统默认的 Preferential，表示卖家使用这个优先使用优惠码后不会过多地跟无限制型优惠码叠加使用。

Customize messaging：客户自定义信息，是为客户创建的信息，需要设置展示的先后顺序。需要设置的内容主要包括以下几项。

①Checkout display text：结算时显示的文字。

②Short display text：短显示文本，搜索页面时显示的信息。

③Detail page display text：商品详情页面显示的文本。勾选后，商品详情页面会显示促销信息，否则不显示。如果不勾选，那么每位到你店里的访客都能享受优惠。这点需要注意，这个选项一般适合清理库存时使用。

④Purchased Items display text：需购买商品显示文本，即显示需要客户购买的商品信息。

⑤Detail page display text：详情页面显示的促销信息，有以下两个选项。

A. Standard text（标准文本）：系统推荐的促销文本信息。

B. Customized text（自定义文本）：卖家自己编辑的促销信息。

⑥Display precedence（此促销的优先级）：数字越小，此促销越优先生效，适用于为多个促销活动进行活动排序。

（4）第四步，预览并提交。

如图 11.47 所示，在设置好以上促销的所有信息后，单击促销活动页面最下方的"Review"按钮，对所创建的促销活动进行整体的预览检查；确认无误后，单击"Submit"按钮。此时，就完成了促销活动的创建。

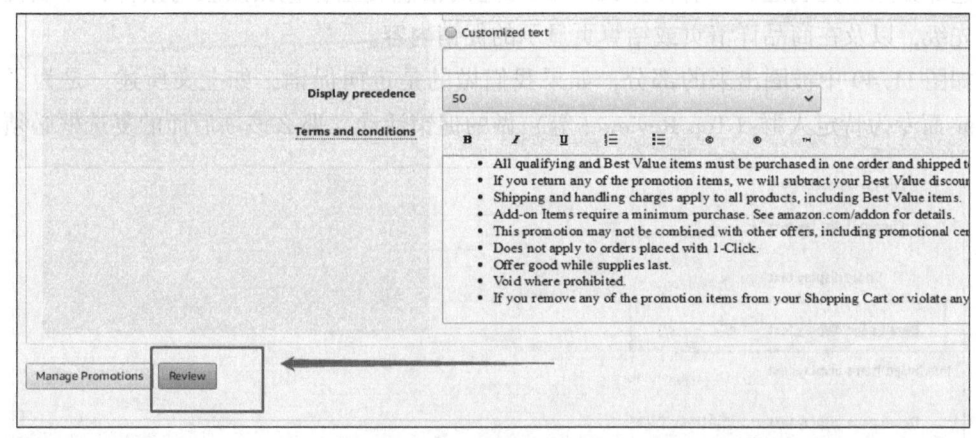

图 11.47

2. Percentage Off 设置过程中的陷阱

在 Percentage Off 设置过程中，最容易出错的是第三步"Additional Options"设置。这里有一些比较关键的点需要我们注意，尤其是当促销针对某一个特定的群体（如为了索要"Review"而寻找的"Top Reviewer"）时需要注意，否则会很容易亏得血本无归！

(1) Claim Code（优惠码）。

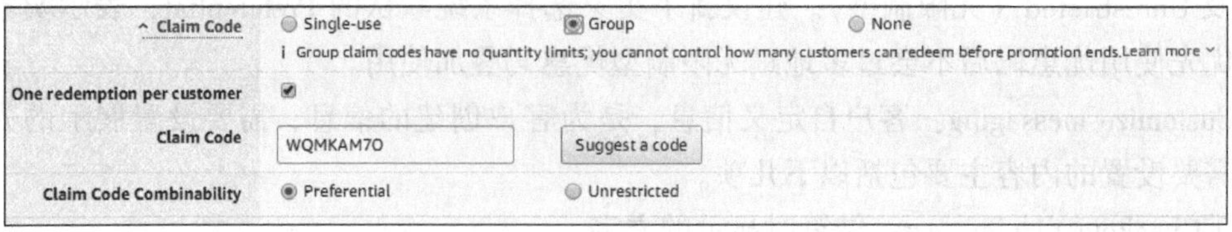

图11.48

One redemption per customer：勾选后，表示客户只能使用一次优惠码。但是要记住，如果不想亏得血本无归，仅仅只勾选这里是不够的！

Claim Code：客户购买时需要输入的优惠码，可以自己输入，也可以系统生成。

Claim Code Combinability：优惠码类型，用来区分促销的优先使用型和无限制型。当多个不同的促销活动同时进行时，可以通过创建不同的优惠码来指定组合逻辑。优惠码类型有以下两种。

①Preferential：优先使用型优惠码，表示同一笔订单中，客户最多只能使用一个优先使用型优惠码，但它可以和无限制型优惠码同时使用。同一笔订单中，客户的订单若符合多个优先使用型优惠码，系统将自动选择一个最佳折扣。

②Unrestricted：无限制型优惠码，表示同一笔订单中，客户可以同时使用多个无限制型优惠码。

(2) Customize messaging（客户自定义信息）。

这部分主要是创建和/或自定义必选或可选的信息类型，包括条款与条件，并设置促销的优先级，以及在商品详情页或结算页显示的促销内容。

如图11.49中被圈出来的部分，如果我们做的是定向促销，如上文所述，是为了索取Review而专为特定人群（Top Reviewer等）做的促销活动，那么该项后面的复选框必须取消

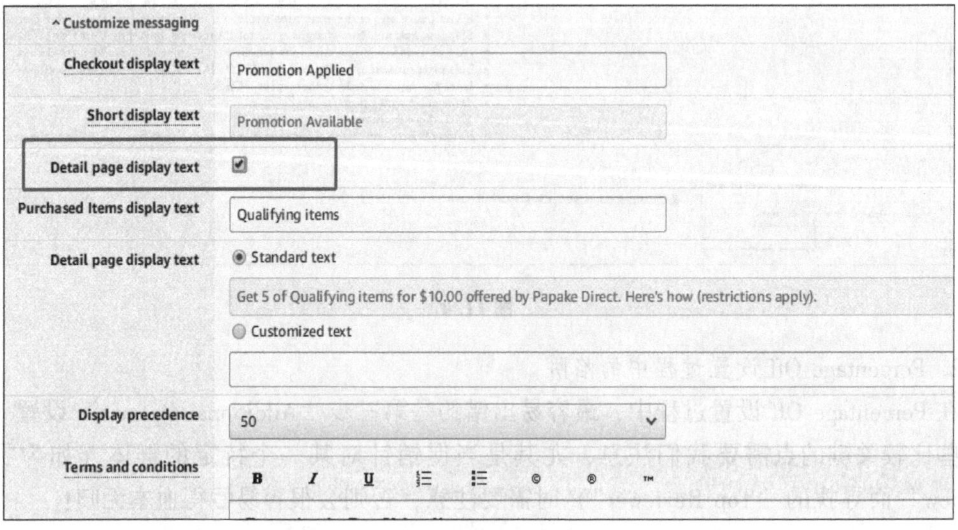

图11.49

勾选（系统默认是勾选状态），这一点非常非常重要，很多卖家会在这里出错。如果因为马虎或不懂而没有取消勾选，那么优惠码就会出现在 Listing 详情页面上。也就是说，所有人都会看到该优惠码并用优惠码来参与促销活动，那么库存也许很快就为零了，这时损失则无可避免。所以，这一点必须谨记！

正常的促销设置基本到此结束。可是，如果是用于索要 Review 或针对某个特定人群给予超过折扣换评价的促销，这里完成提交之后，请记住，还并没完！还有一步很重要、很关键，那就是促销码的管理。

3. Manage claim codes（管理促销码）

如图 11.50 所示，进入"Promotions"页面后，单击"Manage Your Promotions"按钮，再单击"Search"按钮可查看所有促销，单击"Active"按钮可查看正在进行的促销活动，也可单击"Pending"按钮查看尚未开始的促销活动；找到你刚刚设置的促销活动，单击促销活动名称，进入"促销详情"页面。

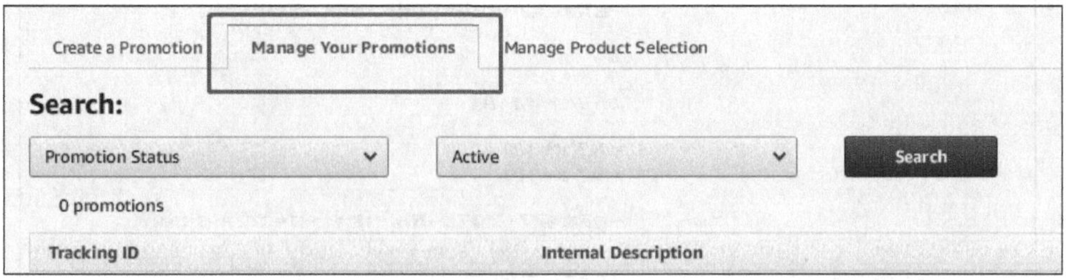

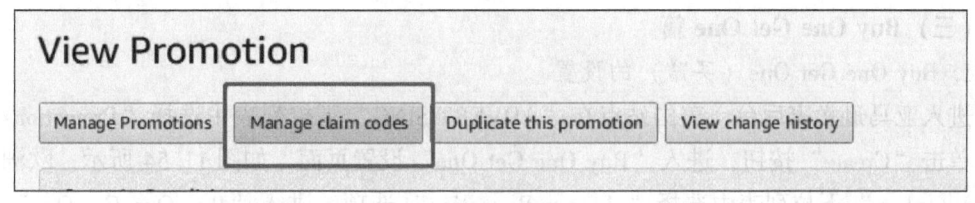

图 11.50

如图 11.51 所示，在"促销详情（View Promotion）"页面，可以看到"Manage claim codes（管理促销码）"按钮。

图 11.51

单击"Manage claim codes"按钮进入以下页面（如图 11.52 所示），在"Group Name"栏中输入便于自己识别的名称，在"Quantity"栏中输入计划送出用来进行测评的商品数量，然后单击"Create"按钮。到此时，页面下方会出现刚才设置的"Claim code group"，单击右侧的"Download"按钮进行下载。下载的文件就是刚才设置的数量的一个长串促销码。

此时的促销码已经是一次性促销码了。卖家把这个促销码发送给接受邀请的 Top Reviewer，就不用再担心被人恶意分享、重复使用而造成额外的损失了。

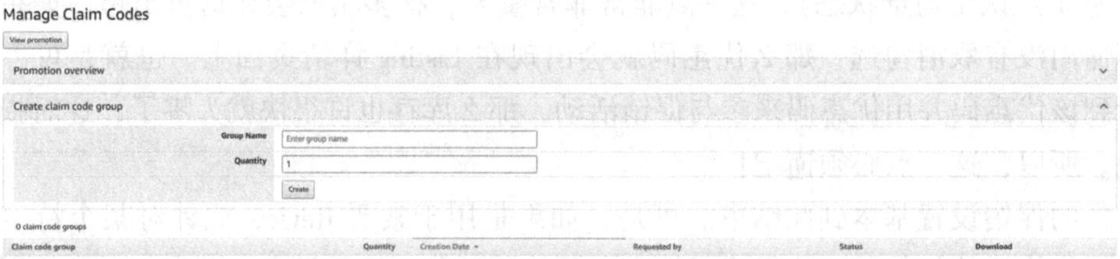


图 11.52

图 11.53 为亚马逊给出的关于促销折扣的相关解释，可以作为设置的参考。

| 混合促销类型 | 混合促销逻辑 | 示例 |
| --- | --- | --- |
| 特惠 | • 混合所有无限制优惠码。<br>• 混合所有不要求优惠码的促销。<br>• 如果有多个"特惠"优惠码，则将应用优惠度最大的促销。 | 您开展一个"特惠"促销：<br>• 鞋子 10% 折扣<br>和一个"无限制"促销：<br>• 帽子 20% 折扣<br>一位买家购买了一顶帽子和一双鞋子，得到的总折扣等于 30%。<br>或<br>您开展两个"特惠"促销：<br>• 鞋子 10% 折扣<br>• 帽子 20% 折扣<br>一位买家购买了一顶帽子和一双鞋，得到两个折扣中较高的折扣 (20%)。 |
| 无限制 | • 混合所有无限制优惠码。<br>• 混合一个特惠优惠码。<br>• 混合所有不要求优惠码的促销。 | 您开展三个"无限制"促销：<br>• 金额满 $20 的订单免费配送<br>• 冬装 10% 折扣<br>• 买一顶帽子，送一条围巾<br>一个买家买了帽子和大衣，总共为 $100，获得冬装 10% 折扣优惠，此外还获得一条免费的围巾且享受免费配送。 |

图 11.53

注：图 11.53 中的特惠就是前文中所提到的优先使用型优惠码。

### （三）Buy One Get One 篇

1. Buy One Get One（买赠）的设置

进入亚马逊卖家后台，美国站点在"ADVERTISING"下拉列表中选择"Promotions"选项，单击"Create"按钮，进入"Buy One Get One"设置页面，如图 11.54 所示；欧洲站点在"Inventory"下拉列表中选择"Manage Promotion"选项，进入"Buy One Get One"设置页面，如图 11.55。

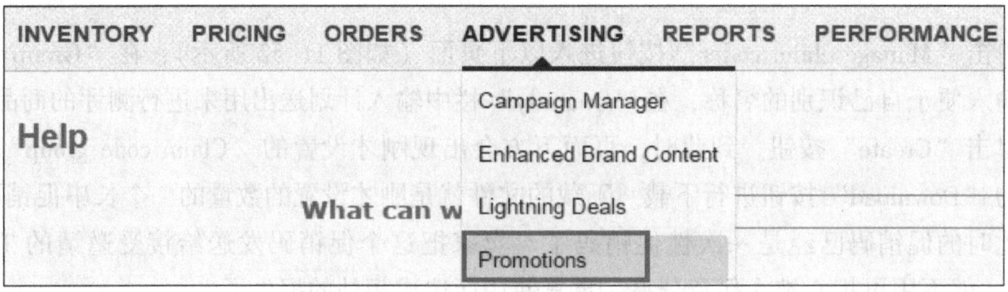


图 11.54

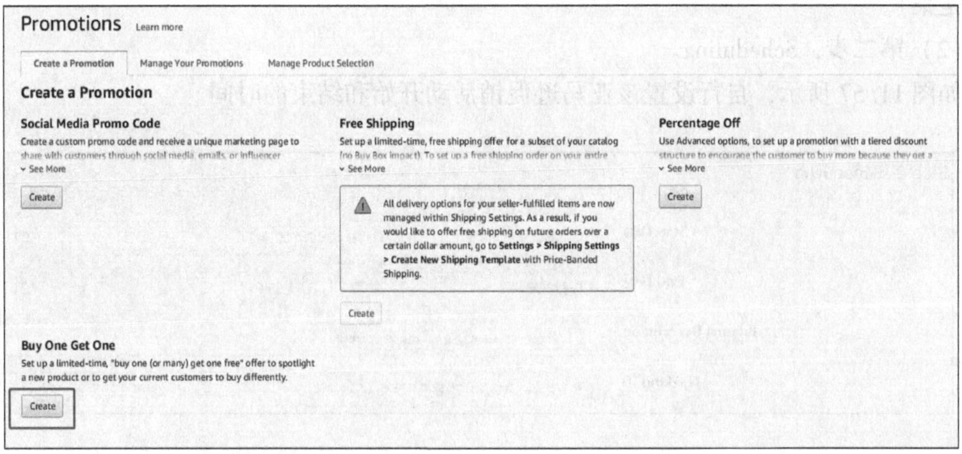

图 11.55

假设现在对店铺的所有商品进行减满促销（如果要对部分商品或类目进行 Buy One Get One 促销，则要选择"Create a new product selection"），操作过程如下。

（1）第一步：Conditions。

如图 11.56 所示，选择促销条件。

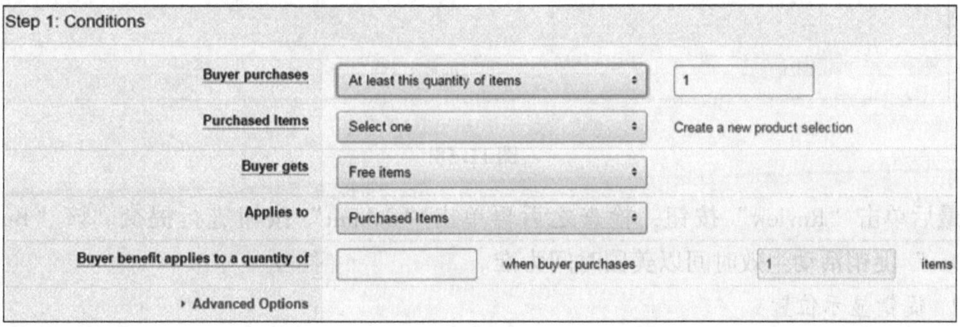

图 11.56

相关选项说明如下。

①Buyer purchases：客户所购商品。

A. At least this quantity of items（至少购买 $X$ 个商品）：表示此促销方案只有在客户购买 $X$ 个商品时方可采用，您必须填入数量。

B. For every quantity of items purchased（每 $X$ 个商品）：客户每购买 $X$ 个商品即可得到此促销方案，这个选项仅适用于 Money off 与 Buy One Get One 的促销类别。

C. At least amount（in $）（金额至少为 $X$ $）：表示此促销方案只有在客户购买至少 $X$ $ 的商品时方适用。

②Purchase Items（需购买商品）：指客户购买 A 商品赠送 A 商品（例如，买了苹果，送的还是苹果）。

③Qualifying Item（适用商品）：指客户购买 A 商品赠送指定的商品（例如，买的苹果，

送的是梨）。

(2) 第二步，Scheduling。

如图 11.57 所示，自行设置该亚马逊促销活动开始和结束的时间。

图 11.57

(3) 第三步，Additional Options。

这里一般使用亚马逊的默认设置就行了（如图 11.58 所示）。

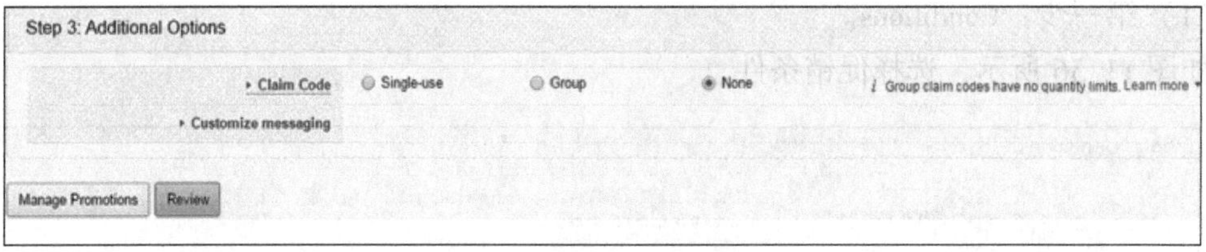

图 11.58

最后单击"Review"按钮，检查之后再单击"Submit"按钮进行提交。该"Buy One Get One"促销活动生效时间以美国时间为准。

2. 促销显示位置

我们做的这些促销活动在商品详情页面的哪个位置可以看到呢？

在商品详情页面"Special offers and product promotions"中，可以看到所有的促销活动（如图 11.59 所示）。

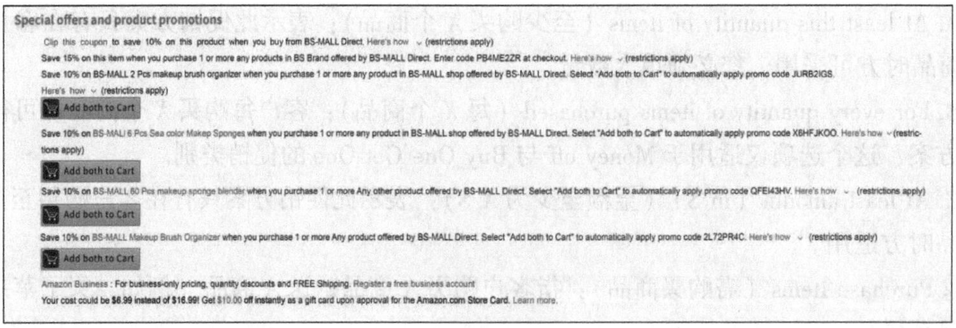

图 11.59

## 第四节　Coupons（优惠券）

### 一、Coupons 简介

Coupons 是亚马逊平台 2017 年 11 月底推出的折扣功能，它通过给特定商品提供价格优惠，并以折扣或捆绑销售的方式来给商品带来流量，增加商品的曝光率和点击率。

（视频课程）

亚马逊平台上还专门设定了一个亚马逊 Coupons 区，客户可以通过单击"Coupons"按钮进入该专区并进行购物。Coupons 为卖家提供了一个新的流量入口，也让新品拥有更多的可能，如图 11.60 所示。

图 11.60

图 11.61 为 Coupons 的前台展示（减免百分比或减免金额）。

图 11.61

卖家需要注意以下两点。

第一，如图 11.62 所示，从两个商品的对比可以看出设置 Coupons 和没有设置 Coupons 有明显的区别，设置 Coupons 的商品有个绿色标识，这对提升 Listing 的转化率有很大的帮助。

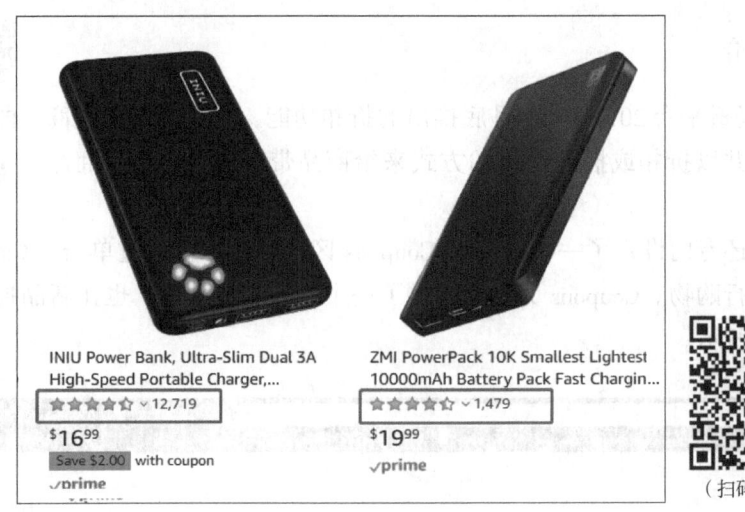

（扫码看彩图）

图 11.62

第二，Coupons 的设置门槛比较低，即只需要 Feedback 的评分大于 3.5。目前 Coupons 已经开设的站点包括美国站、加拿大站、日本站、英国站、法国站、德国站。

## 二、Coupons 设置方法（以美国站为例）

### （一）Coupons 设置流程

第一，首先进入后台（如图 11.63 所示），选择"广告（Advertising）"下拉列表中的"优惠券（Coupons）"选项，再单击"Create a new coupon"按钮。

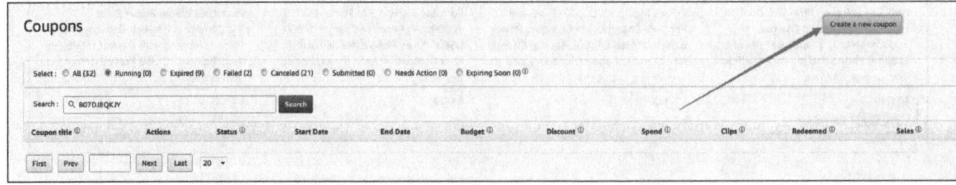

图 11.63

第二，把需要设置折扣促销的商品添加至 Coupons，搜索 SKU/ASIN（如图 11.64

所示）。

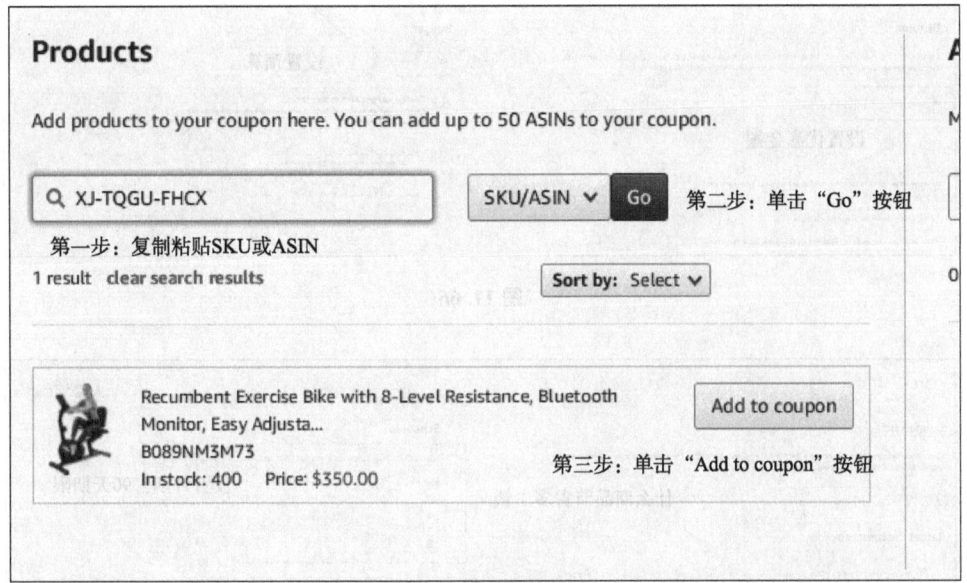

图 11.64

第三，如图 11.65 所示，商品将从"Products"跳到"Added to coupon"，下一步单击右上角的"Continue to next step"按钮。

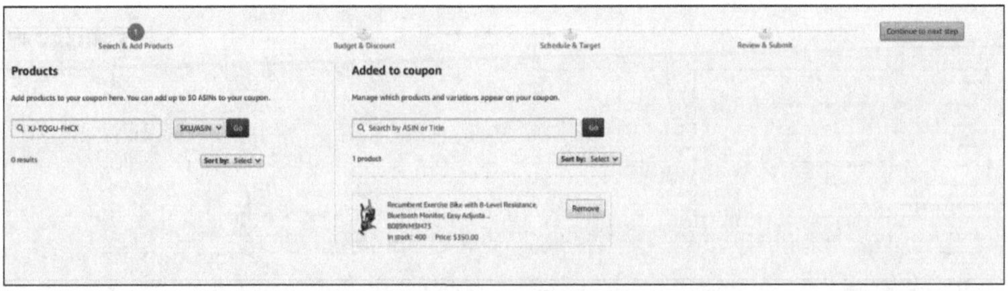

图 11.65

第四，设置"Coupons"的"Budget & Discount"：设定折扣时可以选择"Percent Off"或"Money Off"按钮（折扣必须是 30 天内最低价的 5%~80% off），接着要选择限定一个客户是否只能使用一次。

如图 11.66 所示，设定预算（Budget），每个 Coupons 的使用亚马逊都会收取 0.6 美元（美国站）的费用，预算最低为 100 美元。填写完成后单击右上角的"Continue to next step"按钮。其他亚马逊站点收取的费用：英国为 0.45£，法国为 0.5€，德国为 0.5€，日本为 60￥，加拿大为 0.6C$。

第五，如图 11.67 所示，设置 Coupons 的标题（Coupon title）、目标群体（Target lustonmers）、日期（Schedule），填写完成后单击右上角的"Continue to next step"按钮。

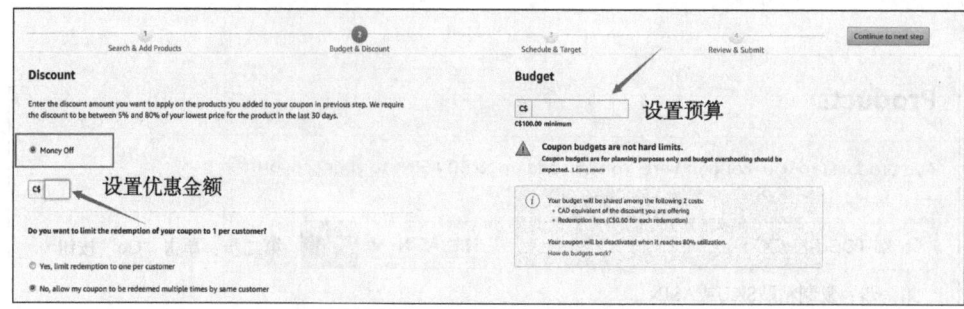

图 11.66

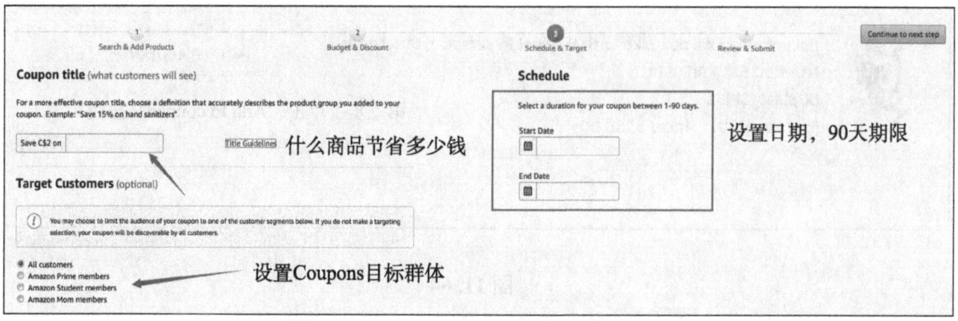

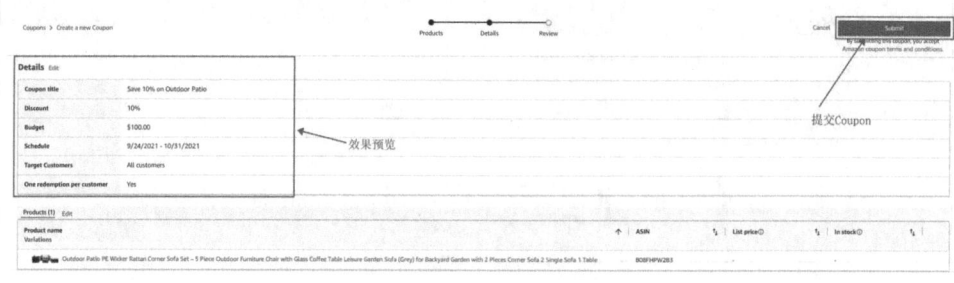

图 11.67

第六，最后一步，预览并提交，如图 11.68 所示。

图 11.68

### （二）Coupons 的效果

以上是设置 Coupons 的具体流程，接下来看一下 Coupons 如何为卖家增加流量。

第一，亚马逊为设置了 Coupons 的商品独立配置了一个页面（www.amazon.com/Coupons），或者直接在 Google 搜索进入该页面。

第二，亚马逊首页有一个 Coupons 链接，进入后可以查看优惠券折扣。

第三，直接打开商品页面，会有折扣标签显示。

## 三、Coupons 对商品的要求

Coupons 对商品有如下要求。

第一，若商品有 1~4 条评论，则 Rating 不能低于 3.0。

第二，若商品有 5 条以上的评论，则 Rating 不能低于 3.5。

第三，折扣范围：5%~80% off（要求折扣价格至少比过去 30 天内的最低价低 5%）。

第四，若设置 Money Off，则折扣力度不能低于 5%，若 Listing 提价导致折扣力度低于 5%，Coupons 则会失效。

### 四、如何利用 Coupons 做营销

#### （一）Coupons 结合折扣网站做站外营销

折扣网站营销：找到同行卖家的商品，利用他的亚马逊 ASIN 在 Google 上进行搜索，找到其他卖家在网站上做的优惠促销，并且在这个平台上学习他的促销方法，进而进行自己的 Coupons 促销。

#### （二）Coupons 结合社交软件营销

社交软件营销：Coupons 生效后，在卖家中心或亚马逊前台页面单击"Coupons"按钮，找到 Coupons 着陆页面，就可以将其分享到 Facebook、Twitter、Instagram 等社交平台。

#### （三）Coupons 结合邮件营销

邮件作为沟通手段有双向交互的性质，这也使得它成为一种完美的与不活跃用户沟通的媒介。我们可以通过邮件编辑并发送新品的资讯、介绍和优惠券给老客户，达到商品回购的目的；也可以在联系过程中，了解客户对商品的态度，如是否喜欢、是否还需要改进等，或者通过优惠券、折扣等诱导因素重新激活客户和我们品牌的关系。

#### （四）如何提升 Coupons 排名

要提升 Coupons 排名，可以开 50% Coupons 增加 CR，同时分享到 FB 折扣或站外 DN、SD，快速增加销量；有一定的 Review 并且销量稳定后，把 Coupons 降到 20%~30%，同时降低售价增加销量，以此提升 Coupons 排名，甚至有机会上首页。

综上所述，亚马逊 Coupons 是一个自助工具，能够让卖家以电子优惠券的形式来创建吸引客户的促销活动。与其他仅会出现在商品详情页面的促销活动不同，Coupons 会展现在亚马逊搜索结果页面中，所以卖家可以借助 Coupons 这个小工具来提升自己商品的转化率。

## 第五节　EDM（邮件营销）

EDM（E-mail Direct Marketing）即 E-mail 营销或邮件营销。企业可以通过使用 EDM 软件向目标客户发送 EDM 邮件，建立与目标客户的沟通渠道，向其直接传达相关信息，用来促进销售。

本节介绍如何在亚马逊平台运营中充分利用 EDM 的功能，将从邮件的使用原则、邮件的格式、邮件的各部分书写技巧及亚马逊中常见的邮件四方面进行介绍。

（视频课程）

### 一、邮件的使用原则

邮件的使用原则有如下五点（参见图 11.69）。

第一，确定目标而发送对应内容。使用无差别的邮件群发模式，反而会进一步减少留存

概率。目标可以是要求客户评论,或者是参考历史购买记录发送客户可能会感兴趣的内容来强化购买欲望。

第二,提供卓越的客户服务。确保邮件可以让客户知道店铺随时可以提供帮助,或者在他们需要的时候提供建议,表现出对其关心重视的态度,这点很重要。

第三,提供额外的价值。通过提供比其他卖家更多价值的内容,给客户一个留下正面评价的理由。这些内容包括商品教程、信息图、相关电子书配套等。

第四,包含外部网站/商店的链接。这直接违反了亚马逊的服务条款,是会被严格限制的。相反,我们要让客户在亚马逊平台上进行可取的操作,如留下评论等。

第五,减少图片的堆砌。邮件顶部的一个小标志和正文中的一张图片就足够了,内容里包含过多的图像可能会触发垃圾邮件过滤器。

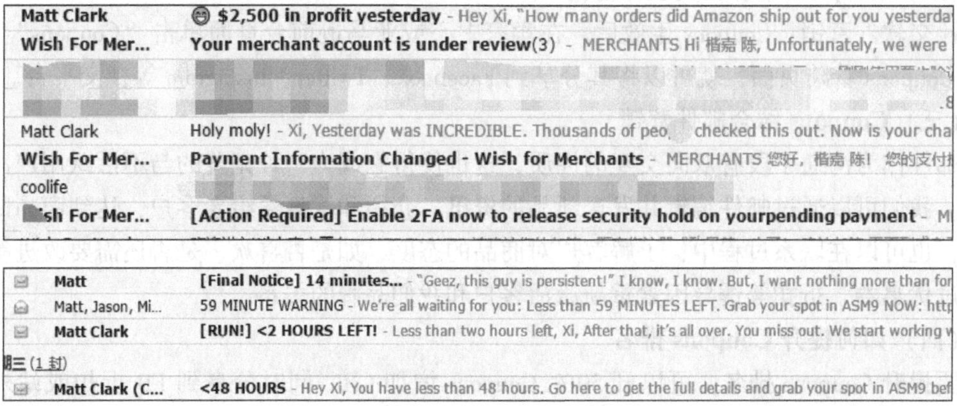

图 11.69

## 二、邮件的格式

邮件的格式如下:

第一,不知道收件人:To whom it may concern,(敬启者);

第二,知道性别:Dear Mr/Mrs/Ms + 姓,Dear Sir or Madam;

第三,知道头衔/职位:Dear Prof.(教授)/Dr.(博士)+ 姓。

注意:在正式的英文邮件中,如果在知道对方职位的前提下,那么尽量使用"头衔+姓"的方式开场。要记得 Greeting 后面的标点符号是逗号,然后空一行之后才正式开始信的内容。

## 三、邮件的各部分书写技巧

### (一)目的(Purpose)

1. 写信 Purpose 的撰写

写信 Purpose 的撰写,即在详细表述前先告知邮件重点:

I am writing to inquire…(我写信询问……);

I am writing in reference to…(我写这封信是指……);

I am writing to confirm/ enquire/ inform you…(我写信时要确认/询问/通知你……);

I am delighted to give you the detail about…（我很开心能给你提供……的详情）。

2. 回信 Purpose 的撰写

回信的开头可以说：

Thank you for reaching out to us regarding…（感谢你联系我们……）；

Thank you for your email…（感谢你的来信……）；

Thank you for calling me yesterday to discuss…（感谢昨天你来电讨论……）。

注意：特别是商务信函，我们一般使用比较书面的语言，如上面的 in reference to（一般说明已经和对方提过的事）和 regarding 都是"关于"的意思，但我们应尽量避免用 about 这样口语的表达。

### （二）正文（Content）

1. 段落撰写（Paragraph Wriling）

一个段落一个主题，几个段落一个主旨。

①Attached please find the latest information on…（最新消息可查看附件……）。

②In order to achieve our sales target, we need to…（为了完成我们的销售目标，我们需要……）。

③对方了解你写信的目的及背景，接下来就该要求对方行动，如回信、回电话、表达意见、缴交文件等：Could you please call me later today?（你能明天给我打电话吗？）

商业信函中应注意使用书面语。

①用 receive，不用 got。

②不要用缩写。

③用 does not，而不用 doesn't。

④多用委婉客气的语气。

I was wondering if you could provide some more details.

⑤重要内容加粗，但不要全部大写。

Please Review the attached documents thoroughly.

2. 结尾（Closing）

结尾最后一部分通常会表示感谢或解释下一步是什么。

常用的表达有以下几种。

①If you have any further questions or concerns, please don't hesitate to contact me.

②Thank you for your time and consideration. I look forward to hearing from you.

③I hope this information is helpful.

④Please call me if you have any question.

一般这些句子后面用句号即可，没有必要用感叹号；其他地方一般情况下也不要用感叹号。

3. 落款（Signature）

（1）结尾祝福语写法。

作为结尾祝福语，以下词汇在正式场合及非正式场合均可使用：Sincerely、Sincerely Yours、Yours Sincerely Regards、Best Regards Yours、Yours Truly、Truly Best、Best Wishes。

（2）签名档写法。

签名档要跟在结尾敬语后面：Sincerely、John SmithSales Representative、Flooring Company。

### （三）常见邮件写法

常见的邮件写法有如下几种。

第一，请求帮忙：

At your convenience, would you please send me…最后加上 Thank you for your assistance.

第二，寻求意见：

Our team would Appreciate your insights/input on…。

第三，期待回复：

Due to the short timeframe for this proposal, prompt reply is greatly Appreciated.

第四，回答对方问题：

Hope this answers your question. Let me know if further detail/explanation would be helpful.

第五，致歉：

My sincere apology for this unfortunate situation; I will address to my team immediately. Again, please accept my most sincere apology.

第六，谈及：

With reference to our telephone conversation today…As I mentioned earlier about…As you requested…This is in response to your email today.

第七，告知消息：

Please be advised/ informed that…Please note that…We would like to inform you that…。

第八，告知坏消息：

We are sorry to inform you that…I'm afraid I have some bad news.

第九，请求：

We would be grateful if you could…I would Appreciate it if you could…。

Would you please send us…？

第十，提供帮助：

If you wish, we would be hAppy to…Please let me know if there's anything I can do to help.

第十一，提醒：

I'm just writing to remind you of…May we remind you that…？

## 四、亚马逊中常见的邮件

### （一）索评邮件

索评邮件一般是商品被签收后 7~14 天发给客户，索评效果无法保证，具体要看客户对此如何反应，有可能收到的是客户一星的评价。

1. 两个技巧

技巧一：索评邮件的前部分可以问客户商品签收之后使用体验如何或有没有遇到什么问题，也可以顺便提醒一下客户商品使用过程中保养的一些方法，以免之后遇到客诉问题。

技巧二：索评邮件的后部分可以说希望客户能够把他的购物体验分享出来，让更多客户听到分享的声音，并且我们也能通过客户的分享更好地改进我们的商品，以提供质量更高的商品给更多的客户。

2. 参考模板

以下模板仅供大家参考：

Dear ＊＊＊＊＊，

First, Thank you for purchasing 商品名, I am writing this for make it amazed you and making sure Have you already used it. :D（客户收到货之后）

Here We would like to give you some tips for keeping it longer in your life.

1. Every machine has its service life, in order to make it last longer, please do not…（商品的注意事项）

2. Please do not immerse the bottom of the cup in water, you should clean it with a damp cloth. Avoid water infiltrate into the bottom of the jar and spiral.（商品的注意事项）

Customer satisfaction is our top priority. Because of your suggestion, we are making it better and better. We attach great importance to your proposal, we just hope that every customer can be in our store to buy the most satisfied with the merchandise, this is our hAppiest.

We both look up at the same stars, yet we see such different things. That is the reason we want to hear your voice from your Feedback, Review or Email. Any suggestion or advise you have just feel free to contact us. The more we share the more we learn from each other.

I want to personally Thank You for being our customer.

We try our best to give you the service you deserve and will always be here.

你的 team 名称

Customer Service

注意：在亚马逊平台中，卖家给客户发索评邮件时，谨记邮件内容不要涉及敏感性词语，如好评、五星好评、以折扣或返钱等优惠诱惑买家留评等。这些内容都是禁止的，一旦被亚马逊检测到，邮件将会被屏蔽而发不到客户邮箱。

（二）处理客诉邮件

在处理客诉时，要根据造成客诉的原因来列明情况进行针对性回答，在回复客户的邮件中，语气要缓和、要真诚，要尽力处理好客户的顾虑，所以要列明几种方案供客户选择，而不是给予客户简短的模棱两可的回答。

以下模板可供参考：

Dear Lucy,

Thank you for purchasing the Doorbell, I apologize for the unlucky purchase experience.

For your situation what I can do the best is to send you new one. I will copy your previous address and send you a new one. Hope you can forgive us that we can not fix it for you. It will take long time to delivery and not very convenient for you.

Customer satisfaction is our top priority. Also, you can check in our shop, if anything you are interested I can give you a better price.

If any problem just contact me.

Best regards

你的 team 名称
Customer Service

**（三）跟卖警告信**

大多数亚马逊中国卖家最头疼的事：自己一个好好的 Listing 被别人无端跟卖，抢走单量不说，还要抢走 Listing 编辑权，更有甚者反过来 Test Buy 被跟卖的人。这个时候就需要我们给跟卖的人发一封警告信，警告他们把自己的跟卖撤销。

以下模板仅供大家参考：

RE: NOTICE OF POSSIBLE INFRINGEMENT

你的品牌 Blender

This is to inform you that（你的品牌）has been registered on uspto. gov. And our product has the（你的品牌）Logo, you have done the VIOLATION of our store, and you are in violation of Amazon Policy. Therefore, we demand that you immediately remove all Listings on Amazon. com about Listing the ASIN "（跟卖人的）ASIN" of（自己的店铺名）.

自己的店铺名 team taking this matter seriously and is committed to pursuing all necessary actions to protect our rights. We would prefer to resolve this matter amicably. Please confirm to us in writing within 24 hours, that you have: Removed all of（自己的店铺名）Listing from your Amazon. com.

Failure to take action within 24 hours will force us to report this serious violation to Amazon seller performance team. This is licensed products to Amazon. com as well, Amazon seller performance team will take such violations very seriously, possibly resulting in removal of your selling privileges on Amazon. com.

We will continue to monitor sales activity until we receive confirmation from you that sales have ceased.

Sincerely,

自己的 Legal Department

May 2,2018

需要注意的是,一旦被人跟卖很难投诉成功,而且一两封跟卖警告信对于跟卖的卖家来说根本无关痛痒,所以这个时候卖家们可以考虑加入亚马逊官方的防跟卖的项目"Transparency"。目前此服务只支持亚马逊美国站点,具体细节我们在亚马逊平台简介及撒手锏——跟卖中给大家详细介绍。

## (四)POA(行动计划书)

本书中提到的 POA 是指在亚马逊运营中,账号因为涉及侵权、卖假货、账户绩效指标不符合亚马逊的规定、关联、刷评、安全问题等各种原因被暂停或被封而向亚马逊提交的行动计划书。

行动计划书的要点有如下三点:

第一,解释这个事情发生的根本原因;

第二,阐述你为解决这个事情立即采取的解决方案;

第三,进一步说明你为防止此类事件的发生而采取的未来行动计划。

图 11.70 为因 ODR 指标过高收到亚马逊的绩效通知。

图 11.70

以下模板仅供参考(操纵评论导致账号被冻结的申诉模板):

Dear Amazon,

Sorry for the late reply, We genuinely apologize about the serious breach of Rule, we were quite shocked. We can't find as response we were very unsure as to why.

However upon the only investigation into your conclusion of our account.

We did the investigation and we have found that our member of the staff in charge the US shop did the violation. Not only Amazon but our company code as well and ethics on trading.

The reason she used her own email address to looking for Reviewer is she knew that is forbidden in 自己店铺名 team.

The only official email we use to send information is by ＊＊＊@店铺名.shop.

That's why we spent lots of time investigating who did that. I know there is no way to justify this person's action and therefore our responsibility as it is my employee's.

However, we sincerely wish to confront the issue immediately, mediate it and further find the proper solution even the preparation period for our shop.

The email address of our employee：邮件地址

The email address of the Reviewer：评论者的地址

The detailed link of Reviews：＊＊＊＊＊＊

Information about a third party used to search Reviewer：

ALL the email address that she got from：www.amzhelper.com（can download it easily.）And Some people share the email address in the www.fob.com（which can easily get it as well）www.Shoutcart.com（Put some code on it and get some reply）.

The reason she puts the link of our product in the email is to get some page view.

But also in order to get more user experience from our customers, we sent emails to buyers and we were looking for more buyers outside beyond Amazon who is interested in our products. This is how we broke the rule. We feel deeply sorry for it again!

Whatever the cause is, treat it from the source. We deeply confessed to what we did and we promise here we'll do the steps below to put an end to it all：

1. After the investigation, our first reaction was to stop any non–experienced sales people to be in charge of any shop. And we told the HR to improve the induction training as soon as possible. Be determined to avoid its happening again in our team. Based on this, we thank Amazon a lot for pointting the problem of our team and management method.

2. We have already arranged a schedule for learning all policy from The Seller University regularly in our team to better our service. The priority of learning is the Update on Customer Reviews on October 3, 2017 from Amazon Policy.

3. We will keep going to based on the FBA service for our customers to improve delivery time and to ensure the customer get a reliable experience all the time.

4. For the Review, We promise that we only get Reviews from customers who have a positive and practical purchase experience. At the same time, Never bother any customer after they leave a Review.

Never provides financial compensation, discounts or other compensation to third parties in exchange for Review.

Never by free or discounted products in exchange for a Review.

Never engaged in any misleading, improper or offensive any third parties to obtain customer Reviews.

Never use any advertising, marketing information (special offers) or "purchase call" to guide, prompt or encourage customers to leave a Review on Amazon.

5. For the Page view, We are going to set up the Giveaway for our products. This function is not only able to get page view but also better service, an alluring way to expend your business. We feel frustrated we did not pay more attention to it.

6. For the products details, We are about to truthfully state the product and improve the quality of customer service to enhance customer satisfaction. We are willing to achieve that our products are so good that customers are willing to leave us Reviews from their deep hearts, even a few words. That will be the true happiness for our team.

7. For a good purchase experience, We are more likely to build the products differentiation to attract more customers and better our customers' life.

Meanwhile, We must learn from Amazon about all Applicable laws, policies and all the rules and follow it definitely.

To sum up, we will certainly do our best to provide the better quality products, the better service and the better purchase experience.

Sincerely hope you would give us a chance. Thank you very much!

Looking forward to your reply.

Best regards

## 第六节 品牌推广

在亚马逊的运营中,卖家们经常会遇到被人跟卖、侵权等最令人头疼的事情,那么这些如何去防止呢?本节介绍品牌注册、品牌备案、品牌授权和品牌旗舰店四个知识点。

(视频课程)

### 一、品牌注册

#### (一) 品牌注册的特点

1. 地域性

很多卖家会问,中国的品牌能否在美国站、欧洲站、日本站或澳洲站使用?答案是否定的,因为品牌具有地域性的特点。比如,我们要在美国站经营店铺,就需要注册美国的品牌;如果在欧洲站经营店铺,就需要注册欧洲的品牌;中国的品牌只能在中国使用。

2. 品类性

很多卖家在销售商品时,会既销售电子商品,又销售服装和办公用品,那么能不能同时销售多个品牌的商品呢?答案是:看你注册的品类,因为品牌还具有品类性。比如,苹果的品牌,也只能销售电脑、手机这类电子商品,并不能销售口红、裙子这些商品。所以我们在注册品牌的时候，要知道自己需要注册什么品类，是单个品类还是多个品类，自己要提前布局好。如果 ABCD 这个品牌同时包含了电子商品类、服装类、办公用品类，可能客户会觉得这个品牌不够专业。

（二）品牌注册的时间

一般商标受理的时间在 3~7 天，但是 R 标需要 8~10 个月（亚马逊品牌备案需要 R 标）。品牌的 TM 标也可以在亚马逊上使用，在 TM 标到 R 标的过程中，品牌有可能会被驳回，但是做任何事情都是有风险的，如果因为担心驳回而不敢注册的话，那么亚马逊店铺也是很也难经营的。

避免驳回的方法：要尽量找靠谱的代理机构去注册，不要一味地贪便宜去找一些不靠谱的机构，否则被驳回的概率就会很高。

（三）品牌注册的资料

以下是找代理机构注册品牌需要的资料（如果之后亚马逊平台有更新，请以最终找的代理机构需要的资料为主）：

第一，身份证（企业就提供营业执照）；

第二，商标名称；

第三，需要注册的品类；

第四，商品上丝印品牌 Logo 的图片；

第五，品牌 Logo 的图片。

## 二、品牌备案

2017 年，亚马逊备案 2.0 升级之后，给予了品牌卖家更值得信赖和安全的服务。品牌备案之后，卖家可以获得以下好处：①保护卖家自己的品牌；②获得更多的定制功能（EBC 页面制作）；③上传商品时可以使用专属的 GCID 码；④使用头条搜索广告功能；⑤参加亚马逊官方防跟卖 Transparency 计划；⑥创建品牌旗舰店。

（一）品牌备案的资料

品牌备案的资料有如下几种。

第一，官网，www.ABCD.com 或 .cn/.net/.org（要求官网上要有卖家的联系方式，上传的 Listing 上面要有品牌 Logo，要显示商品的卖价，要带购物车，品牌的前后尽量不加任何东西，网站一定是英文的，网站可以是购买型的也可以是展示型的）。

第二，商品图片和包装图片（Logo 要丝印在商品和包装上）。

第三，商标要有 R 标。

①注册号，持有人名义。

②品牌故事（不是必填项，但是最好有，以提高通过的概率）。

（二）品牌备案的流程

1. 品牌备案具体步骤

第一步，按"广告板块-图文版的品牌备案-开始注册你的品牌"的顺序进入品牌各个界面；

第二步，单击"Get started"按钮进入下一步；

第三步，提供信息（如名字、地址、公司名、电话号码等）；
第四步，品牌资格；
第五步，卖家上传商品图片和包装图片；
第六步，品牌官网和品牌社交媒体页面（不强制，但不填容易被拒绝）；
第七步，更多关于品牌的信息，然后提交。

2. 具体实施

（1）第一步：创建品牌备案账户。

登录亚马逊品牌注册网站，单击"Get started"按钮，如图11.71所示。

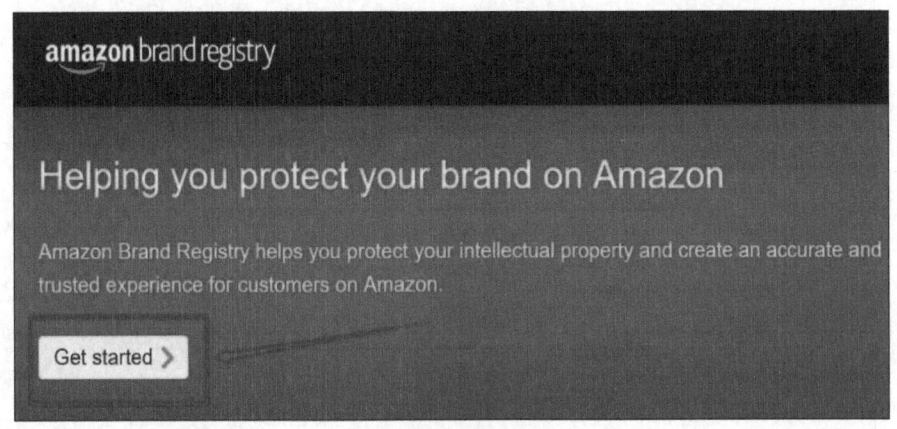

图 11.71

（2）第二步：进入步骤介绍页面。

如图11.72所示，单击"Enroll now"按钮，选择国家后，完善账号信息（如名字、地址、公司名、电话号码等）。

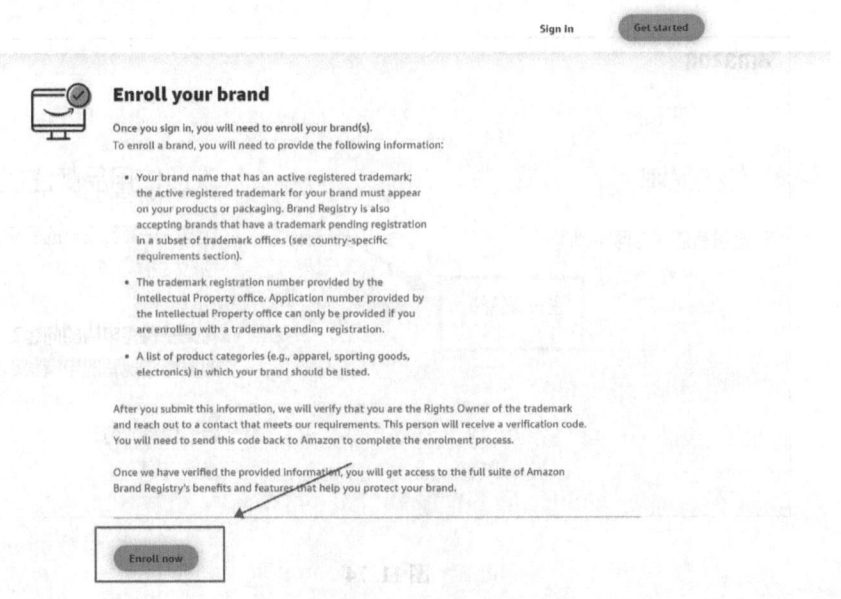

图 11.72

（3）第三步，选择注册品牌所在国家。

选择注册品牌所在国家，如美国（Vnited States），如图11.73所示。

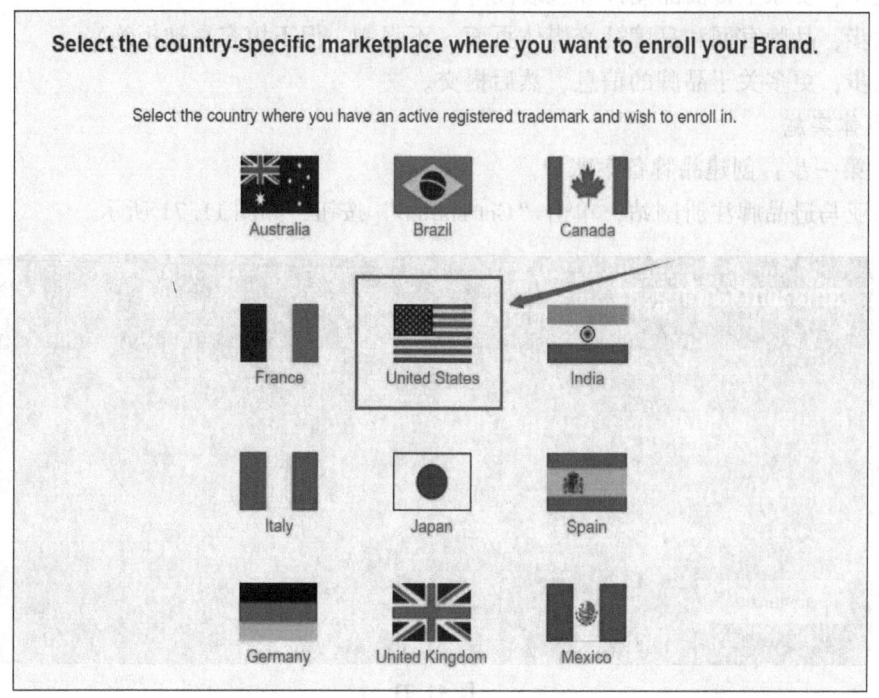

图 11.73

（4）第四步，选择注册新品牌。

如图11.74所示，单击"注册新品牌"按钮进入下一步。

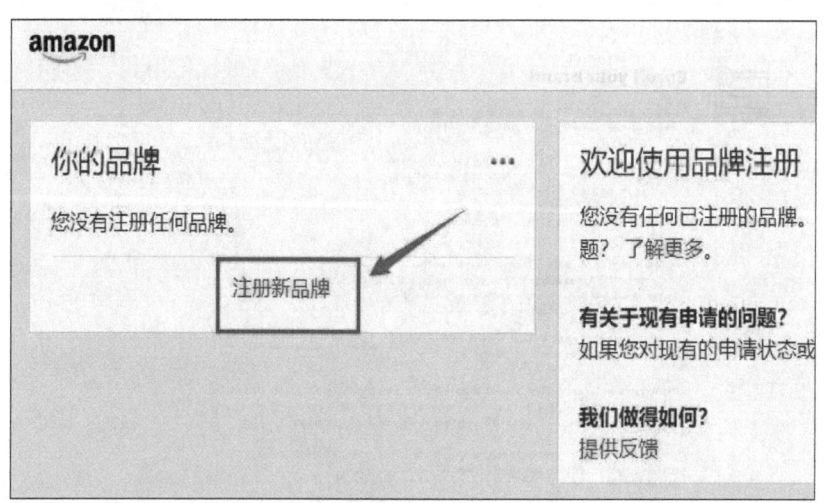

图 11.74

（5）第五步，完善品牌信息。

如图 11.75 所示，根据自己注册品牌时的类型，选择"文字商标"或"图案商标（图像）"，分别填写"标记名称""商标编号"，选择"商标办公室"所在地，并上传商标的图像。

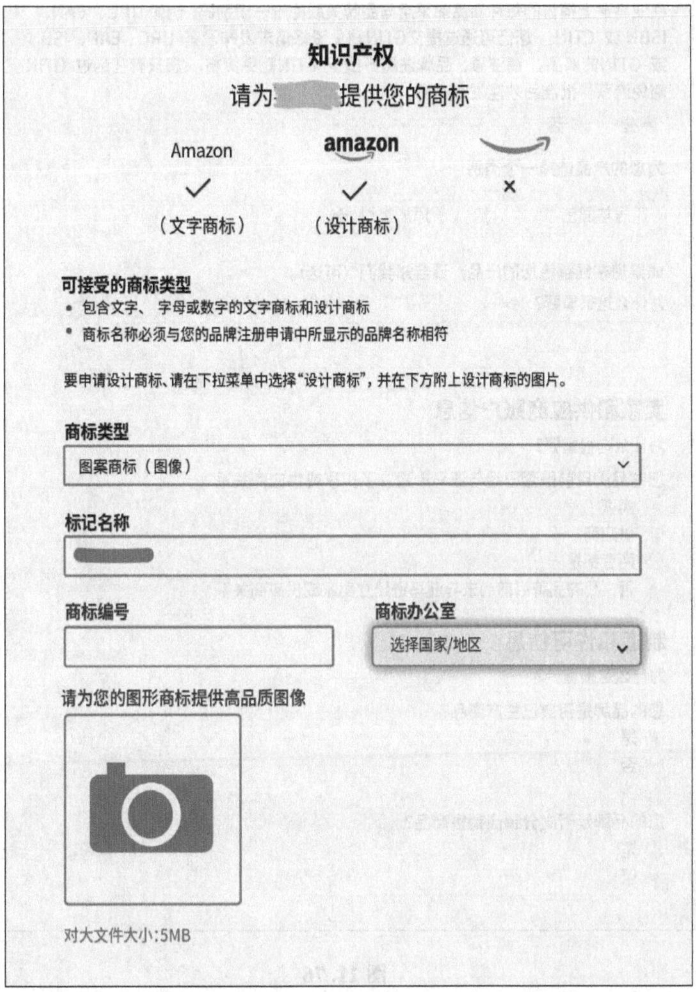

图 11.75

（6）第六步，提交注册信息。

如图 11.76 所示，根据问题选择正确的选项，提交之后，会有"成功提交"的提示，再等亚马逊的邮件（成功/失败都有邮件提示）。

（7）第七步，审核失败处理。

如果审核失败，亚马逊会有邮件提示，并告知失败的原因。这个时候我们只要按照提示再次提交正确内容即可。

如果内容正确，亚马逊会发邮件让卖家提交一段验证码。提交验证码后，亚马逊会再次发邮件确认品牌备案成功（参见图 11.77）。

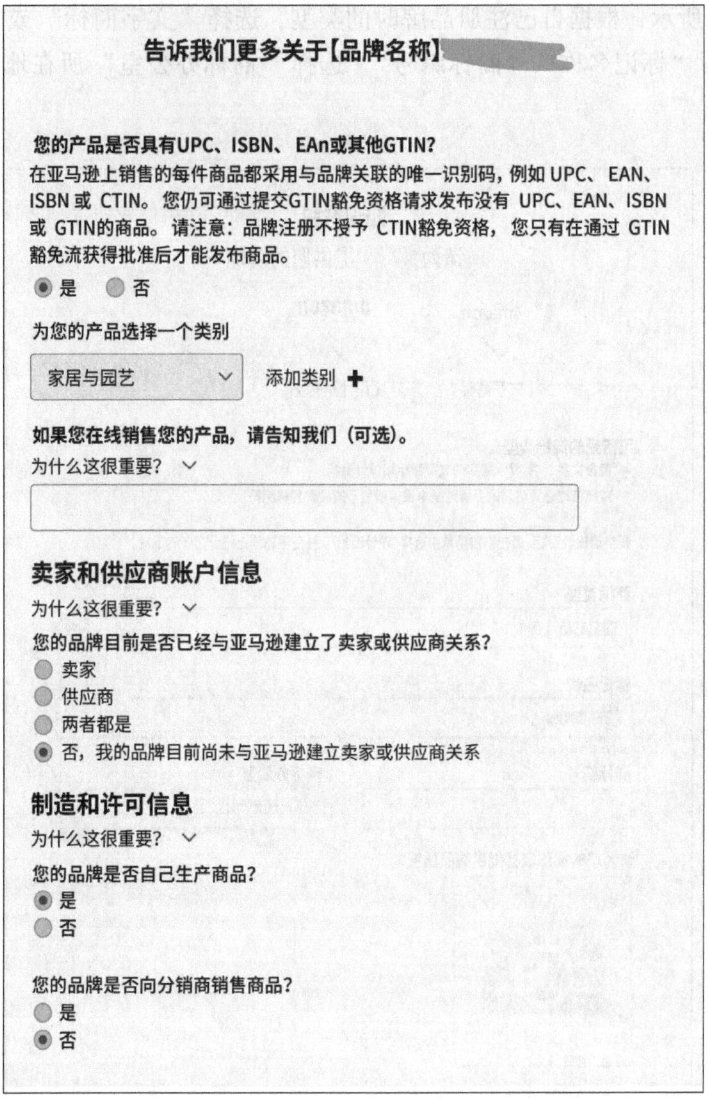

图 11.76

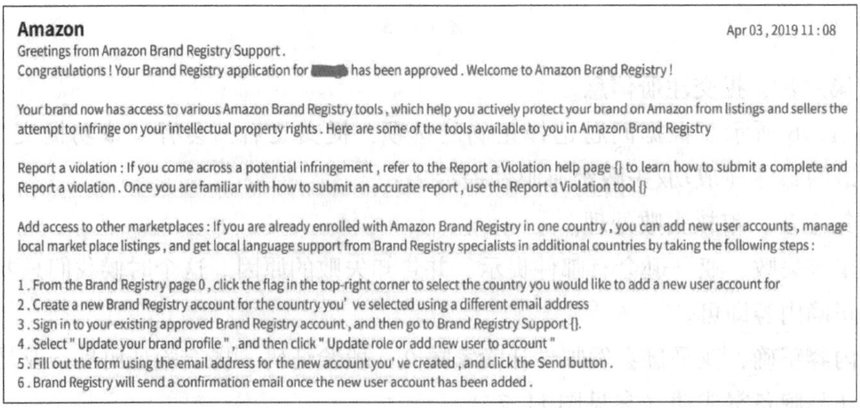

图 11.77

3. 品牌备案政策

品牌备案政策主要有如下五点。

第一，商标注册成功后才能够申请备案。

第二，在亚马逊线上市场所在的国家或地区成功注册商标，包括美国、加拿大、墨西哥、英国、德国、法国、西班牙、意大利、欧盟、日本、印度。

第三，现在商标必须是文字形式的。

第四，新的品牌备案系统要求卖家提供网站的同时，还要求其提供社交网站主页，如 Facebook、Twitter、Instagram 等。

第五，新的品牌备案系统中品牌故事变成了必填项。

4. 品牌备案的优势

品牌备案的优势主要有如下四个方面。

第一，亚马逊客户群体主要是中高端的客户，比较重视商品的质量，而品牌在一定程度上比较容易把控商品的质量和其他细节，所以亚马逊是一个走品牌化路线的平台。

第二，亚马逊有跟卖政策，如果被跟卖的，卖家必须在品牌备案后向亚马逊投诉，这时亚马逊才会受理。

第三，卖家可以有 A+页面。

第四，卖家可以开通店铺的功能。

## 三、品牌授权

在品牌备案账户建立并运行之后，我们就可以将权限分配给同事或其他可能帮助经营业务的人。

### （一）创建新账户

被授权的店铺必须创建一个亚马逊品牌备案账户，并选择同意条款和条件，接下来才能将权限分配给同事或其他帮助我们经营业务的人。如图 11.78 所示，此过程是备案的第一步。

### （二）联系品牌旗舰店的卖家以获得支持

对于品牌备案的主账号，需要在后台联系品牌旗舰店的卖家以获得支持，其过程如下。

第一，单击"Brand Registry Support"按钮，如图 11.79 所示。

第二，选择"Update your brand profile"（更新你的品牌简介）。

第三，然后选择"Update role or add new user to account"（为用户账户更新角色），如图 11.80 所示。

注意：商标目前有两种标注，R 标和 TM 标。现在亚马逊最新的要求是需要 R 标。

R 标跟 TM 标的区别：

①TM 是 TradeMark（商标）的简称，表示该商标已经向国家商标局提出申请，并已经被受理，别人已经无法抢注；

②R 是 Registered（已注册）的简称，表示该 TM 商标已经在国家商标局注册成功，别

人未经许可和授权不得使用。

商标报送国家商标局后会在 10~20 个工作日内下发受理通知书，一段时间之后我们就可以拿到序列号（拿到序列号还需要一年左右的时间）。只有拿到注册证书，且 TM 标被当地国家商标局实施实质性审核并核准注册后，这个 TM 标就成了 R 标。

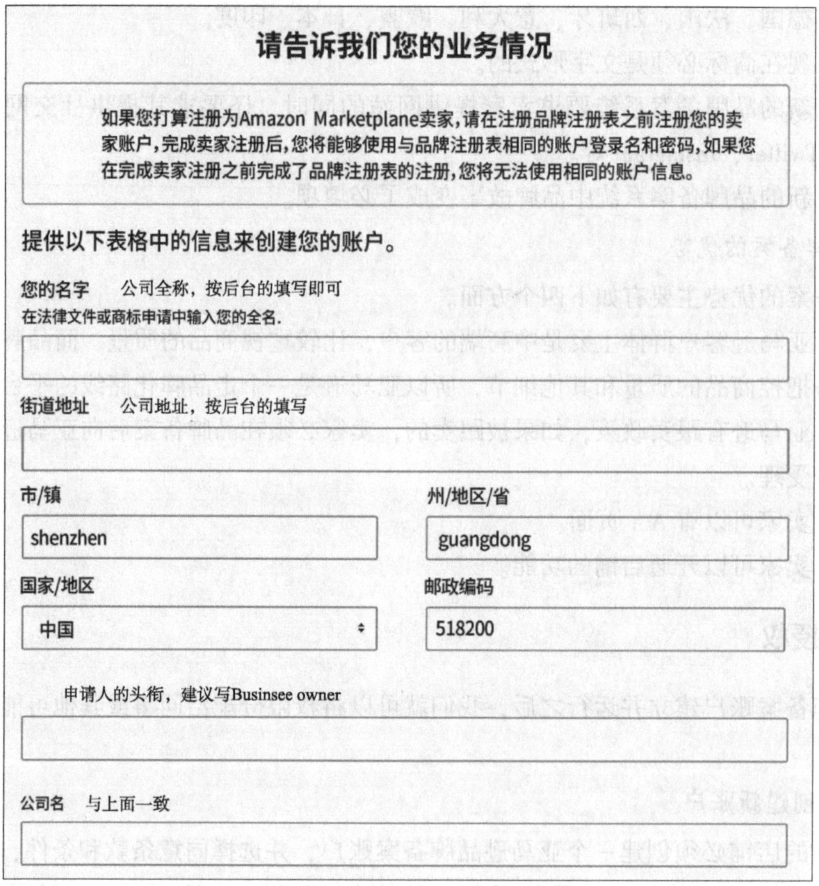

图 11.78

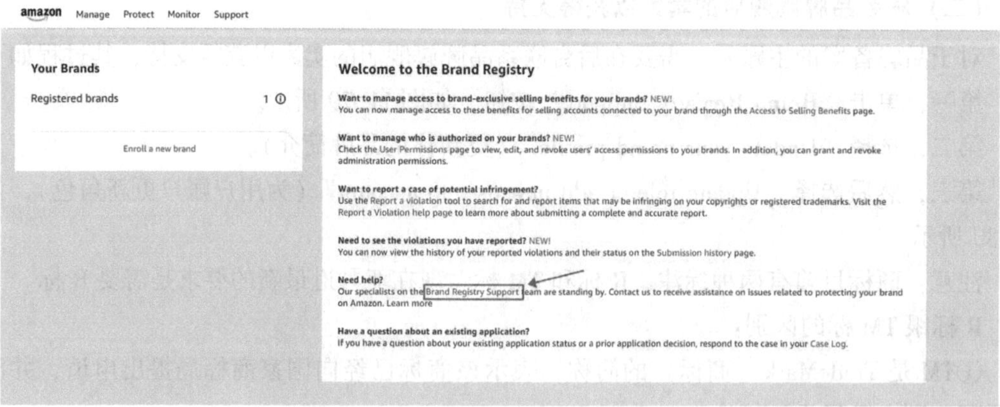

图 11.79

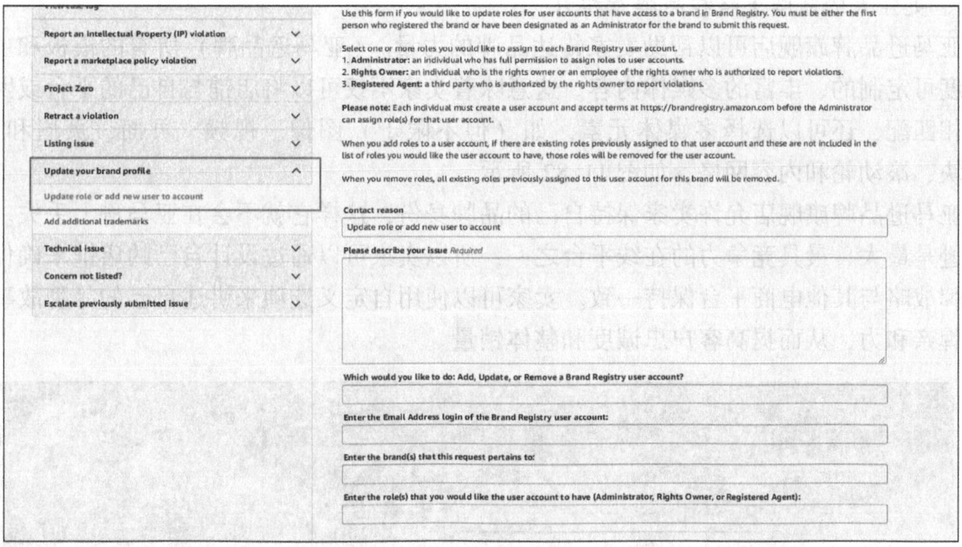

图 11.80

很多卖家都会觉得拿到了商标序列号是不是就可以备案了，答案是不可以！我们是可以创建品牌账号，但最终亚马逊还会向国家商标局进行确认（需要验证码），所以这个过程是操作不了的。

## 四、亚马逊品牌旗舰店

### （一）亚马逊品牌旗舰店的概念

亚马逊品牌旗舰店是一个免费的自助服务工具，和其他工具不一样的是，它允许卖家和供应商在亚马逊上设计自己的品牌店铺，新老客户可以体验他们的品牌和浏览商品。它在结构和内容上都非常灵活。想要使用亚马逊品牌旗舰店，卖家和供应商需要在亚马逊进行品牌注册，如图 11.81 所示。

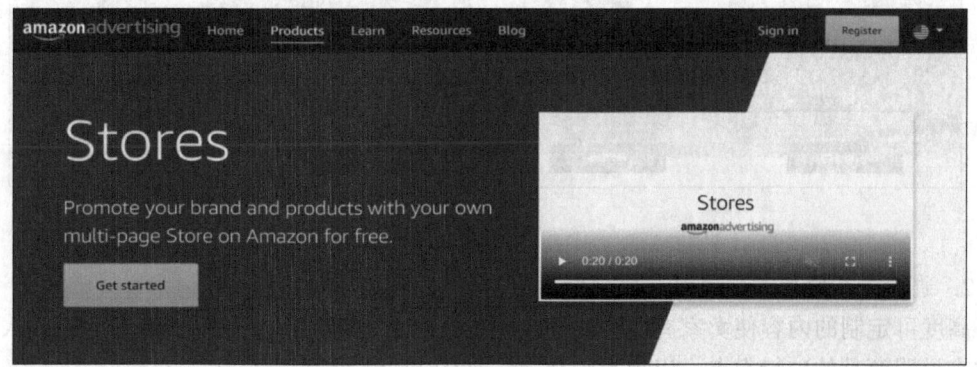

图 11.81

### （二）亚马逊品牌旗舰店的优势

亚马逊品牌旗舰店为卖家和供应商提供了大量的好处，综合来说有如下几个方面。

1. 更强大的品牌策略和品牌亲和力

亚马逊品牌旗舰店可以帮助卖家传达品牌的力量。（亚马逊品牌）所有的模板和主题都是高度可定制的、丰富的多媒体内容。这意味着卖家不仅可以将店铺与自己的平台或网站的布局相匹配，还可以选择多媒体元素，如（但不限于）图像、视频、页面、页眉和页脚、内容块、滚动轮和内容网格，如图11.82所示。

亚马逊品牌旗舰店允许卖家保持自己的品牌身份，这样它就不会在亚马逊上丢失。由于亚马逊是最大、最具竞争力的在线平台之一，所以卖家可以通过设计自己的店铺来确保自己的品牌战略与其他电商平台保持一致。卖家可以使用自定义选项来讲述自己的品牌故事，建立品牌亲和力，从而提高客户忠诚度和整体销量。

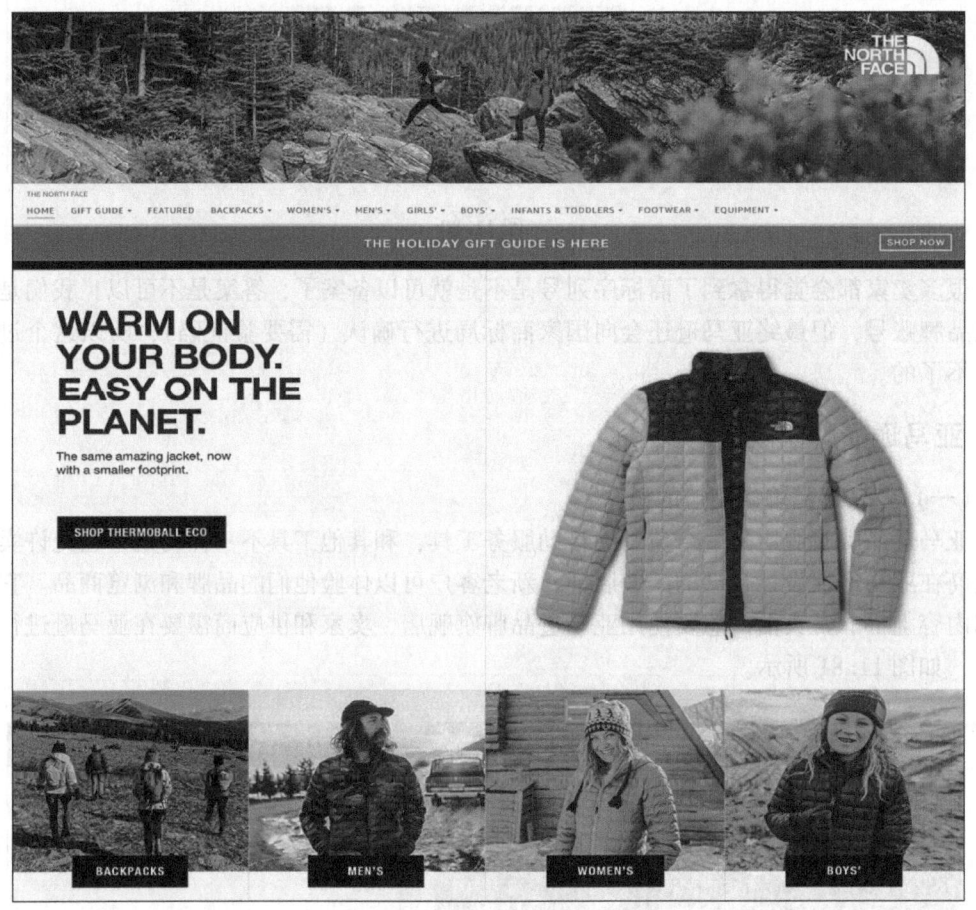

图11.82

2. 通过丰富的内容强调商品的独特卖点

高度可定制的内容使卖家有机会讲述自己的品牌故事，同时又以一种有趣且引人入胜的方式来说明商品的独特卖点，以提高转化率，如图11.83所示。

3. 提高商品曝光，驱动流量

亚马逊品牌旗舰店可以驱动流量。这使卖家能够塑造商品的独特性，并为商品吸引更多眼球。通过亚马逊品牌旗舰店，卖家可以利用内部和外部的流量。

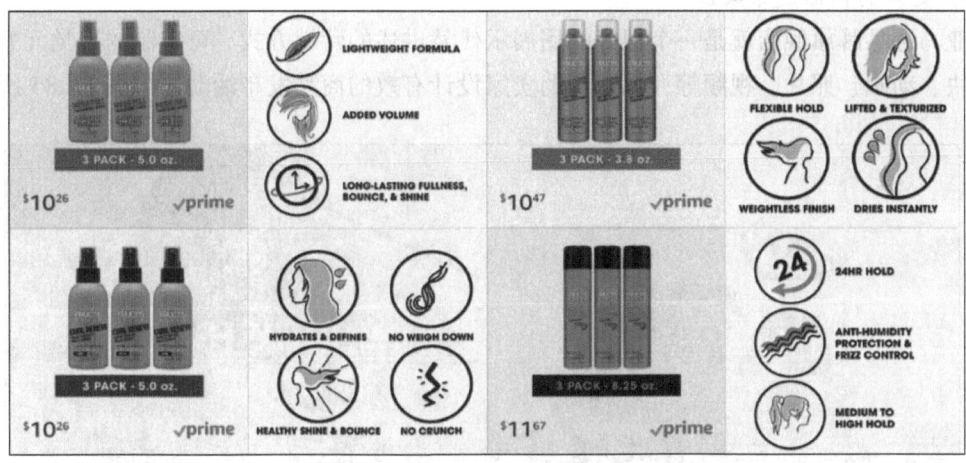

图 11.83

（1）内部流量。

亚马逊品牌旗舰店可以用作 Sponsored Brands 广告的登录页面，将广告定向到卖家的商品页面或店铺主页（如图 11.84 所示）。

图 11.84

（2）外部流量。

亚马逊品牌旗舰店鼓励卖家通过搜索引擎（如谷歌）来驱动外部流量。每个品牌旗舰店都有自己的 URL，如亚马逊 amazon.com/stores/amazon Basics，以帮助卖家将流量直接吸引到店铺。这些 URL 也可以当做外部活动（如电子邮件活动）的登录页面。

4. 更多的商品发布渠道

亚马逊品牌旗舰店就是一个很好的用展示代替讲述的营销方式。可定制的视觉元素，如内容块、动画、照片、视频等，可以帮助卖家设计有效的商品发布活动，如图 11.85 所示。

图 11.85

此外，亚马逊品牌旗舰店可以让卖家接触到最大数量的新客户和现有客户。亚马逊品牌旗舰店并不专属于亚马逊平台，卖家可以在所有的营销活动中使用它们，将其包含在自己的广告、新闻稿、社交媒体平台和自有平台中，或者链接到自己的 YouTube 频道或 Instagram 故事里。通过设计良好和品牌良好的店面，卖家可以更容易、更快捷地触及新市场和受众。

5. 亚马逊品牌旗舰店的结构

亚马逊品牌旗舰店的结构是由卖家自己定制设计的，最能代表卖家的品牌。亚马逊提供了三个预先设置的模板，用于填充使品牌更生动的内容。

要设计亚马逊品牌旗舰店，卖家需要登录供应商控制台或卖家中心。以下是为品牌增值和增加收入的亚马逊品牌旗舰店的创建技巧：

第一，亚马逊品牌旗舰店页面可进行独特的自定义，因此优先考虑丰富的内容和个性化；

第二，建议使用图片和视频，以清楚地展示商品的使用示例；

第三，建议使用尽可能多的多媒体来说明和代替枯燥的文字；

第四，关注信息传递，确保店铺设计与品牌形象相匹配。

图 11.86 是品牌旗舰店的常见结构。

根据商品类别，品牌旗舰店的结构共有三种独

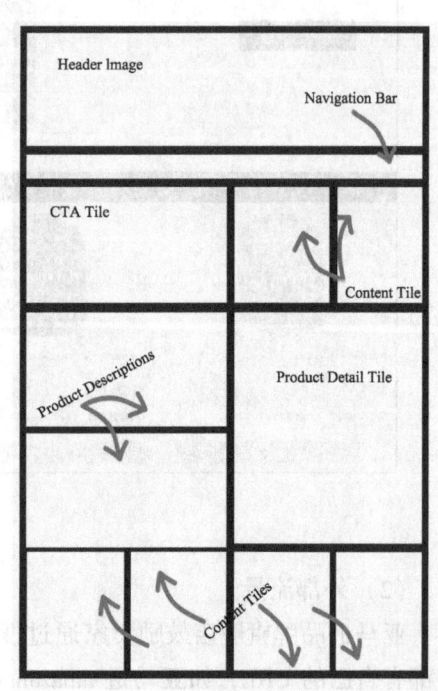

图 11.86

特的模板。

模板一（The Marquee）：适用于展示商品的一部分，也可用于展示商品特征图片、描述性文本或价格，如图 11.87 所示。

图 11.87

模板二（The Showcase）：适合文本内容少、内容丰富的页面，可为视觉图像和商品细节照片留出最大的空间，如图 11.88 所示。

图 11.88

模板三（Product Grid）：适合想要使用简单明了的方法来显示多种商品、价格及简短说明的卖家，如图 11.89 所示。

6. 设计亚马逊品牌旗舰店的步骤

（1）注册品牌。

首先，若尚未注册品牌，则需要在 Brand Registry 进行注册。

注册完成后，登录供应商或卖家中心，在"Stores"下拉列表中选择"Manage Stores"选项，并选择你想要的模板。

（2）填充信息。

根据选择的模板，你不仅可以选择填充标题图像、文本或基于文本的图块、图像或基于图像的图块、包含商品图片的文字图块，你还可以完全控制导航顺序、总体布局和外观。

图 11.89

① 标题图像：这是店铺顶部的水平图像。因为它是访问者看到的第一个内容，所以它应该以一种干净、清晰的方式来展示。你可以在标题图像中使用文本，但应该专注于显示品牌图像和标识，用这张图片欢迎访问者进入你的页面。标题图像的最小尺寸应该是 3000×600px。

② 文本或基于文本的图块：对于包含大量文本的图块，尽量使它是描述性的和简洁的；尽可能将文本限制在两句之内，对商品、示例进行独特的总结。

以下是 Amazon Basics 的示例（如图 11.90 所示）。

原文："Amazon Basics has everyday, low-price items like HDMI cables、batteries and audio cables to gear up your electronics, as well as home necessities like bed sheets、bath towels and knife sets."

大意："Amazon Basics 提供日常、低价的商品，如 HDMI 线缆、电池和音频线缆，为您提供电子设备的装备，以及床单、浴巾和刀具等家庭必需品。"

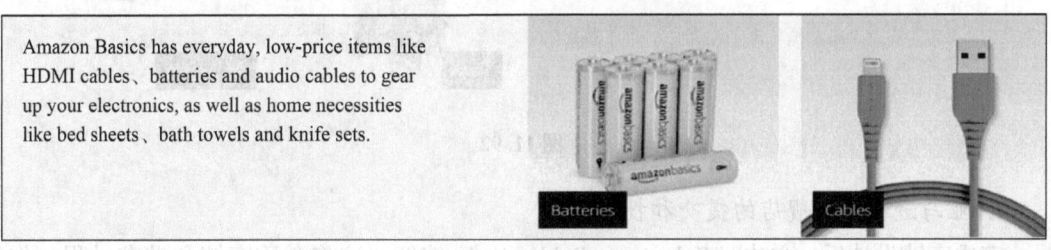

图 11.90

③图像或基于图像的图块：选择高质量或专业的图像，确保光线良好，并且突出显示商品，建议以下列图片为参考（如图 11.91 所示）。这样，潜在的买家可以直接看到商品，而不必去猜测商品的样子。

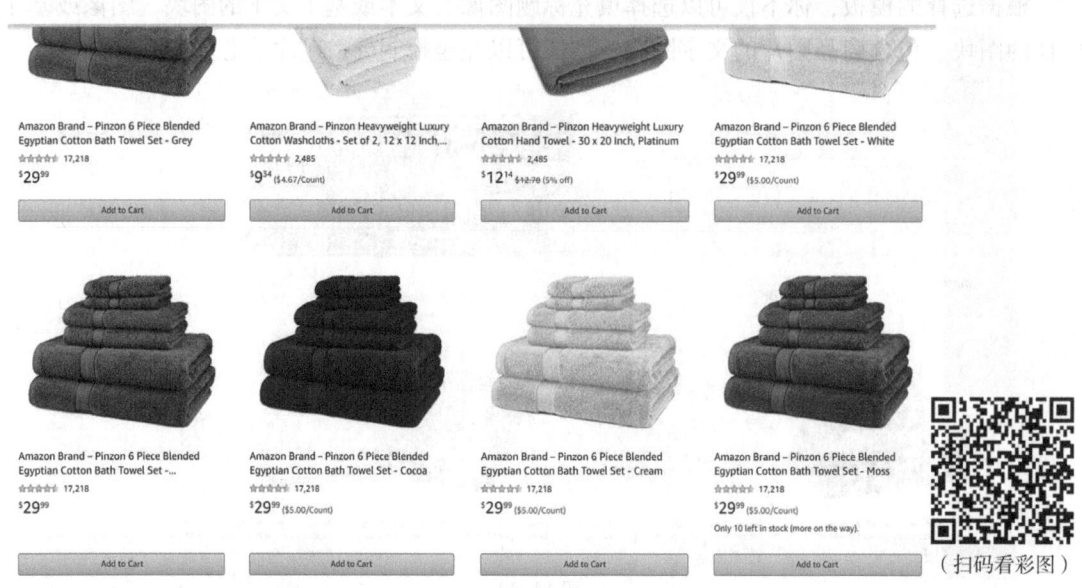

（扫码看彩图）

图 11.91

④包含商品图片的文字图块：对于同时具有图像和文本的图块，则关注商品的名称；确保它是描述性的，并保持简短，尽量控制在 4~8 个单词之间；建议使用 50∶50 的文本大小与图像的比例；确保图片和文字是简单的，这样不会太分散注意力。

以下是 Amazon Basics 的示例。

"Apple Certified Lightning to USB Cable（Apple 认证数据线）"。

在设计品牌旗舰店时，只需遵循现有的流程和模板即可，确保对所有的图片和文字进行质量或标准检查。然而，最重要的是要确保你的所有内容都是品牌所包含的，并清楚地传达你的品牌如何能使消费者受益，如图 11.92 所示。

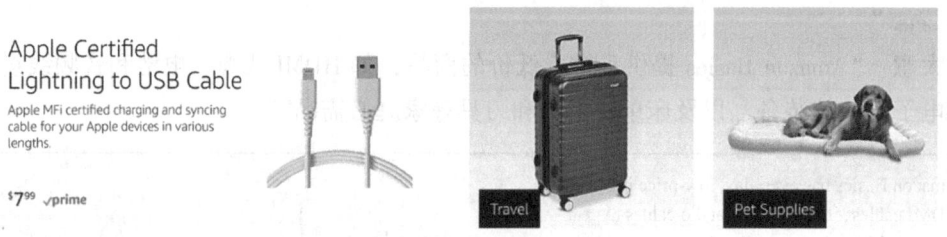

图 11.92

**7. 亚马逊品牌旗舰店的提交和批准流程**

完成店铺设计后，单击"Submit for Publishing"按钮，这将激活审核和批准过程，你的品牌旗舰店将被提交并接受审核。根据你的品牌旗舰店是否符合亚马逊指南中的要求，亚马逊可能会要求你进行一些更改。

为了加快审核过程，请在提交草稿之前进行彻底检查。确保以下内容得到检查：

第一，语法、拼写和标点错误；

第二，优化所有设备的体验，尝试在台式电脑、手机和笔记本电脑端查看草稿，以确保对所有设备体验进行优化；

第三，检查文本，特别是图像中的文本，确保它们易于阅读。

草稿在审核期间不能修改，审核和批准过程通常需要三天。

## 第七节　新品推广

### 一、新品推广前期工作

（视频课程）

亚马逊从 1995 年发展至今，已经从只卖书的电商平台变成了品类售卖最齐全的电商巨头。随着平台的流量越来越多、越来越稳定，各个类目的竞争都进入了白热化阶段。海量的卖家前仆后继地涌进亚马逊平台，都期望从这个平台中分得一杯羹。亚马逊平台一直在正常运作，但是不难发现亚马逊平台上的商品却换了一茬又一茬，这主要是因为很多卖家在刚开始上架商品的时候就是没有目的性、没有计划性，所以导致后期一系列的问题出现。本节介绍亚马逊平台新品推广的思路。

（一）新品营销计划

一个亚马逊新品在打造的过程当中，如果前期缺乏系统性的新品营销计划，而在 FBA 上架之后再想怎样去营销，以至于在关键节点上没有把握住时间节奏，后期推广就需要耗费很大精力。

大部分中小卖家都是走到哪一步，做到哪一步，甚至有些卖家临时拍脑袋做决定：是不是要去改标题？图片要不要再优化？A+页面好像不够全面？FBA 上架 1 个多月还没有 Review 或 QA？这一系列的问题都是运营当中比较常见的现象。

那么，卖家应该如何让自己的商品在上架以后就从万千的新品中脱颖而出呢？这需要卖家下非常多的工夫，要制订详细的、系统的新品营销计划。

（二）选品

那么在讲新品如何推广之前我们需要知道，所有的新品推广一定要建立在良好选品的基础之上。若缺乏优秀的商品基因，这样的新品推广就成了无源之水、无本之木，推来推去其实都是在做无用功，到最后也只能承担赔了夫人又折兵的后果。

这也凸显了选品阶段的重要性，选品的重要性甚至可以占到新品推广的 50% 以上。换言之，如果选品阶段的方式方法是错误的，选出的商品类目位于一片"红海"之中，那么后期的推广会让你感到非常费力，而且即便你十分努力，最后也不一定能够成功突围。这也是为什么业界一直流传着"七分靠选品，三分靠运营"的名言。

商品选好之后，事情并未做完。众所周知，亚马逊平台给予卖家推广新品的最佳时间为

14~30天，至于确切的时间长短要看卖家商品的推广效果如何。若卖家推广效果较好，亚马逊则会给予卖家更长的新品推广期和流量扶持；若推广效果不好，亚马逊则不会持续给予更多的流量。

### （三）市场调研

新品推广前一定要做好市场调研，调研对象包括该商品的市场容量、同行价格、评价情况、销量、同行商品卖点及痛点等，同时也要充分了解自己商品的卖点、痛点等，以便我们更好地设计商品图片和Listing文案，打造极致的Listing。

### （四）Listing写作

电商贸易和传统贸易不同，电商平台的客户在购买之前是看不到商品的实物的，只能通过商品的详情页面的一些信息来推断自己对商品的满意度。

一个近乎完美的Listing可以提升客户的满意度，提升商品的转化率，将商品的主要优点、对痛点的解决方式、对客户的保障等方面，淋漓尽致地展现在客户面前。这样才能在客户浏览之后，加强他对商品的信心，进而达到促使客户下单的目的。

Listing的文案不仅仅要体现商品优点，还必须包含商品的主要搜索词。一个接近完美的Listing，既是可以流畅阅读的（Readable），又是可以被轻易搜索到的（Searchable）。这样的Listing才能具备爆款Listing的潜质。

本书前面章节已经详细阐述了撰写Listing的技巧。在这里我们还需要注意的是，卖家在撰写Listing文案的时候，一定要注意提前查阅亚马逊后台中商品所属类目的风格指南，以及Listing每个部分撰写的注意事项和要求，免得触犯亚马逊的一些规定，从而导致Listing文案禁止显示。

撰写完Listing之后，就开始了商品的上传。上传Listing时，第一步选择类目的时候，我们会发现一些商品类目是受限的，这个时候需要提交相关资质进行审核。其实亚马逊方面的审核也是常有的，只要在审核的时候把需要提交的资料提交完整，审核也不是麻烦事。有些卖家可能会说，这些常说的类目并不需要审核，其实有些类目前期上传的时候可能不需要审核，但是在后期的运用过程中还是需要审核的。除此之外，卖家上传商品时尽量把参数填写得足够完整，尤其是涉及服饰品类，需要填写尺寸、颜色、面料等信息。填写完毕以后保存并完成即可，我们就可以在后台界面查看是否上传成功。当商品上传成功以后，就要开始着手备货了。

### （五）备货

具体的备货数量要根据货物的市场容量和货物的定价进行综合判断。

1. 低价位商品

如果一款商品的售价在5~15美元之间，那么证明这是一款低价格区间的商品。这样的商品一般利润率不会太高，但是需求量可能会非常大。对这种商品的首批备货而言，备货数量可以适当多一些。首批货一般选择空运，首批数量一般是40天的销量。对于很有把握能爆单的商品会同时发一批海运，不是很有把握的等首批货开售半个月销量上来后再来一波空运，同时发一批海运，这样操作可以避免商品在售卖期间断货。

2. 大货件商品

如果一款商品的重量或体积非常之大，这种大货件商品的运输基本以海运方式为主。海运分为快船和慢船两种方式，二者的时效有很大的差别。如果商品选择海运方式，那么商品的入仓周期就会被拉得很长。所以，这种情况下可以适当多备一些货，以避免新品期的断货造成不必要的损失。

当然，不同的商品有不同的打法和思路，在亚马逊的世界中绝对不存在那种可以适用于任何商品的推广方法。以上内容可以为卖家提供一些思路，沿着这些思路，卖家可以结合自己的商品种类、商品重量、商品体积等方面的因素，进行首批备货数量的计算。

3. 创建亚马逊发货计划

在发货到 FBA 仓库时，需要在后台创建亚马逊发货计划。前面章节中我们也阐述了发货计划具体的操作步骤，但是在这里我们需要强调的一点是，在创建亚马逊货件的时候，有一项操作是添加危险品信息，如果卖家的商品是带电池或内置电池的，那么需要如实填写。一旦危险品信息填写之后亚马逊可能要进行审核，这个时候就需要按照要求提交危险品豁免表，提交豁免表之后大概 4 个工作日审核会通过，若还不通过，则需要提交 Case 继续跟进。

## 二、新品推广实施

前期的准备工作结束之后，就开始了商品的真正运营。在这里要注意一点，亚马逊所有的运营手法，都要将安全放在第一的位置。没有了店铺，也就失去了赖以生存的基础，所以店铺的安全才是我们要时刻注意的头等大事。

商品一旦上架就意味着商品进入了新品期。卖家一定要把握好这个短暂的扶持期，因为只有商品在新品期的时候稳住了订单及排名，商品才有更大的概率获得成功。那么我们应该如何对商品进行新品推广呢？新品推广的方式包括站内推广和站外引流。

### （一）站内推广

站内推广包括站内 CPC（自动广告、手动广告）、促销（满减折扣、买一赠一、社交媒体促销代码等）、秒杀（Best Deal、Lightning Deal、Deal Of The Day、7 - Day Deal）、Coupons 等，这些是可以提高曝光、给商品增加吸引力的功能，我们在前面几个章节中也有详细阐述。我们在推广商品的时候还要考虑如何使商品页面更好更完善，页面除我们可以编辑的文案图片外，其实还有几个客户比较看重的地方，其中一个是我们的商品 Review，一个商品有 Review 跟无 Review，其转化率相差是非常大的，这也是很多卖家为什么要追求高质量及大数量的 Review 的原因。那么作为一个新品，我们进行索评的时候能够邀请来的评论其实少之又少，究其原因是订单基数过小，而且客户留评的概率一般在 1% ~ 2% 之间，所以前期在没有 Review 的情况下，商品的优势会大大降低，买家的购买欲望也会降低。所以，卖家应该如何解决这个问题呢？在质量方面有保障的商品可以通过加入 VINE Voice 和早期评论人计划进行 Review 的正规获取，对质量没信心的卖家一定不要选择这两个方式。因为这些方式留下的评论权重都会比较高，如果质量不过关，那么客户给你留的评论就有可能是差评，这对你的商品链接的影响会很大，后期推广就会很难。所以，建议卖家在做任何一个行为的时候都要先做一些考量。当页面整体质量上来了以后我们就可以依据商品的出单情况去搭配不同的站内推广了。

站内推广又分很多种情况：如果商品没有曝光或曝光少，那么可以使用广告的方式来给商品增加曝光，提升商品的点击量；如果在有曝光有点击的情况下订单量不多，那么可以使用 Coupons、促销等方式来促使客户下单，当然也要时刻关注商品是否有秒杀推荐；如果是有推荐的商品，亚马逊会告知推荐的秒杀价格、秒杀数量及秒杀的大概时间，卖家可以依据自己的情况提交申请。申报了秒杀的商品是有一个专门的秒杀流量入口的，而且商品如果是新品，那么第一次秒杀的展示位一般会比较靠前，秒杀的出单可能性会比较大。

其实商品就像自己的孩子，站内推广就是一步一步地把孩子养大，这个过程显然没有那么容易，但是掌握好推广的方法与技巧会使很多问题迎刃而解。

（二）站外引流

在 Listing 已经优化到极致，站内流量已经达到饱和之后，卖家开始把视野转到站外方面。在站外引流方面，本书也有专门章节详细阐述该如何运营。其实，做站外引流本身就是一个漫长积累的过程，在必要的时候做，在必须的时候做；站外就像世外桃源，做不做的起来看上去都很美，本书在下一节将进行详细介绍。

综上所述，新品推广的整个思路大致如此，当其他卖家看到你的商品被推起来以后，有可能会出现越来越多的同款商品，这个时候商品的同质化会非常严重。但是，每个商品都有自己的生命周期，而且大多数都是短暂的，那我们应该如何应对商品的生命周期带来的影响呢？我们需要做的就是在之前商品的基础上做出一些改变，也就是我们常提到的商品微创新，只有这样才能在市场上占领足够的份额。

# 第八节　站外引流

众所周知，2019 年对于亚马逊上的中国卖家可以说是艰难的一年。一方面，亚马逊各方面政策的出台限制了部分卖家的发展进度；另一方面，站内广告和站内秒杀的成本越来越大，效果却越来越差。再加上 2020 年新冠肺炎疫情的影响，一些跨境卖家的店铺受到了不同程度的打击。这就使得大部分卖家开始把自己的注意力转移到站外，本节介绍站外引流的方向及方法。

（视频课程）

## 一、站外引流介绍

（一）为什么需要站外引流

有些关键词的竞价过于激烈，需要通过站外引流的方式来获取相对低价的流量。有些人建议先获取一定的销量和评论，然后再做亚马逊 PPC 广告，转化率会更高。

"亚马逊会给从站外引流的 Listing 嘉奖，这样的 Listing 更容易快速提升排名"，这个说法目前没有得到官方证实，因为官方对于亚马逊的算法系统一直没有公开。

**（二）什么时候需要用到站外引流**

那么，什么时候需要用到站外引流？主要有如下两个时点。

第一，推广新品的时候：可以通过站外给站内的商品链接引一波流量，助力站内商品的推广。

第二，清库存的时候：当亚马逊站内店铺绩效表现不好时，清理滞销商品也是十分困难的，很难再获得高的曝光，那么这个时候我们就需要换个角度从站外引流。

Listing 做起来之后，如果你的广告 ACoS 不高（小于 50%），那么可以通过站内 PPC 来解决这个问题。

**（三）站外引流渠道分析**

想要做好站外，我们就需要知道哪些途径或渠道是可以操作的，一定要了解每个渠道的运营核心，这样我们才可以将站外的流量发挥到极致。

亚马逊平台站外引流渠道主要有社交媒体平台、网红营销、Deal 网站等，这些渠道各有各的特点，下面本书将分别进行详细介绍，卖家可以根据需要决定选择何种站外引流渠道。

## 二、亚马逊站外引流渠道之社交媒体平台

**（一）Facebook**

Facebook（脸书）是当前国际上主流社交平台，创立于 2004 年 2 月 4 日，总部位于美国加利福尼亚州门洛帕克，2012 年 3 月 6 日发布 Windows 版桌面聊天软件 Facebook Messenger。Facebook 在北美有 2.4 亿月活用户，进行 Facebook 的运营推广需要先花时间运营好官方账号，积累一定的粉丝以后（做一些新品市场调查、商品赠送活动或抽奖等互动活动可以吸粉）再逐渐做引流的工作（粉丝互动活动、Page 页速推或广告投放等），所需周期较长，但是建议大家可以马上行动。

1. 免费方式

免费方式根据我们的商品类型决定。如果我们的商品属于一个 Niche（细分市场），那么可以加入相应 Niche 的 Facebook 群组，把商品 Listing 发送给这个群组的人。例如，我是销售母婴用品的卖家，就可以加入图 11.93 所示的群组"Free or cheap baby/kids stuff"，这个群组 2020 年 12 月已经有 4200 多位用户了。卖家可以加入群组，发送商品的折扣信息。

这就是在 Facebook 平台上可以免费推广的方式。好处是免费，劣势有如下两点。

第一，不够高效。因为卖家需要找寻大量的群组，每次推广新品都需要在每个群组里面推广。

第二，非 Niche 的卖家不适用。如果卖家销售很多商品，横跨多个类目，那么就需要找到大量的、不同类型的群组才能获得足够的销量，以提高商品排名。

图 11.93

2. 付费方式

Facebook（包括 Instagram）也为电商卖家提供了付费广告平台，卖家需要注册一个 Facebook Business（可单击）账户（如图 11.94 所示）。

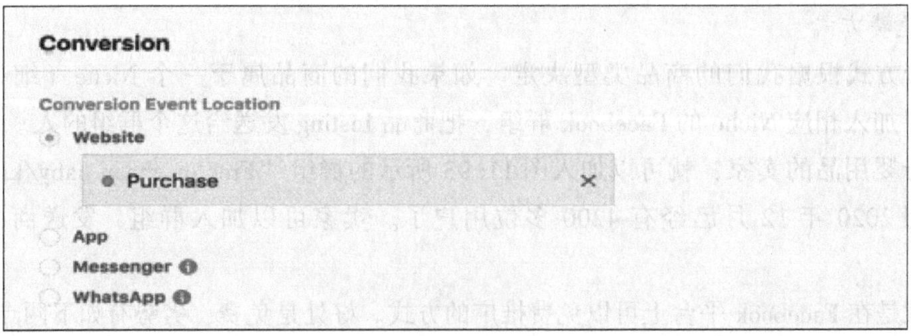

图 11.94

通过实操和采访电商卖家发现 Facebook 投放广告的费用较高，CPO（Cost Per Order）即每单广告费，是商品单价的 50%~200%。如果你的广告有吸引力且投放精准，那么转化率可能会达到 20%。但一般情况下，社交平台的付费广告转化率低于 8%，因此大多数卖家的广告费用是远超售价1~2倍的。

Facebook广告投放主要是按照人群画像投放的。卖家可以选择按照目标客户的年龄、性别、城市/国家、终端类型、兴趣和行为等来做投放。举例来说，如果你的商品是"尿布包"，并在美国站点售卖，那么目标人群就是女性、年龄25~35岁、住在美国、New Parents（0~12个月新生儿的父母）等。

如果你销售的背包价格较高，那么可以选择投放人群的收入，如Household income：top 10%~25%和Household income：top 10%。

关于广告目标，你可以将其设定为填写表格或购买。一般独立站卖家可以在创建Facebook广告时选择Purchase（购买）作为目标，然而直接把流量引导到亚马逊平台，这时卖家是无法把Facebook Pixel（一个跟踪的代码）安装到亚马逊平台上面的。所以，卖家无法直接记录订单转化情况来判断Facebook广告的效果。

### （二）Instagram

Instagram（照片墙）是一款运行在移动端上的社交应用平台，以一种快速、美妙和有趣的方式将你随时抓拍下的图片与其他人分享，其在北美有1.1亿月活用户。在Instagram被Facebook收购后[①]，广告的业务就合并了。不同的是，卖家需要以品牌的名字注册一个Instagram账号，然后将这个账号和Facebook Ad Account账号绑定。卖家在创建一个Facebook广告时可以直接选择是否要在Instagram上同步投放。

一般建议卖家将Facebook和Instagram广告分到不同的广告组中，方便跟踪和对比广告费用和转化数据，在后期进行分析和优化的时候会更高效。

但是还有些卖家会想，现在玩Instagram还来得及吗？答案是肯定的！

Instagram全球的月活用户非常多，其中60%是女性，每天有9500万张照片在Ins上被分享，每天能够吸引42亿次点击，大部分用户在18~35岁之间。它是基于移动端的商品，在PC端上面只能浏览动态。这是一块非常广阔的市场，现在我们只需要注册，什么都不做就会有人来关注你，里面的用户很活跃，还有红利在。

那么，你想要成为Instagram达人吗？

你可能是Instagram小白，也可能是Instagram大神，甚至可能连听都没有听过Instagram，但这都没关系，不管你懂与不懂，生活都在催促我们迈步向前！哪里有流量，哪里就值得跨境电商运营者去探索！下面本书会详细介绍如何正确及安全地玩转Instagram。

1. 注册Instagram账号和设定品牌名称

如果有Facebook账户，就可以直接绑定，也可以用手机或邮箱注册新账户，如图11.95所示。

可以多用一些品牌名称来注册账户名称：一是高相关性；二是容易记住；三是统一的品牌名称，便于客户搜索。账户名称有最多30个字母的限制。

---

[①] 2012年4月10日，Facebook宣布以10亿美元收购Instagram。2012年10月25日，Facebook以总值7.15亿美元收购Instagram。

图 11.95

2. 上传头像，让客户更容易记住你（品牌效应）

头像更容易产生品牌效应，这里要注意以下几点。

第一，代表你们品牌的素材。

第二，集中在一个焦点（Logo 或品牌名）。

第三，统一在各大平台的头像。

第四，头像照片大小：110×110px（手机版），180×180px（电脑版）。

3. 新增品牌简介

如图 11.96 所示，新增加的品牌需要添加如下信息。

图 11.96

第一,姓名和用户:在不同平台保持统一性。
第二,网站:填上停留时间最长和流量最多的网站链接。
第三,简介:加上品牌宗旨(例如,阿里:让天下没有难做的生意)。
第四,最近的活动:1~2个行动标签(Hashtag或链接网站)。

新增品牌简介流程如图11.97所示,单击"编辑主页"按钮,在弹出的窗口进行编辑,包括姓名、账号、网站和个人简介等,最后单击"完成"按钮。

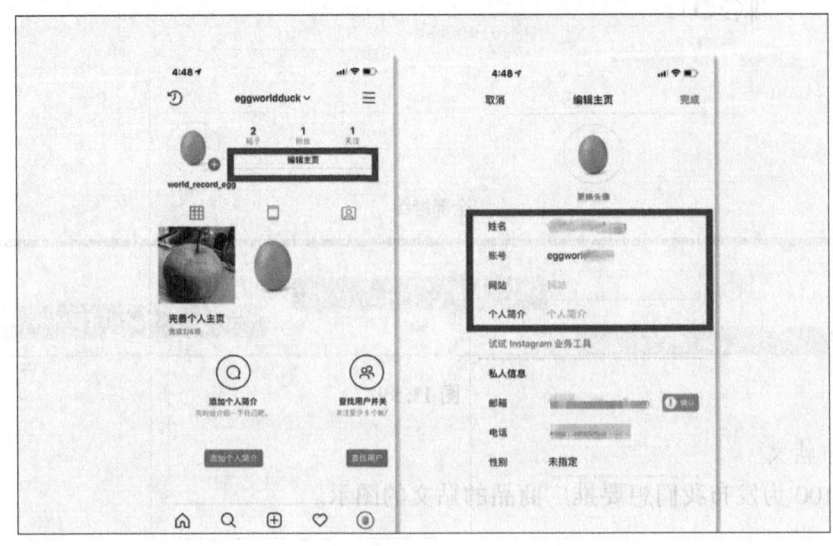

图 11.97

4. 转为商家主页

如图11.98和图11.99所示,转为商家主页流程为:单击"设置"按钮→单击"账户"按钮→单击"切换为商家主页"按钮,然后需要单击很多个"继续"按钮,直至完成。

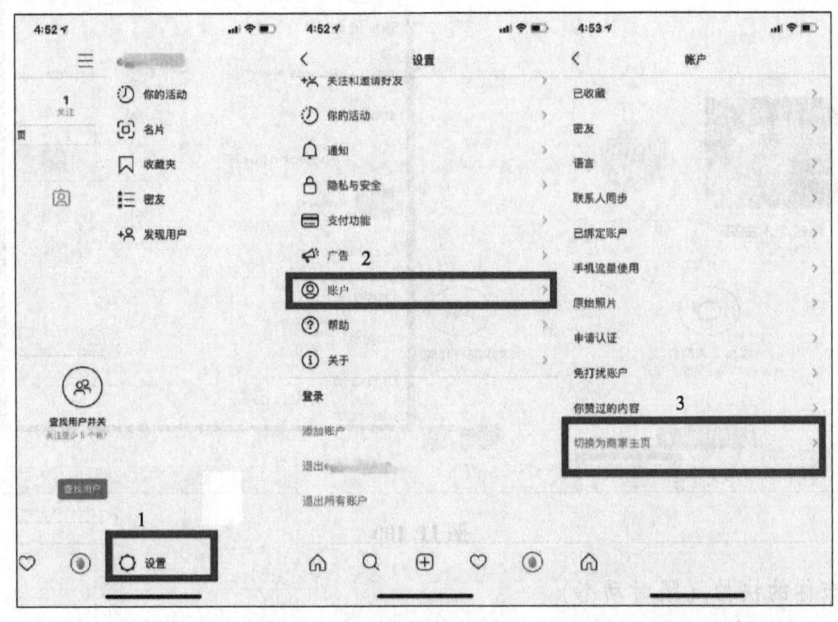

图 11.98

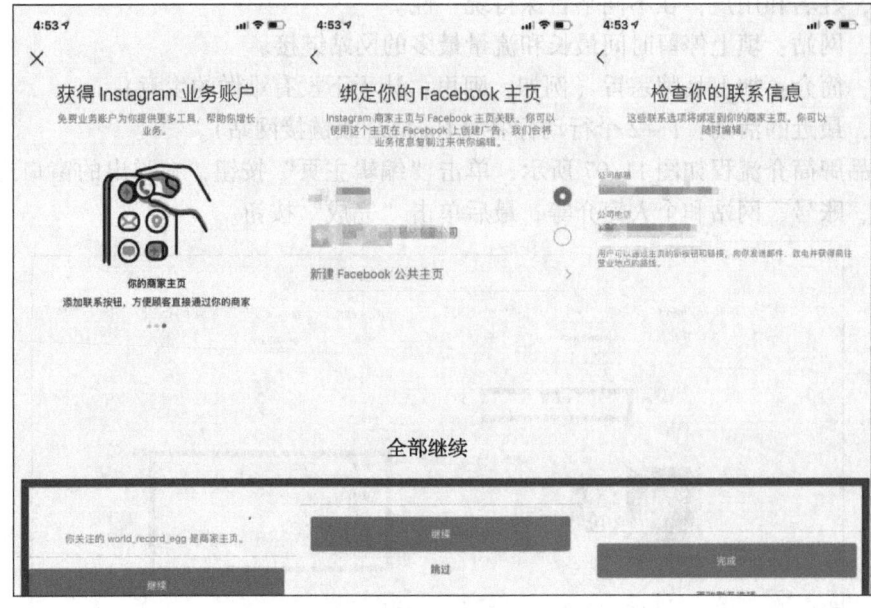

图 11.99

5. 发布帖文

图 11.100 为发布我们想要推广商品的贴文的图示。

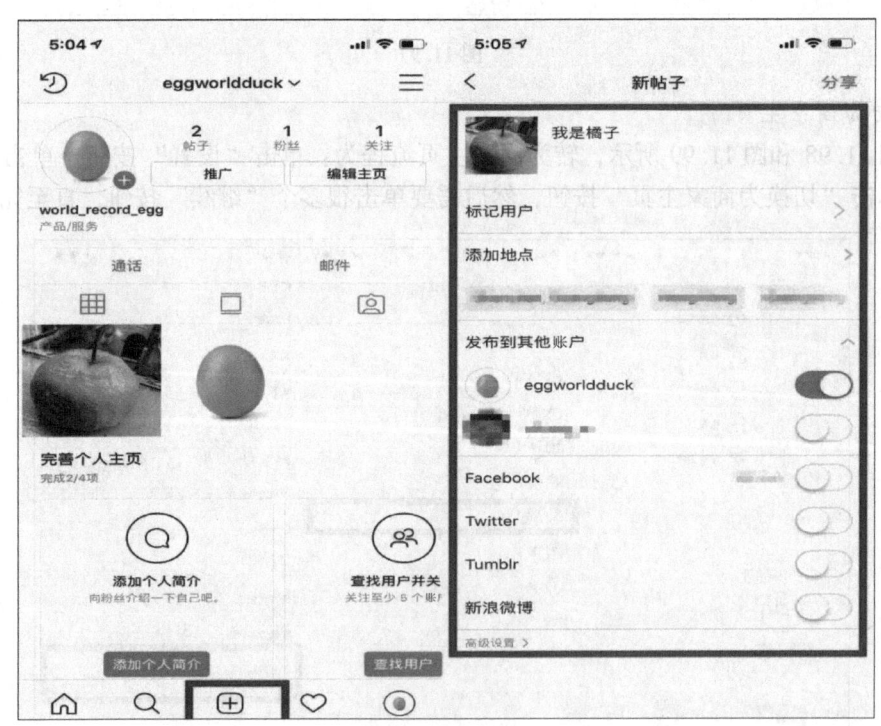

图 11.100

6. 发布你的快拍（限时动态）

如图 11.101 所示，在 Instagram 发布你的快拍（限时动态），其特点有如下几点：

第一,只会在 Instagram 里 24 小时;
第二,支持视频和图片;
第三,视频最长可以拍/上传 15 秒(和我们的朋友圈一样)。

图 11.101

这里的很多功能都可以进行尝试,也可以发给你关注的人。比如,投票功能,所有跟粉丝的互动都可以在分析中看到,而且还可以根据粉丝的回答进行回复,做双向的互动。

7. 成效分析

如图 11.102 所示,单击主页中的"成效分析"按钮,了解发布的新商品信息的效果。

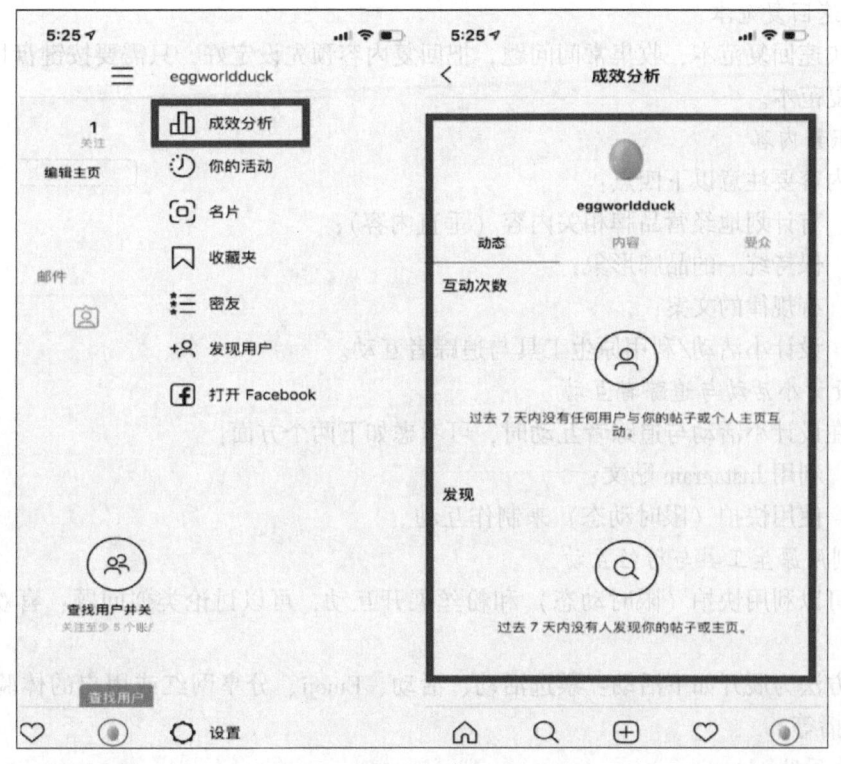

图 11.102

8. 群聊分类（分类信息）

群聊分类如图 11.103 所示。

图 11.103

9. 快速回复范本

建立快速回复范本，收集常问问题，把回复内容预先设定好，只需要按键盘快捷键，就会显示回复范本。

10. 积累内容

积累内容要注意以下四点：

第一，有计划地经营品牌相关内容（垂直内容）；

第二，保持统一的品牌形象；

第三，有规律的文案；

第四，设计小活动/利用原生工具与追踪者互动。

11. 设计小活动与追踪者互动

我们在设计小活动与追踪者互动时，可考虑如下两个方面：

第一，利用 Instagram 贴文；

第二，使用快拍（限时动态）来制作互动。

12. 利用原生工具与粉丝互动

我们可以利用快拍（限时动态）和粉丝展开互动，可以讨论类似问题：喜欢我们的新商品吗？

具体方法为展开如下活动：票选活动、活动、Emoji、分享网红或用户的体验视频、Instagram 直播等。

13. 善用#hashtag

卖家要善于使用#hashtag，主要注意如下三点：

第一，品牌专属的 hashtag；
第二，活动、节日庆典；
第三，蹭热点，利用 IGTV 上传长视频。

14. 利用 IGTV，上传长视频

（1）IGTV 设置方法。

如图 11.104 所示，卖家可以选择如下选项：

第一，教学影片（产品、化妆、运动等）；
第二，修改现有的横向影片为 9∶16；
第三，秋冬搭配建议；
第四，合作伙伴的访问；
第五，Teaser（预告新商品）。

|  | IG限时动态 | IGTV |
|---|---|---|
| 素材尺寸 | 9:16 | 9:1 |
| 支持媒体 | 影片和图片 | 影片 |
| 影片长度限制 | 最多15秒 | 15秒~600秒 |
| 素材尺寸 | 9:16 | 9:16 |
| 操作媒体 | APP | APP和电脑版 |

图 11.104

（2）IGTV 开通方法。

如图 11.105 所示，卖家可以使用电脑版开通 IGTV。

图 11.105

开通后，App 版也可以看到 IGTV。

### （三）YouTube

YouTube 是一个视频网站，主要让用户下载、观看及分享影片或短片，2005 年 2 月 15 日于加利福尼亚州的圣布鲁诺注册成立。2006 年 11 月，Google 公司以 16.5 亿美元收购了 YouTube，并将其当做一家子公司来经营。YouTube 是欧美排名第一的视频平台，在全球有 18 亿用户。YouTube 的运营必须要与视频达人合作，这样视频浏览量才有保障。同时，YouTube 还要与视频达人进行沟通，在其发布视频的时候带上亚马逊商品链接，甚至是折扣码，供有需求的用户进行选购。

## 三、亚马逊站外引流渠道之网红营销

在社会化媒体环境下，品牌营销推广自然不能像以前那样，制作广告以后大面积投放就能高枕无忧。以前的海外营销推广常用的模式主要有搜索广告、社交媒体广告、第三方广告、传统广告，以及信息流广告（如 Google、Facebook、YouTube）等。随着信息传播越来越网络化，海外社交媒体 KOL 营销近年来引起了跨境出海商家市场的广泛关注，越来越多的企业涌入海外社交媒体营销的市场。与此同时，海外社交媒体 KOL 营销成为品牌与消费者之间的重要节点，KOL 便顺理成章地成为品牌推广的常规手段。

### （一）网红营销的注意事项

我们在进行网红营销的时候，一定要注意以下几件事情。

（1）谨慎选择适合的网红。

网红营销中，找到适合的网红资源就已经成功了一半；不能盲目地选择网红并且开始营销活动，选择的网红要与公司的目标客户定位相符；需要明确潜在客户画像，传播的内容需与品牌形象、内涵、审美相符。

（2）制订营销计划、策略。

从品牌自身出发，以目标为导向，制订营销计划、策略；在决定进行网红营销之前，要有完整的计划与策略，如账户管理和商品演示。此外，要说明每一步的转化的要求，包括明确希望从网红身上获取哪些成果，以便更好地达成销售转化。

（3）认可网红们的工作成果。

卖家可以适当给网红提供一些小礼物，如折扣券和体验券，来表达对他们工作的认可。这样不仅可以帮助网红获得更多人的喜爱和关注，也可以鼓励他们更积极地为品牌传播价值。

（4）网红原创内容再利用。

网红营销法之一，就是充分利用网红原创内容。一旦推广合作结束，可以将原创内容中的精彩内容重新用于其他广告或不同渠道，而这部分内容相比其他生硬的广告更有说服力。

### （二）网红营销的核心小贴士

网红营销的核心小贴士主要有如下六个方面：

第一，选择网红营销前，慎重考虑执行的可行性方案；

第二，有组织、有策略、有规划地计算时间和预算，并付出时间进行研究和调查；

第三，有耐心、有人情味，你是在与人沟通、与人交谈，这不是与公司的谈判；

第四，制订推广计划，网红的更新频率是每月一更、每季一更、一年两更的，还是实时播报的，需要结合公司的公关计划、商品发布计划等进行综合考量；

第五，代表商品核心研发团队与对方通过邮件进行充分沟通，并制订行程与面谈的计划；

第六，代表高层主管发送电子邮件、执行计划和安排面对面的会议。

## 四、亚马逊站外引流渠道之 Deal 网站

Deal 网站，即我们理解的导购促销网站，分为站内 Deal 和站外 Deal。站内 Deal 主要是指促销秒杀活动，如亚马逊的 Today's Deal，为卖家做促销提供一个平台。站外 Deal 应用更为广泛，即利用平台外的促销网站进行宣传，达到把客户引流到自己的店铺的目的。站外的这些 Deal 网站不仅可以帮我们推广商品，而且可以帮我们清库存。接下来本书就详细介绍跨境卖家们常用的一些站外 Deal 网站。

### （一）Kinja

Kinja 是 Lifehacker 下设的 Deal 板块，是一个免费的 Deal 网站。如果商品可以上 Kinja 网，那么将有机会被展示在 Lifehacker 旗下各大子板块，并且流量惊人。所以，Kinja 得到了很多卖家的青睐。

Kinja 的发帖要求有如下三点。

第一，亚马逊店铺的 Feedback 数量超过 500 个。

第二，该商品的评分最好不低于 4.2 分。

第三，该商品的 Review 数量不低于 20 个。

可以上 Kinja 网的商品是卖家向网站编辑提交的商品，编辑经过对商品和价格的选择，会挑选出一些他心仪的商品展示在当天的页面上，并且不收任何推广费用，如图 11.106 所示。

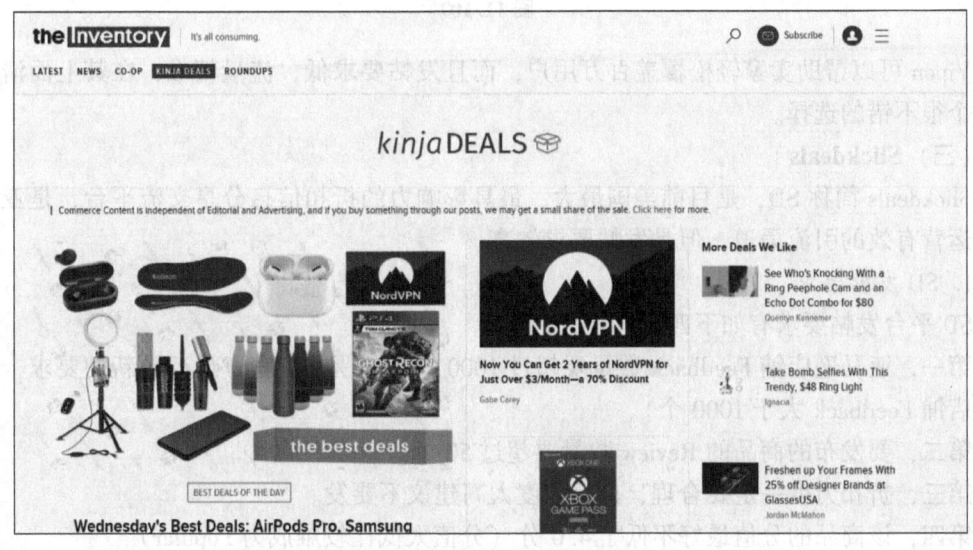

图 11.106

### （二）抓客（Tracker）的 Vipon

相信很多中国卖家都用过抓客，或许现在仍然在使用这个工具。Vipon 就是抓客的买家社区。曾经，抓客吸引人的地方就是卖家只需要每个月花 50 或 100 美元就可以通过优惠券的方式来刷评。后来，亚马逊测评规则改革，抓客上 Code 测评已经不行了，然而 Vipon 就从测评转为帮助卖家做站外促销。

此外，Vipon目前已经积累了超过100万的注册买家用户，并且有超过30万的日活跃用户。

Vipon的发帖要求有如下两点。

第一，卖家只要是抓客会员，即可免费在Vipon上发布商品折扣信息，对于店铺资质和商品评分没有任何要求。

第二，Vipon还会定期在其官方Facebook账号上发布优质卖家的促销信息，如图11.107所示。

图11.107

Vipon可以帮助卖家轻松覆盖百万用户，而且发帖要求低，流量精准，在其上面清库存是一个很不错的选择。

**（三）Slickdeals**

Slickdeals简称SD，是目前美国最大、最具影响力的折扣信息分享交流平台，是亚马逊店铺运营有效的引流渠道，但是发帖要求较高。

1. SD发帖要求

SD平台发帖要求有如下四点。

第一，亚马逊店铺Feedback数量要超过1000个（这是SD官方最近更新的要求，强制要求店铺Feedback大于1000个）。

第二，要发布的商品的Review数量要超过50个。

第三，折扣力度一定要合理，折后力度太高建议不要发。

第四，该商品的分值最好不低于4.0分（分值太低比较难成为Popular）。

注意：后三个不是硬性要求，因为SD的特点是社区成员分享（发布）自己找到的促销内容（帖子），再根据成员之间的投票和评论来评判促销内容（帖子）的好坏。

2. SD发帖方法

卖家可以通过以下方法快速进行SD发帖。

（1）SD小号发贴。

自己长期养SD小号，到一定级别就可以发贴；把商品打一个较大的折扣，并且发个普通贴,去测试自己商品的竞争力;如果 Views 很多、Down vote 比较少、有 40~100 个自然订单,那么说明商品很有竞争力。

(2) 与 SD 红人合作。

与 SD 的活跃用户进行合作,也就是所谓的 SD 红人,让他们帮忙发贴。那我们怎样才能找到 SD 的活跃用户呢?

①去国外的电商论坛发帖寻找,如 Warriorforum 这类论坛。

②去一些国外的威客网站上去寻找,或者干脆建立自己的 Project 悬赏 Poster 的出现。这类网站有 Freelancer、Fiverr 等。

③有些 Poster 的 ID 和 Skype 的 ID 是相同的,可以通过 Skype 搜索他的 ID 找到他。不推荐发站内信,据说私发站内信被封号的风险很大。

④其他渠道,如去 Facebook 上的群组里搜关键词,也许你的 Facebook 好友恰好使用 Slickdeals,你可以询问他或他的朋友,毕竟 Slickdeals 在美国的用户群体还是很大的。还有就是通过一些国内的中间商、qq 群进行搜索,不过这类渠道收费较贵,可靠程度不明。

以上就是给大家介绍的经常用到的 Deal 网站,当然除这三个外还是有很多其他 Deal 网站的,如图 11.108 所示。

图 11.108

但也不是所有的商品做站外都是有效果的,那么接下来我们通过表 11.1 来看什么样的商品适合做秒杀,什么样的商品不适合做秒杀。

表 11.1 商品站外效果对比表

| 适合 | 不适合 |
| --- | --- |
| 需求量大的商品 | 单价高的商品 |
| 适用于大多数消费者的商品 | 需求量小的商品、仅适用于一小部分消费者的商品 |
| 举例:手机壳、背包、墨镜、香薰灯、护肤品等都属于大众需求和高需求的商品 | 举例:吉他、麦克风支架、钻石戒指等仅适用于一部分消费者的和需求量小的商品 |

新商品的站外引流时机的选择非常重要,本书推荐的最佳时机如下。

第一,商品要有足够优势:比同类商品功能更多、更齐全或价格上更有优势等。

第二,库存充足:断货对 Listing 的打击很大,那么如何确保备货充足呢?利用网络工具去爬取竞争对手的销售数量、历史销售价格等数据来预估需要储备的商品库存量。

第三,Listing 足够成熟:有一定量的 Review,Listing 已经完成了优化,能承受少量恶意差评。

第四,站内站外同步促销:拉升销量,提高排名,尽快成为 Best Seller。

第五,蹭节日热点:重要的节日带来的流量是非常可观的,把促销时间尽量选在节日期间,可以从节日巨大的流量里分一杯羹。

第六,商品转化率:建议商品转化率超过 10%,再去做站外引流。

# 参 考 文 献

[1] 陈健. 高职跨境电商专业方向人才培养模式的创建与探索 [J]. 大学教育，2016 (04).

[2] 姜颖. 对国际商务专业跨境电商人才培养的思考 [J]. 黑龙江科学，2016 (16).

[3] 郑少敏，袁方兴. 跨境电商背景下复合型外语人才需求现状与对策研究 [J]. 海外英语，2016 (05).

[4] 陈浩，丁红朝. 基于跨境电商的高职商务英语教学改革与实践探析——以广州番禺职业技术学院为例 [J]. 岳阳职业技术学院学报，2015 (05).

[5] 肖离离. 电子商务专业跨境电子商务方向建设路径 [J]. 海峡科技与产业，2016 (11).

[6] 阿里研究院. 2019 中国跨境电商人才研究报告 [M]. 阿里跨境电商研究中心，2020.

[7] 艾媒咨询. 2019—2020 中国跨境电商市场研究报告 [M]. 艾媒新零售产业研究中心，2020.

[8] 项目组. 跨境电子商务人才需求研究报告 [M]. 教育部高等职业教育创新发展行动计划（2015—2018），2017.

[9] 陈环，罗明. 基于新业态背景的应用型本科跨境电子商务人才培养模式研究 [J]. 高教学刊，2020 (7).

[10] 纵雨果. 亚马逊（Amazon）跨境电商运营从入门到精通 [M]. 北京：电子工业出版社，2018.

[11] 杨舸雱. 亚马逊（Amazon）跨境电商运营实操手册 [M]. 北京：电子工业出版社，2019.

[12] 关继超. 跨境电商 [M]. 广州：广东人民出版社，2016.

[13] 段文奇，郭露桑，谢洁莉，马艳丽. 跨境电子商务平台选择与运营仿真实验教程 [M]. 杭州：浙江大学出版社，2016.

[14] 阿里巴巴（中国）网络技术有限公司. 从 0 开始跨境电商实训教程 [M]. 北京：电子工业出版社，2016.

[15] 王一明等. 跨境电商实务教程 [M]. 上海：立信会计出版社，2018.

[16] 易静，蒋晶晶，彭洋，何康民. 跨境电商实务操作教程 [M]. 武汉：武汉大学出版社，2017.

[17] 王美英，李军，罗姗姗. 跨境电商综合实训指导教程 [M]. 成都：西南财大出版社，2018.

# 中国跨境电子商务大事记

**1999 年：**

1999 年 9 月，阿里巴巴成立，拉开了中国跨境电商发展的序幕。最初，阿里巴巴只是互联网上的黄页，将中国企业的信息向全球客户展示，定位于 B2B 大宗贸易。买方通过阿里巴巴平台了解到卖方的品牌信息，然后双方在线下洽谈成交，所以大部分交易是在线下完成的。

**2000 年：**

2000 年前后，少量国人开始在 eBay 和亚马逊（Amazon）等国外平台尝试跨境电商，但并没有形成规模。

**2001 年：**

2001 年 5 月，原外经贸部成立了国际电子商务司，负责推动外经贸领域电子商务应用。全国进出口许可证联网申领与发证系统全面投入运行，企业可以在网上申领进出口许可证。商务部成立后，积极推动与许多国家和国际组织开展国际电子商务交流与合作，建立了多、双边电子商务合作与交流机制，开展电子商务的国际交流活动，起到了重要作用。

**2003 年：**

2003 年，中国经历了"非典"的严峻考验。非典期间，B2C 电子商务迅速增长，许多企业利用电子商务开展各项商务活动和进出口贸易，为最大限度减少非典带来的损失发挥了重要作用。第三方流通组织开始登上历史舞台，网络中间商开始成为强大的流通中介组织。

**2004 年：**

2004 年，敦煌网成立，侧重于买卖双方在线完成交易，在敦煌网上发生的交易多数是小额 B2B 贸易。

**2005 年：**

2005 年 3 月 19 日，根据国务院文件精神，商务部发布了《关于贯彻落实〈国务院办公厅关于加快电子商务发展的若干意见〉的通知》。

**2007 年：**

2007 年，兰亭集势成立。兰亭集势是整合国内供应链、以兰亭集势名义向国外销售的跨境 B2C 平台。

**2010 年：**

2010 年 4 月，阿里速卖通成立，速卖通以 B2C 和 C2C 为主要跨境贸易模式。随着速卖通的发展，国内的跨境电商开始兴起，很多中小型卖家都开始加入这个队伍中。几年间，速卖通已迅速赶超其他平台成为国内卖家最集中的跨境电商平台。

**2013 年：**

2013 年 6 月 6 日，兰亭集势在美国纽约证券交易所挂牌上市，成为中国跨境电商第一股。

2013 年 7 月，国务院办公厅出台《关于促进进出口稳增长、调结构的若干意见》（简称"国六条"）。

2013 年 8 月，商务部等部委联合制定《关于实施支持跨境电子商务零售出口有关政策的意见》。

2013 年 12 月，《中华人民共和国电子商务法》立法工作全面启动。

**2014 年：**

2014 年 2 月 10 日，海关总署发布《关于增列海关监管方式代码的公告》。该公告表示，为促进跨境贸易电子商务零售进出口业务发展，方便企业通关，增列代码"9610"，全称"跨境贸易电子商务"，简称"电子商务"。

2014 年 5 月 22 日，京东集团在美国纽约纳斯达克交易所挂牌上市，融资规模 17.8 亿美元。

2014 年 7 月，海关总署发布《关于跨境贸易电子商务进出境货物、物品有关监管事宜的公告》。

2014 年 9 月 19 日，阿里巴巴在纽约证券交易所挂牌上市，融资规模 218 亿美元。两家中国电子商务领域的大型企业先后登陆美国资本市场，不仅是企业自身发展过程中的重要节点，也是美国资本市场的标志性事件，对中国 B2C、C2C 网络零售领域，甚至整个世界的电子商务市场来说，都具有深远影响。

2014 年 12 月底，我国跨境电商试点地区进出口交易额突破 30 亿元。

**2015 年：**

2015 年，上海自贸试验区扩展区域，广东、天津、福建自贸试验区排牌运行。

2015 年 3 月，国务院批准杭州设立中国（杭州）跨境电子商务综合试验区，标志着我国在跨境电商贸易、跨境交易和支付、跨境结算、结汇、贸易便利化和贸易制度创新等领域改革的起步。

2015 年 6 月，国务院发布《关于促进跨境电子商务健康快速发展的指导意见》，是新形势下促进跨境电商快速发展的指导性文件。该意见要求各级人民政府根据自己地区的实际情况落实发展计划，使得各地都能够在跨境电商的发展方面拥有正确的指导和强有力的支持。

## 2016年：

2016年1月，国务院发布《关于同意在天津等12个城市设立跨境电子商务综合试验区的批复》，将跨境电商综合试验区扩展到天津、上海、重庆、合肥、郑州、广州、成都、大连、宁波、青岛、深圳、苏州12个城市。

2016年4月，财政部推出《关于跨境电子商务零售进口税收政策的通知》。

2016年6月，国内跨境电商企业大龙网正式启动东南亚地区最大的网贸馆——越南馆，至此已经构建成包括俄罗斯、迪拜在内的跨境电商产业链服务网络，从而为跨境电商企业的基础交付及通关综合服务提供解决方案，化解跨境沟通、交易信任及快速通关等问题。

## 2017年：

2017年6月，敦煌网首家海外数字贸易中心在匈牙利首都布达佩斯正式启动。我国平台型企业开始全球布局。

2017年8月，天猫国际全面启动了全球溯源计划，利用区块链技术及大数据跟踪进口商品全链路，汇集生产、运输、通关、报检、第三方检验等信息给每一个跨境进口商品配上"身份证"。跨境电商平台企业开始建立全球溯源体系。

2017年11月27日，商务部、工业和信息化部、海关总署、财政部等14部门发布《关于复制推广跨境电子商务综合试验区探索形成的成熟经验做法的函》。综合试验区经验的借鉴和复制有助于加快外贸转型升级的步伐，进一步推动跨境电商健康快速发展。截至2017年年底，我国共设立了13个综试区。

## 2018年：

2018年8月，国际上首部电子商务领域综合性立法《电子商务法》正式出台，为中国跨境电商规范发展提供了基础性的法律依据，推动中国跨境电商进入权责明晰、有法可依的新阶段。

2018年7月24日，国务院印发《关于在北京等22个城市设立跨境电子商务综合试验区的批复》，至此综试区扩大到35个城市。跨境电商综合试验区已成为外贸创新发展的新亮点、转型升级的新动能、创新创业的新平台和服务"一带一路"建设的新载体。

随着跨境电商与新业态的融合，出现了短视频电商、跨境O2O等新模式。综试区扩大到35个城市，推动跨境电商更大范围的发展。

## 2019年：

2019年3月，国家邮政局、商务部、海关总署出台《关于促进跨境电子商务寄递服务高质量发展的若干意见》，提出加快创新跨境寄递服务模式、加快完善跨境寄递服务体系、加快建立数据交换机制、提升跨境寄递服务全程通关便利等12条意见。

2019年4月10日，PingPong独立站收款正式上线，随后推出所有eBay卖家均可以全年提现零费率的活动。

2019年8月23日，全国首票进口货物"两步申报"改革试点业务在中国（浙江）自由贸易试验区落地。

**2020 年：**

2020 年 1 月 1 日起，新版《跨境电子商务零售进口商品清单》正式实施。

2020 年 1 月 15 日，中国与美国签署了《中华人民共和国政府和美利坚合众国政府经济贸易协议》，在国内、国际双重力量的推动下，中国跨境电商市场合规化进程将再次加速。

2020 年 1 月 17 日，商务部等六部门发布《关于扩大跨境电商零售进口试点的通知》，经国务院同意，进一步扩大跨境电商零售进口试点范围，将石家庄等 50 个城市（地区）和海南岛全岛纳入跨境电商零售进口试点范围。

2020 年 3 月 13 日，国家发展改革委等 23 个部门联合印发《关于促进消费扩容提质加快形成强大国内市场的实施意见》。

2020 年 3 月 20 日，财政部、税务总局发布《关于提高部分产品出口退税率的公告》，提高部分产品出口退税率。瓷制卫生器具等 1084 项产品出口退税率提高至 13%，将植物生长调节剂等 380 项产品出口退税率提高至 9%。

2020 年 3 月 28 日，海关总署发布《全面推广跨境电子商务出口商品退货的公告》，全面推广跨境电商出口商品退货监管措施。满足条件的企业可按规定向海关申请开展跨境电商零售出口、跨境电商特殊区域出口、跨境电商出口海外仓商品的退货业务。

2020 年 3 月 29 日，海关总署发布《关于跨境电子商务零售进口商品退货有关监管事宜的公告》，满足条件的企业可按规定向海关申请开展退货业务。

2020 年 5 月 6 日，国务院发布《关于同意在雄安新区等 46 个城市和地区设立跨境电子商务综合试验区的批复》，在雄安新区等 46 个城市和地区设立跨境电商综合试验区。

2020 年 6 月 1 日，中共中央、国务院印发了《海南自由贸易港建设总体方案》。方案明确提出实施范围为海南岛全岛，到 2025 年将初步建立以贸易自由便利和投资自由便利为重点的自由贸易港政策制度体系，到 2035 年成为我国开放型经济新高地，到 21 世纪中叶全面建成具有较强国际影响力的高水平自由贸易港。

2020 年 6 月 13 日，海关总署发布《关于开展跨境电子商务企业对企业出口监管试点的公告》。决定自 2020 年 7 月 1 日起在北京海关、天津海关、南京海关、杭州海关、宁波海关、厦门海关、郑州海关、广州海关、深圳海关、黄埔海关开展跨境电商 B2B 出口监管工作试点。

2020 年 8 月 14 日，海关总署发布《关于扩大跨境电子商务企业对企业出口监管试点范围的公告》，决定进一步扩大跨境电商企业对企业出口（简称"跨境电商 B2B 出口"）监管试点范围。在现有试点海关基础上，增加上海等 12 个直属海关开展跨境电商 B2B 出口监管试点。

2020 年 11 月 15 日，区域全面经济伙伴关系协定（RCEP）正式签署，世界上人口数量最多、成员结构最多元、发展潜力最大的自贸区就此诞生。各成员之间关税减让以立即降至零关税、十年内降至零关税的承诺为主。